L'ART D'ENSEIGNER
LA
GRAMMAIRE FRANÇAISE

SUIVANT LE SYSTÈME DES ÉCOLES-MODÈLES,

ou

GRAMMAIRE PRATIQUE

EN 90 LEÇONS,

mise à la portée des plus jeunes enfants; avec des Exercices orthographiques gradués sur chaque leçon; des Récapitulations sur chaque chapitre; des Analyses grammaticales sur chaque partie du discours; des Dictées sur les homonymes; des Exercices syntaxiques; et des Questions graduées sur les règles de la Grammaire, pour servir à l'examen des Élèves.

Ouvrage qui a reçu l'approbation de plusieurs Recteurs de France, et qui est adopté dans plusieurs Collèges royaux.

Par Ch. MARTIN,

Auteur du *Glaneur grammatical*, membre de différentes Sociétés savantes.

Nouvelle Édition,

Augmentée de plusieurs Exercices gradués sur les Adjectifs, sur les Verbes et sur les Participes.

ET MISE EN RAPPORT

avec la dernière édition de la Grammaire populaire.

PARIS

LANGLOIS ET LECLERCQ, LIBRAIRES-ÉDITEURS,
Successeurs de PITOIS-LEVRAULT et Cie,
RUE DE LA HARPE, 81.
1842.

L'ART D'ENSEIGNER

LA

GRAMMAIRE FRANÇAISE.

*Tout exemplaire non revêtu de notre griffe sera réputé contre-
fait et poursuivi comme tel.*

IMPRIMERIE D'HIPPOLYTE TILLIARD,
Rue Saint-Hyacinthe-Saint-Michel, 30.

L'ART D'ENSEIGNER

LA

GRAMMAIRE FRANÇAISE

SUIVANT LE SYSTÈME DES ÉCOLES-MODÈLES,

OU

GRAMMAIRE PRATIQUE

EN 90 LEÇONS,

Mise à la portée des plus jeunes enfants ; avec des Exercices orthographiques gradués sur chaque leçon ; des Récapitulations sur chaque chapitre ; des Analyses grammaticales sur chaque partie du discours ; des Dictées sur les homonymes ; des Exercices syntaxiques, et des Questions graduees sur les règles de la Grammaire, pour servir à l'examen des Élèves.

Ouvrage qui a reçu l'approbation de plusieurs Recteurs de France, et qui est adopté dans plusieurs Colléges royaux.

Par CH. MARTIN,

Auteur du *Glaneur grammatical*, membre de différentes Sociétés savantes.

Nouvelle Édition,

Augmentée de plusieurs Exercices gradués sur les Adjectifs, sur les Verbes et sur les Participes.

Et mise en rapport avec la dernière édition de la *Grammaire populaire*.

On n'est jamais bon maître, si l'on ne sait s'abaisser jusqu'au niveau de l'esprit de son écolier.

PARIS,

LANGLOIS ET LECLERCQ, LIBRAIRES,

Successeurs de Pitois-Levrault et Cie,

RUE DE LA HARPE, 81.

1842.

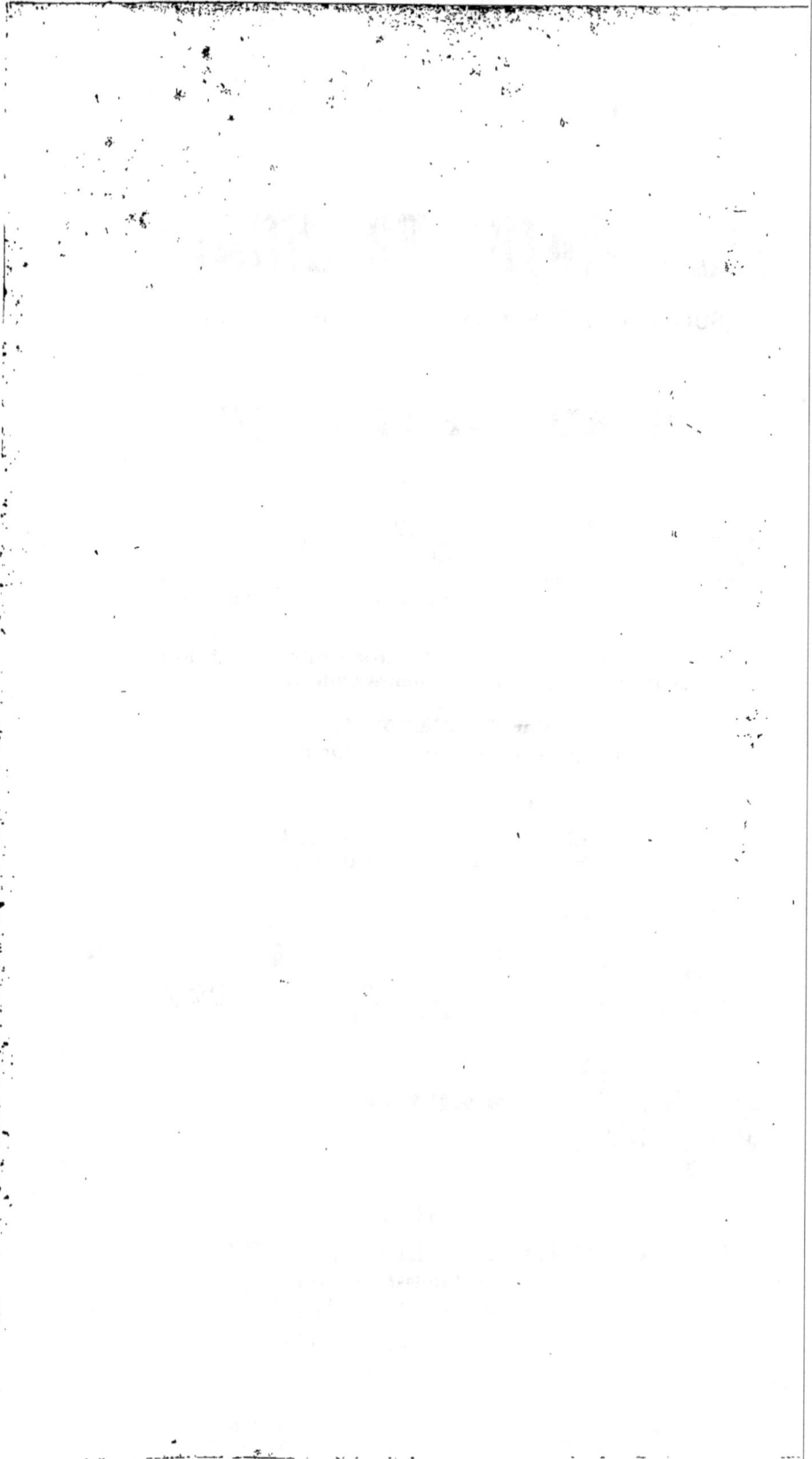

A M. MARTIN, *Recteur de l'Académie d'Amiens.*

MONSIEUR LE RECTEUR,

Au moment où le gouvernement manifeste de la manière la plus formelle la volonté de donner un rapide et généreux essor à l'enseignement primaire, et où, dans sa sage prévoyance, il crée dans chaque département une école-modèle, qu'il me soit permis, comme instituteur de votre Académie, de vous dédier un ouvrage qui vient de paraître sous votre administration, et qui est le résultat des cours que j'ai suivis dans plusieurs de nos écoles-modèles de la capitale, et de mes longues méditations sur toutes les méthodes d'enseignement que j'ai été, autant que qui que ce soit, à même d'apprécier dans les différentes commissions dont j'ai eu l'honneur de faire partie, tant à l'Académie grammaticale de Paris qu'à la Société des méthodes.

Depuis quinze ans que je m'occupe spécialement d'enseignement primaire, j'ai pu observer beaucoup; et j'ai reconnu qu'autre chose est de savoir pour soi, ou d'enseigner aux autres, et qu'il n'est pas donné à tout le monde d'être didacticien; que la plus grande partie des maîtres sont encore loin de bien comprendre ce principe, *que pour élever son élève jusqu'à soi, il faut savoir descendre jusqu'à lui.* Pénétré de cette vérité, j'ai dû déjà, dans plusieurs rencontres, signaler les préjugés de la routine, dont les vues stationnaires et la méthode surannée sont autant de lignes qui s'opposent au développement intellectuel de la plus intéressante portion de la société.

En me renfermant ici dans l'enseignement de notre belle langue, qui n'est frappé de ces définitions abstraites qui sont encore un objet de controverse pour nos plus habiles métaphysiciens, et qui font le tourment de la jeunesse, dont elles fatiguent inutilement la mémoire sans jamais parler à la raison? Quels fruits retire l'adolescence de ces précoces abstractions? rien que la répugnance et le dégoût. Voilà, monsieur le Recteur, ce qui justifie de nos jours l'épithète de *science sèche et aride* donnée à la grammaire, qui, au contraire, et comme la première de toutes, devrait par cela seul être présentée de manière à la populariser.

Les besoins réels du siècle, mieux sentis que jamais, ont réveillé l'attention de quelques grammairiens philosophes, qui ont eu le courage de publier des journaux sur les différentes branches d'enseignement et des grammaires raisonnées d'un mérite incontestable. Les auteurs de ces ouvrages ont suivi la méthode des faits ; mais ces grammaires surtout semblent faites plutôt pour nos écoles urbaines du premier degré que pour nos écoles de campagne. Elles ne sont pas assez à la portée de l'enfance, et supposent dans l'élève des connaissances qu'il ne peut avoir acquises qu'après plusieurs années passées sur les bancs des écoles. Une fois l'impulsion donnée, il ne s'agit plus que d'entretenir le mouvement et de lui faire opérer tout le bien qu'on a lieu d'en attendre. C'est à ceux qui en sentent toute la portée, et qui sont instruits à l'école de l'expérience, à oser se mettre sur les rangs pour y contribuer autant qu'il est en eux.

C'est sous ce double rapport, monsieur le Recteur, et plus encore à cause du zèle éclairé que vous apportez à la propagation de l'enseignement primaire, que j'ai l'honneur de vous dédier l'*Art d'enseigner la Grammaire française* et la *Grammaire populaire*, ouvrages rédigés d'après le *système des écoles-modèles*, et qui contiennent une série de faits gradués dont le but est de faire sentir chaque règle par l'analyse qui en est le flambeau, ainsi que par la pratique elle-même, et de l'inculquer avec connaissance de cause dans les plus faibles intelligences. Il y a dans l'esprit du praticien une sorte d'instinct qui le guide à son insu vers le juste, et quelquefois avec beaucoup plus d'avantages que les raisonnements les mieux développés.

Ennemi des cacographies, j'ai banni de semblables exercices de ma méthode, qui est fondée sur ce grand principe reconnu dans tous les temps, *que les connaissances qu'on perçoit par les yeux se gravent plus profondément dans l'esprit que celles qu'on perçoit par l'ouïe.*

Les exercices qui se succèdent dans mon ouvrage sont autant de devoirs variés dans lesquels je me suis bien gardé de vicier l'orthographe absolue ; 1° parce qu'il ne faut rien présenter de faux à l'œil ; 2° que de cette manière je dispenserai bien des pères de famille, qui souvent ne le pourraient point, d'acheter un dictionnaire à leurs enfants; 3° que les devoirs étant plus tôt faits, le maître et l'élève gagnent un temps précieux; 4° que je ne fatigue point l'esprit de ce dernier par une trop grande tension, les exercices soutenant son attention en même temps qu'ils développent son intelligence.

Cet ouvrage a encore un avantage qui sera surtout apprécié par les instituteurs que les travaux de leur profession, ou la position pécuniaire, ou l'éloignement du chef-lieu empêchera de fréquenter nos écoles-modèles : avec ma méthode, le maître ne sera jamais abandonné à lui-même; il y trouvera, à la vérité, peu de préceptes, mais en échange beaucoup d'exemples, et des devoirs préparés pour les différentes classes et pour toute l'année scolaire. *L'Art d'enseigner la Grammaire française* aura l'avantage bien précieux de former des élèves pour nos écoles normales, et qui pourront se présenter au concours avec une certaine somme de connaissances.

Mon ouvrage, placé sous le patronage d'un aussi bon juge, ne manquera pas d'atteindre au but que je m'y suis proposé : *l'utilité publique.*

Je suis avec le plus profond respect,

Monsieur le Recteur,

Votre très obéissant serviteur,

CH. MARTIN.

INSTRUCTION PRIMAIRE. — MÉTHODE MARTIN.

UNIVERSITÉ DE FRANCE. — ACADÉMIE D'AMIENS.

Le 25 septembre 1833.

A M. MARTIN, *Maître de pension.*

MONSIEUR,

J'ai lu avec un vif intérêt *l'Art d'enseigner la Grammaire française* et la *Grammaire populaire* que vous m'avez fait l'honneur de m'adresser. Je regarde ces deux ouvrages comme *très propres à faciliter à la jeunesse l'étude de notre langue.* Je n'ai point été étonné de l'excellence de la Méthode, dont le mérite m'est garanti d'avance par vos travaux précédents et par votre expérience de l'éducation de la jeunesse.

Recevez, Monsieur, l'assurance de ma considération distinguée.

Le Recteur de l'Académie,
MARTIN.

ACADÉMIE DE DOUAI.

Le Recteur de l'Académie de Douai à M. MARTIN, *Membre de différentes Sociétés savantes.*

Douai, le 21 octobre 1834.

MONSIEUR,

J'ai lu avec un véritable intérêt les deux ouvrages que vous avez bien voulu m'adresser : la *Grammaire populaire pratique* et *l'Art d'enseigner la Grammaire française ;* et je me fais un devoir, en vous remerciant de cet envoi, de vous annoncer que ces deux ouvrages, rédigés d'après une méthode aussi simple que lumineuse, me paraissent fort utiles à l'enseignement, et tout à fait dignes du succès qu'ils ont déjà obtenu dans un grand nombre de nos écoles.

Agréez, je vous prie, l'assurance de ma considération très distinguée.

G. DUPLESSIS.

INSTRUCTION PRIMAIRE. — Académie de Douai.

Seclin, le 17 septembre 1834.

Comité supérieur de Seclin.

Monsieur l'Instituteur,

J'ai l'honneur de vous faire part que le comité de Seclin, dans sa séance du 16 septembre dernier, s'est occupé de la Méthode Martin, *l'Art d'enseigner la Grammaire française* et la *Grammaire populaire;* qu'il a reconnu que ces deux ouvrages sont très propres à faciliter à la jeunesse l'étude de notre langue. Le plan en est très bien conçu; les règles sont claires et succinctes; les explications qu'en donne l'auteur les mettent tout à fait à la portée de l'enfance; les analyses et les exercices bien gradués que renferment ces ouvrages mettent constamment la pratique en regard avec la théorie, et doivent stimuler le zèle des élèves.

Le comité verrait avec plaisir que cette excellente méthode fût adoptée dans vos classes; les procédés vraiment ingénieux qu'on y trouve nous assurent que vous n'aurez qu'à vous en féliciter.

Pour le Président du comité,
HÉROGUER, *vice-président.*

Nota. Le comité supérieur de Verdun (Meuse), comme plusieurs autres comités, a aussi recommandé cet ouvrage à MM. les Instituteurs.

Académie de Nancy.

Nancy, le 21 juillet 1834.

A M. Ch. Martin, *Membre de différentes Sociétés savantes.*

Monsieur,

Le peu de temps disponible que me laissent mes occupations journalières m'a empêché jusqu'ici de vous remercier de l'envoi que vous m'avez fait de vos deux ouvrages, la *Grammaire populaire* et *l'Art d'enseigner la langue française.* Je voulais les connaître avant de vous en parler. Enfin, je les ai lus. Je me suis convaincu de leur mérite et de l'utilité dont ils pourront être. Je ne manquerai pas de les recommander comme clairs, exacts, peu étendus, et pourtant comme aussi complets qu'il est nécessaire pour l'instruction de la jeunesse.

Recevez, je vous prie, Monsieur, l'assurance de ma considération la plus distinguée.

Le Recteur de l'Académie,
CAUMONT.

1.

Roissel, le 25 juin 1834.

Les Instituteurs du canton de Roissel (Somme) *à* M. MARTIN,
auteur de l'Art d'enseigner.

MONSIEUR,

Les services que vous avez rendus à la jeunesse en publiant votre excellent *Art d'enseigner la Grammaire française* et votre *Grammaire populaire* sont incontestables. La lucidité avec laquelle y sont traitées les règles de notre langue, les explications si claires que vous en donnez, donnent aux élèves la plus grande facilité pour les comprendre, et leur épargnent des soins et des peines qui, avec d'autres grammaires, n'étaient couronnés par le succès que devaient en attendre les maîtres que par un long laps de temps. Le débit vraiment prodigieux qui s'en est fait en si peu de temps est une preuve irréfragable de la bonté de ces deux ouvrages. Pour que les instituteurs ne tombent plus en contradiction les uns avec les autres en défendant les auteurs que chacun d'eux a adoptés, et qui, presque tous, diffèrent d'opinion, nous espérons que le Conseil royal adoptera votre grammaire pour servir de type ; alors l'uniformité des principes écarterait des abus qui, bien souvent, donnent lieu à des scènes ridicules entre les instituteurs d'un même arrondissement. Nous n'avons, Monsieur, qu'à nous féliciter de l'heureuse idée que nous avons eue d'introduire votre méthode dans nos écoles ; depuis quelques mois que nos élèves en font usage, les progrès qu'ils font sont très satisfaisants ; leur attention est vivement captivée par les règles qui précèdent les exercices, et leur zèle, croissant toujours par vos ingénieux procédés, ne peut jamais se ralentir.

Daignez, Monsieur, recevoir les félicitations biens sincères des instituteurs soussignés, et les croire très reconnaissants du service signalé que vous leur avez rendu en leur fesant connaître une méthode tout à la fois utile aux maîtres et aux élèves.

BERTHE, *correspondant de la Société élémentaire des méthodes ;* OBJOIS, DAUSSIN, PONCHON, LESOT, GAMBIER, CAIX, BACHELLÉ, FETRÉ, CHAPONET, MOIRET, HURRIER, DENGLEHEM, DOUBLET, LÉGER, DINOT, LELOIS, CARPENTIER, DUZIN, LEGROS, *instituteur du* 1er *degré;* LUCAS, *instituteur du* 1er *degré ;* LEROY-MOREL, *instituteur du* 1er *degré.*

PRÉFACE.

Cet ouvrage n'est ni le fruit de longues veilles, ni le résultat de profondes méditations : persuadé qu'en général nos grammaires pèchent par la multiplicité et l'ambiguïté des règles, par l'océan des exceptions, et surtout par le mauvais choix des exemples, cités pour faire parade d'érudition, au lieu d'être gradués et mis à la portée de l'enfance, je cherchai dans la capitale d'habiles maîtres, des grammairiens philosophes, qui pussent m'éclairer sur l'art si précieux et malheureusement si peu connu de la *didactique*. C'est à l'école des *Pestalozzi*, des *Darjou*, des *Marrast*, des *Vanier*, des *Lemare*, des *La Romiguière*, tous ennemis de la routine et des préjugés, que j'ai formé ma *méthode*; c'est pénétré des principes des *Domergue*, des *Dumarsais*, des *Condillac*, des MM. *de Port-Royal*, que j'ai mis en première ligne la *méthode pratique*.

Aujourd'hui que les bons esprits reconnaissent que les meilleures *grammaires théoriques*, celles même qui sont débarrassées de termes techniques et d'une foule de règles et d'exceptions trop souvent inutiles, et toujours mal saisies par l'œil rebuté de l'enfant, sont insuffisantes, et qu'on sent enfin le besoin de sortir du sentier trop rebattu de la routine, je publie une véritable *grammaire pratique* qui promet d'importants avantages à ceux qui la mettront en usage : avec elle, il ne faudra qu'un seul livre élémentaire pour faire faire aux enfants toutes les études orthographiques, puisqu'elle renferme tout à la fois les *règles de la grammaire*, des *exercices français gradués*, des *analyses grammaticales* graduées sur ces mêmes règles et qui en sont le flambeau, une *nouvelle manière d'enseigner la conjugaison*, un *traité du participe* et un *du subjonctif*, avec des *exercices sur les homonymes* et *sur les règles de la syntaxe*; le tout renfermé dans un seul volume. L'enfant n'aura donc plus besoin d'avoir toujours autour de lui une kyrielle de livres élémentaires, qui le dégoûtent évidemment des études; et les parents gagneront beaucoup, puisqu'un seul ouvrage d'un prix si modique en remplacera plusieurs d'une dépense nécessairement assez élevée, ce qui le rend *populaire*.

A l'aide de ma *méthode pratique*, cent élèves, pendant une séance d'une heure (et c'est le moins que l'on puisse consacrer tous les jours à l'étude de la langue maternelle), recevront une bonne leçon d'orthographe et d'analyse, où ils s'instruiront en se divertissant : car elle met sans cesse les enfants en rapport avec eux-mêmes; elle les oblige à des devoirs réciproques, et les rend étrangers à la dissipation; elle les habitue au travail par la connaissance qu'ils acquièrent tous les jours des progrès qu'ils font; enfin elle leur fait contracter la bonne habitude de raisonner leurs devoirs, et les empêche d'être des *récitateurs de mots*.

Le maître trouvera dans cet ouvrage un guide certain qui lui fera gagner beaucoup de temps, puisque les devoirs sont préparés pour tous les jours. Il trouvera aussi une foule de procédés qui facilitent les explications, qui abrégent le travail, qui fécondent l'intelligence des élèves, et qui gravent profondément dans leur mémoire l'instruction communiquée.

Je ne m'étendrai pas sur les avantages de la *méthode pratique*; je sais que c'est avec raison que le public, trop souvent trompé par des phrases sonores, ne s'en rapporte pas toujours aux préfaces, et je l'en félicite. J'en appelle aux gens sensés qu'aucun préjugé n'aveugle, aux amis de l'enfance et de l'instruction, et je les invite à s'armer du flambeau de la logique et à lire les premiers chapitres de *l'Art d'enseigner la grammaire française*; c'est la meilleure préface que je puisse leur donner (1).

_____

(1) L'appel que l'auteur a fait aux gens sensés ne l'a point été en vain, puisque plus de 12,000 instituteurs dans les Académies d'Amiens, de Paris, de Rouen, de Douai, de Nancy et de Metz, se sont empressés d'adopter cette méthode, dont 125,000 exemplaires ont été vendus en moins de dix-huit mois.

(Note de l'éditeur.)

En 1831, je me proposais de publier ma *méthode pratique* dans un journal, *la Revue élémentaire*, que je voulais fonder; j'en soumis le plan au Ministre de l'instruction publique, qui m'écrivit la lettre ci-jointe :

MINISTÈRE DE L'INSTRUCTION PUBLIQUE.

Première division, n° 26231.

A Monsieur MARTIN, *instituteur.*

MONSIEUR,

J'ai pris communication de la lettre que vous m'avez écrite et du prospectus d'un nouveau journal, *spécialement destiné à l'instruction primaire*, que vous vous proposez de publier sous le titre de *Revue élémentaire*.

Le gouvernement ne peut que voir avec plaisir *tout ce qui tend à propager et à améliorer l'instruction primaire;* et une entreprise comme la vôtre, conçue dans les vues que vous exprimez, est digne sans doute de tout son intérêt. Je donne des ordres pour que les renseignements dont vous aurez besoin soient mis à votre disposition dans les bureaux.

Recevez, Monsieur, l'assurance de ma parfaite considération.

Le Ministre de l'instruction publique,
BARTHE.

Copie d'un certificat délivré par les autorités du bourg de Crécy-sur-Serre, constatant les résultats obtenus, en QUATRE MOIS, *par la méthode pratique.*

Nous soussignés, maire, adjoint, juge de paix et membres du conseil municipal du bourg de Crécy-sur-Serre (Aisne), certifions qu'ayant été invités par M. Ch. Martin, fondateur et rédacteur du journal de l'instruction publique, *la Revue élémentaire*, pour assister à l'examen des élèves du pensionnat qu'il a fondé en cette commune, et afin de constater les résultats de sa *nouvelle méthode*, nous n'avons pas été peu surpris des progrès vraiment étonnants qu'a obtenus ce professeur sur des enfants de *cinq à six ans* qui, à notre pleine connaissance, et comme il a été constaté par les parents eux-mêmes, n'avaient aucune connaissance de *lecture* il y a *quatre mois*, et qui ont non-seulement *lu couramment*, en notre présence, des phrases prises au hasard, mais qui ont encore, à notre grand étonnement, *analysé grammaticalement* et *orthographié par principes* des phrases que nous leur dictions, en expliquant d'une manière nette et précise pourquoi tel mot est un substantif propre ou commun, tel autre un adjectif qualificatif ou déterminatif, tel autre enfin un pronom ou un verbe, et comment ces mots s'accordent les uns avec les autres, distinguant clairement la *nature* et la *fonction* de chaque partie du discours. La netteté et la hardiesse de l'écriture de ces mêmes enfants ne nous ont pas moins surpris. L'examen a aussi prouvé que des enfants de *dix à douze ans* ont fait des progrès non moins étonnants dans la *grammaire raisonnée*, l'*histoire*, la *géographie*, l'*arithmétique* et le *dessin linéaire*. Le degré d'instruction des élèves que nous a présentés cet habile professeur, sortis de chez leurs parents, il y a *quatre mois*; n'ayant aucune notion, les uns de lecture, les autres de grammaire, est le plus bel éloge qu'on puisse faire de la *méthode Martin*.

Le conseil, persuadé que l'instruction populaire est maintenant la base la plus certaine du bonheur social, fait des vœux pour la propagation d'une *telle méthode*.

Donné en séance, à l'hôtel de ville, le 6 mai 1832.

CHATELAIN, CHEVALIER, RICHE, VAIRON, VOREAU, CILLIER, LEBÉE, PAMART, LÉCUYER, HOUDIN, PARANT, BAUGER, LEFÈVRE, *juge de paix, membre du comité;* MICHEL WAFRART, *adjoint, membre du comité; et* LHOTE, *maire et président du comité de l'instruction publique.*

LA CLEF

DE

LA GRAMMAIRE PRATIQUE,

SUIVANT LE SYSTÈME DES ÉCOLES-MODÈLES.

———

M. Taillefer, inspecteur de l'Académie de Paris, auteur judicieux des *Améliorations à introduire dans l'instruction publique*, a dit : « Les meilleures *théories* ne valent pas une bonne *méthode pratique*. » Aussi les bons maîtres, ceux qui connaissent l'art précieux de la didactique, mettent-ils aujourd'hui la *méthode pratique* en première ligne ; la théorie ne vient qu'après. C'est, en effet, la marche de la nature, puisque l'on reconnaît que l'homme parle avant de savoir lire, et que la grammaire a pour premier but *l'art de parler correctement*; il est donc de toute évidence qu'il faut commencer l'éducation grammaticale de l'homme dès le moment qu'il commence à parler. Si vous attendez qu'il sache lire et écrire, vous lui laissez le temps de se faire une fausse grammaire, et de contracter dans la langue parlée, surtout dans les campagnes, de mauvaises habitudes que vous ne pourriez plus vaincre par le secours de la *grammaire théorique*, entièrement consacrée à la langue écrite ; car remarquez bien qu'elle ne traite que de l'alphabet, des accents, de l'apostrophe, et des parties du discours considérées comme signes de la langue écrite, et ne dit pas un mot de la langue parlée. Cependant l'écriture n'est que le signe représentatif de la parole, et ne vient qu'après. Commencez donc à faire pratiquer la langue parlée ; c'est-à-dire, accoutumez les enfants dès l'âge le plus tendre à bien parler, et vous serez tout surpris de les voir pratiquer la langue écrite quand viendra le temps de leur mettre en main un crayon d'ardoise ou une plume. Il ne faut que du bon sens pour sentir cela. Un enfant parle ; vous soignez sa prononciation; sa voix et son oreille s'y accoutument : voilà le plus grand pas fait. Bientôt il va lire, et cet art s'acquiert promptement en se servant de nos nouvelles méthodes et en proscrivant celle de l'épellation; alors son œil s'habituera à connaître les signes représentatifs des sons qui frappent son oreille. Comment voulez-vous qu'un enfant accoutumé à prononcer *tu es aimable, tu es heureux, je viens à toi, tu cueilleras un fruit, nous apprenons à lire, vous écrirez à vos parents,* en un mot, à former ses liaisons d'après les bons usages, aille mettre un *t* où son œil voit une *s,* où sa bouche prononce un *z?* Pourquoi entendons-nous tant d'enfants dire *t'est aimable, t'est un menteur, nous ont bu?* c'est qu'on les a abandonnés à une mauvaise langue parlée, et qu'il est trop tard pour rectifier ce barbare langage. Des milliers de *grammaires théoriques,* usées sous leurs doigts et arrosées de leurs larmes, ne servent plus à rien, tant est grand l'empire de l'habitude! *Mal parler* entraîne pour conséquence inévitable *mal écrire.* Qu'est-ce que la *grammaire pratique?* c'est celle que nous nous fabriquons nous-même en parlant tant bien que mal. Celui qui dit : *Je leu zi ai parlé,* ou *Je leurs ai parlé,* s'est fait une grammaire; celui qui dit : *Nous leurs avons dit, C'est nous qui ont parlé,* s'est fait une autre grammaire; celui qui dit : *Je leur ai parlé, Nous leur avons dit, C'est nous qui avons parlé,* s'est fait aussi une autre grammaire. Cette dernière est, sans contredit, la meilleure, celle qui est avouée, reconnue et pratiquée, non par la majorité compacte, mais par les classes instruites. Remarquez que chacune de ces phrases n'offre aucune difficulté à la prononciation; l'organe vocal s'y prête volontiers, sans nul effort. Il n'en coûterait donc pas plus de bien parler que de mal parler. On apprend bien à parler à un serin, à un perroquet, et l'on hésiterait d'apprendre à parler à des hommes! Non, ce n'est point un reproche à faire à la philanthropie qui anime notre nation; on n'y a pas pensé, voilà le fait. Tout le monde souffre en voyant les masses parler et écrire si mal notre belle langue; de bons esprits, avec les meilleures intentions, ont tenté d'y porter remède, en fesant des grammaires pour l'enfance, mais malheureusement des grammaires *théoriques;* car elles sont taillées sur le même patron, et commencent toutes par cette phrase obligée :

La grammaire est l'art de parler et d'écrire correctement. En vérité, que dirait-on d'un serrurier qui, au lieu de mettre son apprenti à l'œuvre, l'interrogerait à la journée : *Qu'est-ce que la serrurerie? qu'est-ce qu'un marteau? qu'est-ce qu'un soufflet? qu'est-ce qu'une enclume, une bigorne?* etc., etc.; on dirait : Cet homme est fou, il abrutit l'enfant qu'on lui a confié, et ce petit malheureux ne saura jamais rien. *C'est en forgeant qu'on devient forgeron.* Le proverbe n'est pas nouveau; tout le monde le sait, personne ne le pratique. Fallait-il donc attendre des siècles pour nous ramener à des considérations aussi simples, aussi naturelles? Vous voulez apprendre la grammaire? pratiquez-la. Pour apprendre à pratiquer la grammaire, rien n'est plus simple, un peu d'attention suffit; voici comment il faut procéder.

Il ne faut pas attendre que les élèves soient arrivés au chapitre des *verbes* pour leur en faire conjuguer. Nous ne sommes plus au temps où il fallait passer des années entières à *pleurer* ou à *jouer* sur les bancs des écoles avant d'apprendre la grammaire, et où l'on entassait des chapitres dans la tête des enfants avant de leur faire apprendre la conjugaison des verbes. Les bons maîtres se montrent heureusement plus empressés d'utiliser un temps si précieux. Il faut faire conjuguer le verbe *être* aux élèves dès qu'ils arrivent aux écoles; il le faudrait, pour bien faire, dès l'âge de cinq ans : alors ils s'habitueraient de bonne heure à la prononciation, et le maître serait étonné du peu de temps qu'il lui faudrait pour le leur faire apprendre de la manière suivante.

Dans les écoles mutuelles, le maître fera mettre indistinctement au même cercle les enfants qui ne savent pas lire et ceux qui savent lire et écrire; dans les écoles simultanées, il les fera mettre en ligne. Il fera commencer le verbe *être* par le mode infinitif, c'est la racine du verbe; c'est à tort qu'on ne le place souvent qu'à la fin; c'est lui qui forme le verbe dans tous ses temps : c'est donc par l'infinitif qu'on doit commencer.

Le maître fera conjuguer les élèves jusqu'à et y compris le *prétérit défini* seulement; chaque élève dira un temps à la fois. Quand on aura fini, on recommencera à *l'infinitif*, et jusqu'à ce que le maître soit certain que ses élèves possèdent bien ce temps, ce dont il s'assurera en disant à l'un deux : Dites le *prétérit défini*; à un autre : Dites le *présent de l'indicatif*. On se gardera bien de leur faire aucune définition, ni de personne, ni de nombre, ni de temps; plus tard les élèves, instruits par les faits, en donneront eux-mêmes les définitions.

Quand le maître sera certain que ses élèves connaissent bien les trois premiers temps, il leur fera continuer le verbe jusqu'à et y compris le *futur passé*, en y ajoutant alors un adjectif des deux genres (1) commençant par une voyelle ou une *h* muette; comme : *être utile, être habile, être agréable, être honnête, être affable, être humain*, etc.

Le maître surveillera la prononciation et y attachera des récompenses; l'élève qui y manquera perdra sa place, et celui qui aura le mieux dit en gagnera une. C'est surtout la prononciation des finales des verbes avec la voyelle de l'adjectif qui suit que le maître devra surveiller; comme : *je sui-z-aimable; elle es-t-aimable, vous-ête-z-aimables*, etc.

Quand le maître sera convaincu que ses élèves possèdent bien la connaissance de tous les temps jusqu'au *conditionnel*, il fera conjuger le verbe dans toute son étendue, en y ajoutant un adjectif tantôt terminé par un *t* ou par un *d*, comme *prudent*, *grand*, etc.; tantôt terminé par un *f* ou par un *c*, comme : *bref, craintif, veuf, caduc, public*, etc.; tantôt terminé par *é*, ou *u*, ou *i*, ou *s*, comme : *estimé, rompu, poli, surpris*; tantôt terminé par *teur*, comme : *menteur, facteur*; tantôt terminé par *al*, comme : *libéral, filial*, etc.

Dans la conjugaison écrite, le maître aura soin que les élèves mettent bien l'*e* muet à l'adjectif féminin : *elle était inquiète*; et l'*s* au pluriel : *elles étaient inquiètes*.

Lorsque le maître sera certain que ses élèves possèdent parfaitement bien le verbe *être* et qu'ils savent faire la différence de tous les temps, il leur fera apprendre le verbe *avoir* par le même procédé, excepté qu'au lieu d'y joindre un adjectif, il y ajoutera un *substantif*, comme : *avoir faim, avoir soif, avoir froid*, etc. (Voyez le *tableau-modèle*, chapitre 5.) De grandes difficultés

---

(1) On appelle adjectif des *deux genres* ou de *tous genres*, ceux qui finissent par un *e* muet, comme *agréable, utile, rare*, etc.

seront vaincues lorsque les élèves connaîtront bien ces deux verbes; et le maître s'en convaincra par les questions suivantes.

QUESTIONS. Le maître, à l'élève de droite : Dites l'indicatif présent du verbe *être*. Il faut que l'élève réponde : *Je suis, tu es, elle est, nous sommes, vous êtes, elles sont* (en prononçant séparément les finales). Au même élève : Dites l'indicatif présent du verbe *avoir*. J'AI, *tu as, elle a, nous avons, vous avez, elles ont*. A l'élève de gauche : Dites l'imparfait de l'indicatif du verbe *être*. L'élève répondra : *J'étais, tu étais, elle était, nous étions, vous étiez, elles étaient*. Au même : Dites l'imparfait du verbe *avoir*. Il en sera de même de tous les temps des deux verbes, et toujours en fesant répéter séparément et distinctement la finale de chaque personne. Ensuite le maître demandera des temps pris dans tous les modes, et toujours en fesant la comparaison du même temps du verbe *être* et de celui du verbe *avoir*, et fesant remarquer aux élèves que souvent les finales sont les mêmes pour les deux verbes. Enfin le maître dira : Dites la deuxième personne du singulier de l'imparfait de l'indicatif du verbe *être* : comment l'écririez-vous? Puis la même personne du verbe *avoir* : comment l'écririez-vous? Dites la première personne du pluriel du prétérit défini du verbe *être* : comment l'écririez-vous? Dites la même personne du verbe *avoir* : comment l'écririez-vous? Mêmes questions sur tous les temps.

Pour les élèves qui savent écrire, le maître leur fera faire des dictées comme celles qui suivent :

Je suis triste, je suis prudent, je suis dévoué, je suis chéri.

Le maître, après avoir corrigé ces quatre petites phrases, engagera les élèves à les traduire par toutes les personnes du singulier et du pluriel du même temps. Chaque élève devra rapporter son devoir fait de la manière suivante :

Je suis triste, je suis prudent, je suis dévoué, je suis chéri; tu es triste, tu es prudent, tu es dévoué, tu es chéri; Rose est triste, elle est prudente, elle est dévouée, elle est chérie; nous sommes tristes, nous sommes prudents, nous sommes dévoués, nous sommes chéris; vous êtes tristes, vous êtes prudents, vous êtes dévoués, vous êtes chéris ; Rose et Ernestine sont tristes, elles sont prudentes, elles sont dévouées, elles sont chéries.

Le maître aura soin de faire faire des exercices semblables sur tous les temps du verbe *être*.

IMPARFAIT. J'étais aimable, j'étais étourdi, j'étais grand, j'étais partial. (Faites traduire par toutes les personnes.) J'étais soumis, j'étais satisfait, j'étais bon, j'étais aimé, j'étais uni, j'étais original, j'étais rare, j'étais doué.

PRÉTÉRIT. Je fus gai, je fus fatal, je fus gênant, je fus terrible.

PRÉTÉRIT INDÉFINI. J'ai été grossier, j'ai été indocile, j'ai été admiré, j'ai été formel (1).

Le maître aura soin de faire mettre un nom féminin à la troisième personne du singulier, comme : *Rose était gaie ;* et deux noms féminins à la troisième personne du pluriel, comme : *Rose et Ernestine étaient gaies ;* noms que les élèves représenteront ensuite dans la phrase par les pronoms *elle* et *elles*. Les élèves feront des exercices semblables pendant plusieurs jours sur les mêmes temps. Le maître aura soin de varier les adjectifs qui se joignent au verbe *être*. Quand le maître jugera ses élèves assez exercés sur ces exercices, il leur fera faire ceux qui se trouvent au chapitre 5.

Quand les élèves se seront suffisamment exercés sur le verbe *être* et sur le verbe *avoir*, le maître leur expliquera le *tableau-modèle* des quatre conjugaisons (chapitre 5). Il leur fera conjuguer d'abord oralement un verbe de la première conjugaison, de la manière suivante : *je remuE, tu remuES, elle remuE, nous remuONS, vous remuEZ, elles remuENT.* Le maître demandera aux élèves ce qu'ils auront remarqué sur les finales du présent de l'indicatif. (*Les élèves devront répondre qu'ils ont remarqué que la finale de la troisième personne singulière est pareille à celle de la première personne.*) Il faudra que les élèves fassent cette remarque d'eux-mêmes. Mêmes questions

(1) Beaucoup de dictées semblables sont préparées au chapitre 5.

sur chaque temps. IMPARFAIT. *Je remu*AIS, *tu remu*AIS, *il* ou *elle remu*AIT, *nous remu*IONS, *vous remu*IEZ, *elles remu*AIENT, toujours en prononçant d'abord le mot entier, comme : *je remuais ;* puis revenant sur la finale AIS, et cela pour les temps simples seulement. Dans la conjugaison écrite, on fera détacher la finale. (Voy. le *tableau-modèle.*)

Lorsque les élèves seront exercés de cette manière pendant quelques jours sur les finales, le maître fera ajouter au verbe un complément commençant par une voyelle, toujours en fesant bien observer la liaison de la finale du verbe avec la voyelle du complément; ainsi ils prononceront distinctement : *Je travaille à la terre, tu travaille-z-à-la terre, je cour-z-au galop, elle grandit-en courant, j'écris-à mon père, elle mangeait-un fruit*, etc. (Pour la conjugaison écrite, voyez nos exercices, chapitre 5, après la leçon.) Le maître s'attachera beaucoup à l'analyse grammaticale (on trouvera des modèles d'analyse à la fin de chaque partie du discours); pour cela, il devra commencer à faire analyser les premiers exercices sur les *substantifs*, sans parler alors de la fonction que ce *roi* de la phrase remplit dans le discours. Un inspecteur de l'Université, à qui nous empruntons le passage suivant, a très heureusement dit, en parlant de la grammaire : « L'homme ne doit pas être machine à l'école. Ne faites pas analyser machinalement. Bornez-vous d'abord à faire comprendre le *substantif* et l'*article*; quelques jours plus tard, l'*adjectif* et le *pronom*. Quand vos élèves sauront le *verbe*, vous pourrez leur donner de longs détails sur cette partie du discours ; et, pour activer leurs études sous ce rapport, vous leur ferez comprendre enfin le *participe*, la *préposition*, l'*adverbe*, la *conjonction* et l'*interjection*.

« Lorsqu'ils apprendront la grammaire, vous leur expliquerez, toujours oralement, le contenu de la leçon qu'ils devront répéter. LES ENFANTS NE COMPRENNENT POINT LA GRAMMAIRE; notez bien ce fait-là, il est constant. Peut-être la comprendront-ils quand vous la leur aurez expliquée d'abord, jamais autrement ; encore faut-il une grammaire qui soit à leur portée (1). »

---

(1) M. l'inspecteur sentait bien que nous n'avons guère de bonnes grammaires à la portée des enfants.

En général, pour les écoles populaires, la grammaire n'a d'autre avantage que d'apprendre l'orthographe et de former le raisonnement. La grammaire, on l'a dit, mais on peut le répéter, est la logique du peuple; n'en exigez pas d'autre résultat. Mais que vos élèves sachent l'orthographe; soyez pour cela d'une exigence pleine et entière : demandez que le *point*, la *virgule*, le *point et virgule*, les *deux points*, le *point d'exclamation* et le *point d'interrogation*, y soient; qu'il n'y manque ni *accent grave*, ni *accent aigu*, ni *accent circonflexe*, ni *apostrophe*; que chaque lettre, ou fausse, ou surabondante, ou absente, soit comptée comme faute. Cette exactitude a peu d'importance comme orthographe; mais elle est d'une importance majeure comme moyen d'éducation. J'aime beaucoup les leçons, les dictées, les thèmes, les études d'orthographe. Ces exercices apprennent à faire attention, à réfléchir, à comprendre une faute, à l'éviter, à vouloir s'en corriger. Je vous demande si ce ne sont pas là autant de choses de haute importance. « J'y attache un tel prix, dit M. l'inspecteur, que j'ai une horreur invincible pour les fautes d'orthographe, et une horreur bien plus grande encore pour toute indifférence qu'on affecte à cet égard.» Dans sa juste indignation contre la méthode la plus subversive, celle des *cacographies* (1), il s'écrie : « Je dois condamner

---

(1) On entend par *cacographie* des exercices sur l'orthographe dans lesquels on rencontre des milliers de fautes, même dans l'intérieur des mots. Le plus grave défaut de ces ouvrages, le vice capital qui partout y domine, et contre lequel tous les bons esprits ont formellement protesté, c'est précisément l'énorme quantité de fautes grossières qui fourmillent dans chaque page, dans chaque phrase, dans chaque mot. Ne sait-on pas *que l'œil a aussi sa mémoire*, et qu'il ne faut lui offrir que de bons exemples si l'on ne veut pas qu'il devienne un instrument d'erreur? Combien de fois n'avons-nous pas recours nous-même ce juge souverain des signes graphiques de nos pensées, pour nous assurer qu'un mot est écrit comme il doit l'être, comme nous l'avons vu dans des livres? Pourquoi d'ailleurs présenter comme fausse l'orthographe des mots dont la figure n'est pas d'accord avec la prononciation? N'en avons-nous pas des milliers qui s'écrivent autrement qu'ils se prononcent? Les esprits judicieux n'ont pas tardé à faire justice d'une telle méthode, qui nécessitait une forte dépense aux pères de famille et une perte

ici un moyen détestable qu'on emploie dans quelques vieilles écoles, j'entends la *cacographie* ou l'*écriture fautive*, qu'on fait corriger. Je ne conçois rien de plus maladroit, j'allais dire *de plus coupable*. Quoi! vous ne vous contenterez pas des fautes que feront naturellement vos élèves dans l'intérieur des mots; vous leur en trouveriez, vous leur en supposeriez d'autres, vous les leur dicteriez! vous désireriez leur montrer le bon chemin, et vous les conduiriez auparavant par tous les plus mauvais que vous pourriez imaginer! Autant vaudrait, pour leur faire pratiquer la vertu, les faire passer auparavant par tous les vices! Cela n'est pas tolérable. *Vous proscrirez la cacographie*, invention déplorable de quelque cerveau malade. Vous ferez autre chose, vous prendrez les devoirs de vos élèves tels qu'ils sont, vous en corrigerez publiquement les fautes, vous rendrez raison des règles qu'ils ont violées, vous ferez des erreurs de quelques-uns des leçons pour tous. Ce sera bien assez de cacographie; il y en aura trop peut-être. »

Pour aller un peu au delà des études d'orthographe, de grammaire et d'analyse grammaticale, vous ferez faire à l'élite de vos élèves *l'analyse logique* des phrases; vous ferez fort bien de suivre assez loin cette curieuse étude. En général, ce que l'analyse logique offre de plus instructif, ce ne sont ni les termes de l'art, ni les formes de la phrase; c'est l'examen des pensées elles-mêmes. Elle conduit là, elle doit y conduire; car l'analyse de la pensée ou de la chose exprimée par la phrase est plus importante que la décomposition de la forme logique. On ne s'imagine pas combien cette analyse des choses est nécessaire et indispensable (1).

Pour entretenir une heureuse émulation parmi les élèves, il faut que le maître partage sa classe en plusieurs divisions, et que les élèves qui font partie de la même division soient à peu près de force égale; qu'il ait soin de faire

---

de temps aux élèves; car, pour faire de la cacographie, il faut un bon dictionnaire et passer beaucoup de temps à la recherche des mots; ce dernier défaut n'est pas le moindre.

(1) Voyez *Traité d'Analyse logique raisonnée.* Prix 1 fr., chez Langlois et Leclercq, rue de la Harpe, 81.

une composition par semaine sur chaque branche d'enseignement, et une grande composition le premier de chaque mois; que, pour distinction, le premier de chaque division soit nommé *correcteur;* si la division était forte, on en nommerait deux.

Cette distinction de correcteur éveille l'amour-propre des élèves; elle ne s'accorde qu'au premier ou aux deux premiers de chaque division. Les correcteurs sont d'un grand secours pour le maître, qui peut, après avoir corrigé leurs devoirs, à haute voix, devant la division, et leur avoir signalé les fautes qu'ils ont faites, les charger de corriger à leur tour les devoirs de leur division. Le maître les rend responsables des fautes qu'ils oublieraient. Pour s'assurer si les devoirs que les correcteurs ont corrigés l'ont été régulièrement, le maître exigera qu'ils fassent une croix au-dessus de chaque faute où l'orthographe serait viciée, et que le total des fautes du devoir soit marqué au bas de ce dernier. Les correcteurs apporteront sur le bureau du maître les devoirs qu'ils auront corrigés; le maître en prendra un au hasard, et le vérifiera : si le correcteur y a laissé des fautes, il sera contraint de remettre au net, pendant la récréation, le devoir où il se trouverait des fautes. Les deux meilleurs devoirs de chaque division seront récompensés de chacun un bon point, et les deux plus mauvais seront remis au net pendant la récréation. Le maître tiendra note de ces devoirs sur un registre à ce destiné.

L'ART D'ENSEIGNER

LA

GRAMMAIRE

FRANÇAISE,

SUIVANT LE SYSTÈME DES ÉCOLES-MODÈLES.

PREMIÈRE PARTIE.

INTRODUCTION.

PREMIÈRE LEÇON.

1. Pour *parler*, comme pour *écrire*, on emploie des mots, qui sont composés de lettres. Il y a deux sortes de lettres, les *voyelles* et les *consonnes*.

2. Les voyelles sont : *a*, *e*, *i*, *o*, *u* et *y*. Elles sont appelées *voyelles*, parce que *seules* elles forment une *voix*, un *son*.

3. Les consonnes sont : *b*, *c*, *d*, *f*, *g*, *h*, *j*, *k*, *l*, *m*, *n*, *p*, *q*, *r*, *s*, *t*, *v*, *x*, *z*. Elles sont appelées *consonnes*, parce qu'elles ne forment un *son* qu'avec la réunion d'une ou de plusieurs voyelles.

4. Il y a trois sortes d'*e* : l'*e* muet, qui ne se prononce que faiblement, ou ne se prononce pas, comme dans *paiement*, *rue*, *jalousie*; l'*é* fermé, qui se prononce la bouche presque fermée, comme dans *bonté*, *décédé*, *végété*; l'*è* ouvert, qui se prononce la bouche presque ouverte, comme dans *mère*, *succès*, *procès*.

Le maître questionnera les élèves sur les voyelles et sur les consonnes; il les invitera à citer des mots où se trouve soit un *e* muet, soit un *é* fermé, soit un *è* ouvert. Chaque leçon doit être précédée d'une explication sur les règles qu'elle renferme.

2

2e LEÇON.

5. L'*y* s'emploie tantôt pour un *i* simple, tantôt pour deux *i*. L'*y* s'emploie pour un *i* simple quand il est placé au commencement ou à la fin des mots, comme dans *yeux*, *dey*; ou quand il est placé entre deux consonnes, comme dans *hymen*, *hypocrite*. *Y* s'emploie pour deux *i* quand il est placé entre deux voyelles : *envoyer*, *payer*, *rayon*, *pays*, *paysage*, etc.

6. L'*h* est tantôt muette, et tantôt aspirée. *H* est muette quand elle n'ajoute rien à la prononciation de la voyelle suivante : l'*homme*, l'*honneur*. *H* est aspirée quand elle empêche toute liaison entre la voyelle qui suit et la consonne qui précède : la *honte*, et non pas l'*honte*; le *hibou*, et non pas l'*hibou*. *H* est aspirée dans *huit*, *héros*, *hasard*; et muette dans *dix-huit*, l'*héroïsme*.

7. On dit : *des haricots*, *des hannetons*; et non pas : *dé-zaricots*, *dé-zannetons*. On dit : *un n'heureu hasard*; et non pas : *un heureux zazard*.

Le maître expliquera aux élèves que quand l'*y* est placé entre deux voyelles, il se divise en deux branches, une pour la voyelle de gauche, et une pour la voyelle de droite, et forme deux *i*. Il devra expliquer la distinction et la prononciation de l'*h* muette et de l'*h* aspirée.

3e LEÇON.

8. Les voyelles sont *longues* ou *brèves*. Les voyelles *longues* sont celles sur lesquelles on appuie plus longtemps que sur les autres en les prononçant.

9. Les voyelles *brèves* sont celles sur lesquelles on appuie moins longtemps. Exemples :
A est long dans *plâtre* et bref dans *cravate*; *e* est long dans *tête* et bref dans *muette*; *i* est long dans *épître* et bref dans *titre*; *o* est long dans *impôt* et bref dans *dévot*; *u* est long dans *flûte* et bref dans *hutte*.

10. Les voyelles sont souvent surmontées de petits signes qu'on appelle *accents*, et qui servent à indiquer certain changement de prononciation.

11. Il y a trois accents : l'accent *aigu*, qui se met sur l'*é fermé* : PRÉMÉDITÉ.

12. L'accent *grave*, qui se met sur l'*è ouvert* : PÈRE, ACCÈS.

13. L'accent *circonflexe*, qui se met sur les voyelles longues : APÔTRE.

14. Les mots se partagent en autant de syllabes qu'on fait entendre de *sons* : *roi*, *bon*, *chou*, *loi*, ont chacun une syllabe; *pro-bi-té* en a trois; *pré-mé-di-té* en a quatre.

15. Il y a dans la langue française dix espèces de mots qu'on appelle les *parties du discours* : le *nom* ou *substantif*, l'*article*, l'*adjectif*, le *pronom*, le *verbe*, le *participe*, la *préposition*, l'*adverbe*, la *conjonction* et l'*interjection*.

Le maître s'attachera à bien démontrer les différentes sortes d'accents et la différence de prononciation qu'il y a entre *liberté* et *décès*. Il fera citer aux élèves les mots d'une, de deux ou de trois syllabes.

CHAPITRE PREMIER.

—

4ᵉ LEÇON.

DU NOM OU SUBSTANTIF (1).

16. Tout mot auquel on peut joindre une *qualité* exprimée par un autre mot variable, comme *grand*, *petit*, *bon*, *mauvais*, *beau*, *belle*, *noir* ou *blanc*, est un *substantif*.

Ce *discours* te surprend, *docteur*, je l'aperçois :
L'*homme* de la *nature* est le *chef* et le *roi*;
Bois, *prés*, *champs*, *animaux*, tout est pour son usage,
Et lui seul a, dis-tu, la *raison* en *partage*.
Il est vrai, de tout *temps* la *raison* fut son *lot*;
Mais de là je conclus que l'*homme* est le plus sot.

Le maître prouvera aux élèves que *discours* est un substantif, parce qu'on peut y ajouter une qualité, comme *discours* SAVANT; que *docteur* est un substantif, parce qu'on peut dire GRAND ou PETIT *docteur*; qu'homme est un substantif, parce qu'on peut dire *homme* BON ou MÉCHANT; que *nature* est un substantif,

---

(1) *Substance* veut dire *chose qui tombe sous les sens, qui a une existence propre, qui se tient sous une apparence quelconque*. Le maître pourra donc dire aux élèves : Tout ce que vous pouvez voir ou toucher est *substantif*.

parce qu'on peut dire BELLE *nature*; que *chef* est un substantif, parce qu'on peut dire BON ou MAUVAIS *chef*; que *roi* est un sub- stantif, parce qu'on peut y ajouter une qualité, comme GRAND *roi*, SAGE *roi*, BON *roi*, MÉCHANT *roi*.

Même raisonnement pour *bois*, *prés*, *champs*, *raison*, *par- tage*, etc.

EXERCICES SUR LES SUBSTANTIFS.

Le maître écrira sur le tableau noir le passage suivant, en soulignant les substantifs. (1)

O *bienfait* d'une *mère*! inaltérable *empire*!
Elle aime son *enfant* même avant qu'il respire....
Quand la *raison* précoce a devancé son *âge*,
Sa *mère* la première épure son *langage*;
De *mots* nouveaux pour lui, par de courtes *leçons*,
Dans sa jeune *mémoire* elle imprime les *sons*,
L'applaudit doucement et doucement le blâme,
Cultive son *esprit*, fertilise son *âme*,
Et fait luire en son *œil*, encor faible et tremblant,
De la *religion* le *flambeau* consolant.

Il y a dix-sept substantifs dans ce passage de la tendresse maternelle. Le maître s'attachera à prouver aux élèves que ces substantifs sont quelquefois joints à des mots qui leur donnent une qualité, ou qu'on peut les y joindre. Il leur fera répéter ensemble la règle n° 16 sur le substantif: *Tout substantif au- quel*, etc.

Or, *bienfait* est un substantif, puisque je puis dire GRAND *bienfait*; *mère* est un substantif, puisque je puis dire BONNE *mère*. Même raisonnement sur les autres mots *enfant*, *raison*, *âge*, etc.

5e LEÇON.

17. Il y a deux sortes de substantifs, le substantif *com- mun* et le substantif *propre*.

18. Le substantif *commun* s'applique indifféremment à toutes les choses de la même espèce : *brebis*, *ville*, *vil- lage*, *rivière*, *montagne*, *homme*, *femme*, *jardin*, *fruit*,

---

(1) Il faut que le tableau noir ait cinq pieds carrés ou quatre au moins ; c'est une petite dépense dont on n'apprécie pas assez l'utilité. En lisant des phrases sur le tableau noir, soit *analyse*, soit *thème*, etc., l'enfant s'habitue à lire les manuscrits. A l'aide de ce tableau, trente, quarante élèves peuvent suivre le même cours.

sucre, table, plume, canif, sont des substantifs *communs*. Le mot *brebis* est commun à toutes les *brebis*; le mot *ville* est commun à toutes les *villes*; le mot *village* est commun à tous les *villages*; le mot *fruit* est commun à tous les *fruits*, etc.

19. Le substantif *propre* sert à distinguer un ou plusieurs individus des autres individus de la même espèce; il leur attribue des propriétés essentielles.

Paris, César, Seine, France, Pyrénées, Bossuet, Lyon, Bonaparte, sont des substantifs propres. *Paris* est un substantif *propre*, 1° parce qu'il sert à distinguer cette ville des autres villes, 2° parce que ce nom ne convient qu'à une seule ville appelée *Paris*. *Bossuet* est un substantif *propre*, 1° parce que ce nom ne convient qu'à un seul homme appelé *Bossuet*, 2° parce qu'il sert à distinguer cet homme de tous les autres hommes. Même raisonnement sur les mots *César, Seine, France, Pyrénées, Lyon, Bonaparte*, etc.

20. La première lettre des substantifs propres doit toujours être une majuscule.

Le maître s'appliquera à bien faire sentir aux élèves la différence qu'il y a entre le substantif *commun* et le substantif *propre*. Il prouvera, par exemple, que le mot *Rome* ne convient qu'à une seule ville appelée *Rome*, tandis que le mot *ville* convient à toutes les *villes*, grandes ou petites.

6e **LEÇON**.

EXERCICES SUR LES SUBSTANTIFS.

Le maître écrira sur le tableau noir des phrases prises dans le fablier de La Fontaine, ou plutôt encore dans le *Télémaque*; il invitera les élèves qui savent lire à souligner les substantifs. Pour ceux qui ne savent pas lire, il leur citera oralement de petites phrases tronquées, dans lesquelles il fera entrer des substantifs connus des enfants, comme *le curé de Versailles, le roi de Prusse, les superbes montagnes de la Suisse, le grand palmier des Indes, le prêtre vénérable du village, le frère et la sœur affables*, etc. Il engagera ses petits élèves à dire quel est le mot qui est substantif; s'il est propre ou commun. Lorsque le maître sera convaincu que les élèves savent distinguer le substantif des autres parties du discours (ce qui ne demandera que trois ou quatre leçons au plus), il leur fera apprendre les règles suivantes.

21. Il y a deux genres dans les substantifs, le *masculin* et le *féminin*. Les substantifs qui représentent des êtres *mâles* sont du genre masculin : le *père*, le *fils*; les substantifs qui représentent des êtres *femelles*, sont du genre féminin : la *mère*, la *fille*.

22. Tout substantif avant lequel on peut mettre le mot *le* ou le mot *un* est du genre *masculin*. Or, *livre* est du masculin, parce que je puis dire LE *livre* ou UN *livre*. Faites le même raisonnement sur les substantifs *soldat*, *officier*, *lion*, *renard*, *mouton*, *chien*, *château*, *étang*, *champ*, *oiseau*, *hanneton*, etc.

23. Tout substantif avant lequel on peut mettre un des mots *la* ou *une* est du genre *féminin*. Or, *plume* est du genre féminin, parce que je puis dire LA ou UNE *plume*. Faites le même raisonnement sur les substantifs *femme*, *lionne*, *maison*, *ville*, *rivière*, *prune*, *liqueur*, *innocence*, *éternité*, etc.

Par imitation, on a fixé le genre des choses inanimées : on a fait *soleil*, *fleuve*, *livre*, du genre masculin; *lune*, *rivière*, *plume*, du genre féminin.

7e LEÇON.

24. Il y a deux nombres dans les substantifs, le *singulier* et le *pluriel*.

25. Tout substantif qui n'exprime qu'un *seul objet* est au *singulier*, comme le *père*, la *mère*, la *cour*, le *jardin*, la *maison*. Le PÈRE est au *singulier*, parce qu'il n'exprime qu'un *seul père*. Même raisonnement sur *cour*, *maison*, etc.

26. Tout substantif qui exprime *plusieurs fois le même objet* est au *pluriel*, comme les *pères*, les *mères*, les *jardins*, les *maisons*, les *champs*, etc. Quand je dis *les pères*, PÈRES est au *pluriel*, parce que ce mot exprime *plusieurs pères*. Même raisonnement sur *mères*, *jardins*, etc.

Le maître fera expliquer aux élèves le singulier et le pluriel de plusieurs substantifs; les enfants devront citer des exemples.

27. Pour marquer qu'un substantif est au *pluriel*, on ajoute une s à la fin : *un roi*, *des rois*; *une rose*, *des roses*; *le canif*, *les canifs*.

REMARQUE. Les mots *le*, *un*, *ce*, *ma*, *ta*, *sa*, annoncent le *singulier;* les mots *les, des, ces, mes, tes, nos, vos,* annoncent le *pluriel.*

Le maître écrira sur le tableau noir les substantifs ci-après ; les élèves les copieront sur leur cahier ou sur l'ardoise, en les traduisant par le *pluriel.* Quand le substantif sera *masculin,* les élèves ajouteront un *m* après le substantif; quand il sera féminin, ils ajouteront un *f.* Le prince *m,* la princesse *f;* le château *m;* la reine *f;* le château *m;* la cabane *f;* la rivière *f.*

C'est en fesant de semblables exercices que les enfants apprendront bien le genre et le nombre, en même temps qu'ils se familiariseront avec l'orthographe des mots ; mais il faudra se garder de mettre un masculin et un féminin de suite. Le maître fera faire des exercices analogues pendant plusieurs jours, et il se gardera d'y mêler des substantifs terminés par *s, z* ou *x,* ou par *al, au, ou.* Quand il se trouvera un substantif propre dans l'exercice, l'élève mettra un *p* avant l'*m* ou l'*f.*

EXERCICE MODÈLE.

Le loup, la louve, le chien, la chienne, la prairie, une promenade, le coq, le mouton, la Russie, la Pologne, le village, le hameau, la ville, la canne, le ballon, le rosier, la rose, la prune, le fruit, la classe, la table, une chambre, un chemin, un corbeau.

8e LEÇON.

EXCEPTIONS A LA FORMATION DU PLURIEL DANS LES SUBSTANTIFS.

28. Les substantifs terminés au singulier par *s, z,* ou *x,* s'écrivent de même au pluriel : le *bras,* les *bras;* le *puits,* les *puits;* le *riz,* les *riz;* le *nez,* les *nez;* le *crucifix,* les *crucifix;* la *voix,* les *voix.*

29. On forme le pluriel dans les substantifs terminés par *eau, au, eu,* en ajoutant un *x* : le *marteau,* les *marteaux;* le *tuyau,* les *tuyaux;* le *lieu, les lieux.*

30. Sept substantifs seulement terminés par *ou* exigent un *x* au pluriel : les voici : *chou, caillou, genou, bijou, joujou, pou* et *hibou.* Un *chou,* des *choux;* un *caillou,* des *cailloux.* Les autres substantifs terminés par *ou* suivent la règle générale : un *clou,* des *clous,* un *fou,* des *fous;* un *licou,* des *licous.*

31. On forme le pluriel dans les substantifs terminés par *al, ail,* en changeant *al* ou *ail* en *aux* et jamais en *eaux :*

un *mal*, des *maux*; le *tribunal*, les *tribunaux*; un *émail*, des *émaux*; le *corail*, les *coraux*. Mais *bal, carnaval, régal, cal, chacal*, etc., *détail, portail, éventail, attirail, poitrail, sérail, gouvernail, camail, épouvantail*, s'écrivent avec une *s* au pluriel. Ex. : le *bal*, les *bals*, etc.

Le maître écrira sur le tableau noir des exercices semblables à ceux ci-après; les élèves les traduiront par le pluriel, toujours en mettant un *m* après le substantif *masculin* et un *f* après le substantif *féminin*; de cette manière ils feront de l'analyse (1).

PREMIER EXERCICE. La maison, le château, le soldat, le général, le chou, le fou, le tuyau, le matelas, le crucifix, le palais, le levier, le bocal, le soupirail, le cristal, le fromage, un potage, un bouquet, une fleur, une rose, le régal, le piquet, la garde, un village, une ville, la rivière, le ruisseau, le feu, le papier, la plume, le levraut, le cou, le joujou, le bijou.

2ᵉ. Le moulin, la glace, le bureau, une pendule, le caporal, le détail, un fleuve, une montagne, le verrou, le portail, un lac, une mer, une mère, la côte, la poule, le puits, le cardinal, un serpent, une brebis, le fils, la fille, une perdrix, le juge, la main, le pied, un bœuf, une vache, le frère, la sœur, le feu, la cendre, une poire, le vin, le discours, le caillou, le matou, le hibou.

3ᵉ. Le corail, le cheval, un berger, un couteau, une table, le feu, un signal, le licou, le sapajou, le canal, le bal, un éventail, un neveu, une nièce, un amiral, le boyau, le bois, le milieu, le camail, le roi, une reine, un parent, un ami, le canard, le hibou, le jour, le fruit, une pêche, la raison, le trou, le moineau.

4ᵉ. Un attirail, le fléau, le daim, le poitrail, le bail, la bataille, la caille, l'agneau, le courroux, le houx, le fourneau, le frère, le mystère, l'écrivain, le peintre, le boulanger, le coucou, la perdrix, l'horloger, le boutiquier, le fuseau, le licou, le télégraphe, le fourneau, le matou, le capital, le principal, le bancal.

Le maître aura soin de faire précéder chaque exercice d'une

_____

(1) Si le maître n'avait pas de tableau noir, il ferait partager le cahier de chaque élève en deux parties; sur la marge de gauche on écrirait le singulier, et sur la colonne de droite le pluriel.

explication sur les différentes règles et sur les exceptions du pluriel dans les substantifs. Après l'exercice, il fera les questions suivantes : Pourquoi écrivez-vous les *moissons* avec une *s* ? Pourquoi écrivez-vous des *châteaux* avec un *x* ? Pourquoi écrivez-vous des *généraux* par *aux*? Pourquoi n'ajoutez-vous pas un *s* au pluriel de *crucifix* ? etc. Le maître fera des questions semblables tous les jours après l'exercice corrigé.

CHAPITRE II.

9e LEÇON.

DE L'ARTICLE.

32. Tout mot qui est placé avant un substantif pour marquer qu'il s'agit d'*un* ou de *plusieurs* objets, et qui sert à en désigner le genre, est *article*.

Le cheval est *un* animal très utile *aux* hommes, *ses* qualités en sont nombreuses.

Le est placé avant le substantif *cheval*, pour marquer qu'il s'agit d'*un seul* cheval; donc LE est article. *Un* est placé avant le substantif *être*, pour marquer qu'il s'agit d'*un seul* animal; donc UN est article. *Aux* est placé avant le substantif *hommes*, pour marquer qu'il s'agit de *plusieurs* hommes, donc AUX est article. *Ses* est placé avant le substantif *qualités*, pour marquer qu'il s'agit de *plusieurs* qualités; donc SES est article (1).

TABLEAU DES ARTICLES.

33. Le, la, les, | simples.
34. Du, des, au, aux, | composés.
35. Ce, cet, cette, ces, | démonstratifs.

(1) Je considère les adjectifs possessifs et les démonstratifs comme de véritables articles, parce qu'ils remplissent les mêmes fonctions : en cela je suis d'accord avec la plupart de nos meilleurs grammairiens. Quand je dis : *mon* chapeau, *votre* maison, *tes* livres, c'est comme si je disais : LE chapeau de moi, LA maison de vous, LES livres de toi. *Mon, votre, tes,* servent à déterminer les substantifs *maison, chapeau, livres,* et non à les qualifier. (Domergue, Condillac, Dumarsais, *Journal de la langue française.*)

2.

36. Mon, ma, mes; ton, ta, tes; son, sa, ses; votre, nos; votre, vos; leur, leurs, } possessifs.

37. Un, deux, trois, quatre, cinq, six, etc., } numériques.

Quelque, plusieurs, maint, aucun, certain, tel, quel, lequel, laquelle, tout, toute, chaque, } indéfinis.

10e LEÇON.

38. PREMIÈRE REMARQUE. Au lieu de dire : la chaleur *de le* soleil, on dit la chaleur *du* soleil. On dit aussi : aller *au* village, pour aller *à le* village ; la piété *des* hommes, pour la piété *de les* hommes ; parler *aux* enfants, pour parler *à les* enfants. *Du, des, au, aux,* sont donc des articles *composés* ou *contractés.*

39. 2e. Si le mot qui suit *le* ou *la* commence par une voyelle ou par une *h* muette, on supprime *e* dans l'article *le,* et *a* dans l'article *la,* et l'on y substitue une apostrophe (*l'*). On dit *l'ange, l'amitié, l'homme* ; et non *le ange, la amitié, le homme.*

40. 3e. *Mon, ton, son,* s'emploient pour *ma, ta, sa,* quand le mot féminin qui suit commence par une voyelle ou par une *h* muette. On dit : *mon épée,* pour *ma épée; ton ame,* pour *ta ame; son enfance,* pour *sa enfance.*

41. 4e. On ajoute un *t* à *ce* avant une voyelle ou une *h* muette : *cet oiseau, cet or, cet argent, cet homme.*

EXERCICES SUR LE SUBSTANTIF ET SUR L'ARTICLE

(A faire traduire par le pluriel, après avoir fait corriger les fautes sur l'article. *Voy. Grammaire populaire.*)

PREMIER EXERCICE. Le château du seigneur, la consolation du malheureux, le chef du gouvernement, l'homme de la nature, le fanal de notre port, le vaisseau de l'amiral, l'exercice, la beauté du pays, l'ami du prince, le palais du roi, la maison de la reine, le légume du jardin, le tambour du régiment.

2e. La vie du monarque, le portail de l'église, le puits du village, le détail de la fête, le cou du sapajou, le soupirail de la cave, l'ami de mon héroïne, le sujet de ton caprice, le bijou du marchand, la voix de l'enfant, le troupeau du berger, le clou de la porte, le poisson de l'étang, le taureau de l'étable.

3e. La modestie du prince, l'empereur du Brésil, l'instituteur du village, l'obéissance des enfants, la dureté du métal, le lion de l'Afrique, la férocité du léopard, le vaisseau des États-Unis, la cour du prince, le temple du Seigneur.

Le maître fera faire des exercices analogues jusqu'à ce qu'il soit certain que ses élèves sont assez forts sur la formation du pluriel des substantifs et de l'article. Ces exercices devront être écrits sur le tableau noir, comme ils le sont dans la *Grammaire populaire*; il sera bon de les faire copier d'abord au singulier, pour familiariser les enfants sur les règles de l'article; ensuite on les fera traduire par le pluriel.

Le maître commencera par faire analyser sur le tableau noir de la manière suivante :

Le	Article simple, masculin singulier.
chantre	Substantif commun, masculin singulier.
du	Article composé, pour *de, le*, masculin singulier.
village.	Substantif commun, masculin singulier.

Faites analyser de même toutes les phrases contenues dans les deux exercices ci-dessus, en prévenant les élèves que *de* est un mot invariable.

CHAPITRE III.

11e LEÇON.

DE L'ADJECTIF.

42. Tout mot qui donne une qualité à un autre mot, et avant lequel on peut placer IL EST TRÈS... est un adjectif (1).

Que le Seigneur est *bon !* que son joug est *aimable !*
Jeune peuple, courez à ce maître *adorable*.

BON est un adjectif, 1° parce qu'il donne une qualité au substantif *seigneur*, 2° parce qu'on peut dire : IL EST TRÈS *bon*; AIMABLE est un adjectif, 1° parce qu'il donne une qualité au substantif *joug*, 2° parce qu'on peut dire : IL EST TRÈS *aimable*.

___

(1) Les mots *bien, mal, loin, près, proche*, forment exception.

Le moyen que nous avons donné pour connaître le substantif préparait l'enfant à la connaissance de l'adjectif. Nous avons dit : *Tout mot qui peut recevoir une qualité ou un défaut est un substantif;* maintenant nous disons : *Tout mot qui donne une qualité au substantif est un* ADJECTIF.

Pour rendre encore plus sensible aux enfants ces deux premiers rapports de grammaire, le *substantif* et l'*adjectif*, prenez un objet quelconque, une *pomme* ou une *poire*, et dites-leur : Cette pomme que vous voyez est un *être*, une *chose*, et par conséquent un *substantif;* ce substantif, comme tous les autres, *a des qualités qui lui sont propres*, savoir : il est *rond, jaune, dur, amer,* ou *sucré ;* ces mots *rond, jaune, dur, amer, sucré*, sont des *adjectifs*, c'est-à-dire sont joints au substantif *pomme.*

Le maître écrira sur le tableau noir des phrases analogues à celles ci-après ; il exigera que les élèves soulignent les substantifs une fois ——, l'article deux fois == et l'adjectif en zig-zag ⌇⌇⌇ comme : les enfants sont, pour la plupart, hautains, paresseux, intempérants et menteurs. Après que les enfants auront souligné les mots, le maître leur fera les questions suivantes: Pourquoi *les* est-il article ? Pourquoi *enfants* est-il substantif? Pourquoi *hautains, paresseux*, etc., sont-ils adjectifs ?

Le maître fera souligner les substantifs, les articles et les adjectifs des passages suivants.

1° Les Tyriens sont industrieux, patients, laborieux, propres, sobres et ménagers ; ils ont une exacte police ; ils sont parfaitement d'accord entre eux ; jamais peuple n'a été plus constant, plus sincère, plus fidèle, plus sûr, plus commode à tous les étrangers.

2° Ce vieillard avait un grand front chauve et un peu ridé ; une barbe blanche pendait jusqu'à sa ceinture ; sa taille était haute, majestueuse, son teint encore frais et vermeil, ses yeux vifs et pénétrants, sa voix douce, ses paroles simples et aimables : jamais je n'ai vu un si vénérable vieillard.

Le maître fera faire des exercices semblables pendant plusieurs jours. Il cherchera des phrases qui renferment beaucoup d'adjectifs. Il fera observer aux élèves que le substantif désigne toujours un *être* et qu'il peut recevoir une qualité, tandis que l'adjectif la lui donne.

12ᵉ LEÇON.

43. Tout adjectif qui qualifie un substantif *masculin*, est au masculin; tout adjectif qui qualifie un substantif

féminin, est au féminin ; tout adjectif qui qualifie un substantif *singulier*, est au singulier ; tout adjectif qui qualifie un substantif *pluriel*, est au pluriel.

44. La réponse à la question QUI EST..., appliquée à un
adjectif, indique le mot auquel l'adjectif se rapporte et
avec lequel il s'accorde. Ex. : *Dieu est* PUISSANT. Dites :
QUI EST *puissant ?* Rép. : *Dieu. Puissant* est au masculin et au singulier, parce qu'il se rapporte à *Dieu* qui est
du masculin et au singulier.

Les enfants OBÉISSANTS *font la joie de leurs parents.*
Dites : QUI EST *obéissants ?* Rép. : *les enfants. Obéissants*
est au masculin et au pluriel, parce qu'il qualifie *enfants*
qui est du masculin et au pluriel.

Etude attrayante. Dites : QUI EST *attrayante ?* Rép. :
l'étude. Attrayante est au féminin et au singulier, parce
qu'il qualifie *étude* qui est du féminin et au singulier.

Les prières ferventes. Dites : QUI EST *ferventes ?* Rép. :
les prières. Ferventes est au féminin et au pluriel, parce
qu'il qualifie *prières* qui est du féminin et au pluriel.

13e **LEÇON**.

45. L'adjectif n'a par lui-même ni *genre* ni *nombre ;*
mais comme il sert à qualifier les personnes et les choses,
il prend le *genre* et le *nombre* de la personne ou de la
chose à laquelle il donne sa qualité. Exemple :

Un petit garçon *instruit*, une petite fille *instruite ;* des
petits garçons *instruits*, des petites filles *instruites*.

46. On ajoute un *e* muet à l'adjectif qui qualifie un substantif féminin.

ADJECTIFS MASCULINS.		ADJECTIFS FÉMININS.	
Un homme	prudent. poli. expert. sensé. pris. blond. entendu.	Une femme	prudente. polie. experte. sensée. prise. blonde. entendue.

47. Tout adjectif qui finit par un *e* muet au masculin,
ne change point au féminin : on l'appelle adjectif de tout
genre. Exemples :

> Un homme ou une femme *affable*.
> Un homme ou une femme *agréable*.
> Un homme ou une femme *utile*.

EXERCICES SUR LA FORMATION DU FÉMININ DANS LES ADJECTIFS.

PREMIER EXERCICE. Une personne obligeante, une mère caressante, un magistrat honnête et poli, une reine indulgente, un frère prudent, une sœur exigeante, une fille dissimulée et négligente, une maîtresse violente et colère, une personne vraie, humaine, adroite; une femme exacte, propre, économe.

2°. Une personne hautaine, dure, médisante. Une veuve pauvre, ruinée. Une servante petite, laide. Une personne gaie et amusante, sage et instruite. Une bergère morte et enterrée. Une fille réservée et soumise. Une tante chérie et respectée.

3°. Un homme célèbre, habile; une femme célèbre, habile; un homme noir, grand, soumis; une femme noire, grande, soumise; un homme prévenant, estimé, recherché; une femme prévenante, estimée, recherchée; le fleuve débordé, glacé; la rivière débordée, glacée; le crucifix saint, sacré, admiré; la croix sainte, sacrée, admirée; le château embelli, habité; la maison embellie, habitée.

4°. Un ami sûr, fidèle, dévoué; une personne sûre, fidèle, dévouée; le drapeau vert, rouge, bleu; l'enseigne verte, rouge, bleue; Dieu puissant, admirable, adoré; la sainte Vierge puissante, admirable, honorée; le loup hardi, vorace, altéré; la louve hardie, vorace, altérée; le bois étendu, touffu, serré; la forêt étendue, touffue, serrée.

Le maître fera faire plusieurs exercices semblables, jusqu'à ce que ses élèves sachent bien former le féminin dans les adjectifs dont le genre se forme régulièrement par l'addition d'un e muet. Il les fera d'abord corriger au singulier, puis les élèves les mettront au pluriel, et les analyseront.

14e LEÇON.

EXCEPTIONS SUR LA FORMATION DU FÉMININ DANS LES ADJECTIFS.

48. On double la dernière consonne en ajoutant un e muet pour former le féminin dans les adjectifs terminés au masculin par

MASCULIN.	FÉMININ.
EL, comme cru*el*,	qui fait crue*lle*.
EIL, —— verm*eil*,	—— vermei*lle*.
UL, —— n*ul*,	—— nu*lle*.
OL, —— *fol*,	—— fo*lle*.
AS, —— b*as*,	—— bas*se*.
ÈS, —— expr*és*,	—— expres*se*.
OS, —— gr*os*,	—— gros*se*.
ON, —— fripon,	—— fripon*ne*.
IEN, —— anc*ien*,	—— ancien*ne*.
OT, —— vieil*lot*,	—— vieillo*tte*.
ET, —— cad*et*,	—— cade*tte*.

49. Pourtant *concret, complet, discret, prêt, inquiet, replet,* font : *concrète, complète, discrète, prête, inquiète, replète; ras* fait *rase.*

50. On écrit au masculin *bel, nouvel, fol, mol, vieil,* au lieu de *beau, nouveau, fou, mou,* quand ces adjectifs sont placés avant un mot qui commence par une voyelle ou une *h* muette : *bel arbre,* nouvel *habit, fol espoir,* mol *édredon,* vieil *ami.*

15e LEÇON.

51. Dans les adjectifs terminés au masculin par *f,* comme *veuf, vif, bref,* on change l'*f* en *ve,* pour former le féminin : un homme *veuf, vif, bref;* une femme *veuve, vive, brève.*

52. Dans les adjectifs terminés par *c* au masculin, comme *public, caduc, franc,* on change le *c* en *que* ou en *che :* un homme *public,* une place *publique,* une femme *caduque;* un homme *blanc, franc, sec;* une femme *blanche, franche, sèche.* Cependant *grec* conserve le *c* au féminin : *une femme grecque.*

53. Dans les adjectifs terminés au masculin par *x,* on change *x* en *se : honteux, honteuse; jaloux, jalouse.* Cependant *doux* fait *douce; roux* fait *rousse; vieux* fait *vieille; faux* fait *fausse.*

54. Dans les adjectifs terminés par *ier,* comme *fier,* ou par *er,* comme *berger,* on forme le féminin en ajoutant un *e* muet et mettant un accent grave sur l'*e* qui précède la lettre *r :* un homme *fier,* une femme *fière; berger, bergère.*

55. *Malin* fait *maligne; bénin, bénigne; long, lon-*

gue; tiers, tierce; frais, fraîche; favori, favorite; pourri, pourrie; géant, géante; coi, coite; gentil, gentille.

16ᵉ LEÇON.

56. Dans les adjectifs terminés au singulier par *teur*, comme *flatteur, facteur;* ou par *eur,* comme *trompeur,* on forme le féminin en *euse* ou en *trice.*

Quand on peut changer *eur* en *ant,* l'adjectif a sa terminaison au féminin en *euse* : ainsi *flatteur* fait *flatteuse,* parce qu'on peut dire *flattant; fileur* fait *fileuse,* parce qu'on peut dire *filant; chanteur* fait *chanteuse,* parce qu'on peut dire *chantant.*

On forme le féminin en *trice,* quand on ne peut pas changer *eur* en *ant* : ainsi *facteur* fait *factrice,* parce qu'on ne peut pas dire *factant; adulateur* fait *adulatrice,* parce qu'on ne peut pas dire *adulatant; cantateur* fait *cantatrice,* parce qu'on ne peut pas dire *cantatant.*

Cependant *exécuteur, persécuteur, débiteur, inspecteur, inventeur,* font *exécutrice, débitrice,* etc. ; quoiqu'on dise bien : *exécutant, persécutant, débitant,* etc.

57. *Pécheur* (qui fait des péchés), *enchanteur, défendeur, vendeur,* font *pécheresse, enchanteresse, défenderesse, venderesse.*

58. Quelques substantifs, comme *soldat, artisan, partisan, borgne, censeur, écrivain, poëte, imprimeur, orateur,* peuvent devenir adjectifs; dans ce cas ils s'écrivent au masculin comme au féminin.

59. Les adjectifs *agresseur, imposteur, fat, rosat* (miel), *châtain,* ne s'emploient pas au féminin. *Majeur, mineur, meilleur, antérieur, supérieur,* font *majeure, mineure, meilleure, antérieure, supérieure,* etc. *Gouverneur, serviteur,* font *gouvernante, servante.*

17ᵉ LEÇON.

60. On forme le pluriel dans les adjectifs en ajoutant une *s* au singulier : *un homme grand, des hommes grands; le bon père, les bons pères.*

61. Les adjectifs terminés au singulier par *s* ou par *x* ne changent point au pluriel masculin : *un homme gros, des hommes gros; un homme heureux, des hommes heureux.*

62. On met *x* au pluriel dans les adjectifs terminés par *au :* un livre *nouveau*, des livres *nouveaux ;* un *beau* cheval, de *beaux* chevaux.

63. Dans la plupart des ajectifs terminés par *al* au singulier, comme *libéral*, on change *al* en *aux :* un bien *féodal*, des biens *féodaux ;* un homme *égal*, des hommes *égaux*.

64. Cependant on ajoute une *s* au pluriel masculin des adjectifs *nasal, fatal, pascal, conjugal, théâtral, central, final*, etc. : des sons *nasals*, des instants *fatals*. L'Académie a adopté le pluriel *nasaux*.

65. Quand un adjectif qualifie deux substantifs singuliers, on met cet adjectif au pluriel. Le roi et le berger sont *égaux* après la mort. *Égaux* est au pluriel, parce qu'il qualifie *roi* et *berger*.

66. On met encore l'adjectif au masculin et au pluriel quand il qualifie deux substantifs de différents genres. Ton *frère* et ta *sœur* sont *chéris* et *estimés*.

67. On met l'adjectif au féminin et au pluriel quand il qualifie deux substantifs féminins. *La figure et la tête enflées*. Les adjectifs unis *bleu-clair, châtain-foncé, rose-tendre*, etc., sont invariables. Des étoffes *bleu-clair*, c'est-à-dire, d'un bleu clair. Cependant, si la couleur de l'étoffe était bleue et que l'étoffe fût claire par son tissu, on conçoit qu'on devrait dire : des étoffes *bleues claires*, et mieux, *bleues et claires*.

EXERCICES SUR LE SUBSTANTIF, L'ARTICLE ET L'ADJECTIF.

Le maître, après avoir fait corriger au singulier les exercices ci-après, les fera traduire par le pluriel. Il aura soin d'en faire précéder le travail d'une explication sur les différentes règles de l'adjectif. Après l'exercice fait, les élèves l'analyseront (1).

PREMIER EXERCICE. L'enfant gai, la sœur chérie, le

(1) Nous n'avons pas cherché à employer de belles phrases dans ces exercices : quand on s'adresse à des enfans, c'est leur langage qu'on doit adopter ; leur vocabulaire doit être celui du maître, sous peine de ne pas être compris. Je n'ai donc pas voulu faire de la science ; c'est, au contraire, un écueil que j'ai voulu éviter.

maître patient : la maîtresse patiente, la table ronde, la robe bleue, le livre utile, la plume taillée, mon couteau perdu, ma leçon récitée, l'appartement éclairé, la chambre obscure et noire.

2e. Le voyageur fatigué, une brillante nuit, le peuple inconstant, la province ruinée et pillée, le rocher escarpé, le mur construit, la maison construite et commode, la muraille ébranlée et fondue, le précipice effrayant, la fosse profonde et effrayante.

3e. L'élève studieux, instruit et sage ; la petite fille studieuse, instruite et sage ; un enfant enjoué et amusant ; ta sœur enjouée et amusante ; une maison blanchie et peinte ; un homme emporté et bizarre, une femme emportée et bizarre ; la femme retenue et soumise ; ma sœur trompée, affligée, perdue.

4e. Les Tyriens sont industrieux, patients, laborieux, propres, sobres et ménagers ; ils ont une exacte police ; ils sont parfaitement d'accord entre eux ; jamais peuple n'a été plus constant, plus sincère, plus fidèle, plus sûr, plus commode à tous les étrangers.

5e. Ce vieillard avait un grand front chauve et un peu ridé ; une barbe blanche pendait jusqu'à sa ceinture ; sa taille était haute, majestueuse ; son teint encore frais et vermeil, ses yeux vifs et pénétrants ; sa voix douce, ses paroles simples et aimables : jamais je n'ai vu un si vénérable vieillard.

Le maître fera plusieurs exercices semblables, toujours en écrivant les adjectifs au masculin singulier.

MODÈLE D'ANALYSE.

Le	Article simple masculin singulier.
enfant	Substantif commun masculin singulier.
gai.	Adjectif qualificatif masculin singulier, parce qu'il qualifie *enfant*, qui est du masculin singulier.
La	Article simple féminin singulier.
sœur	Substantif commun féminin singulier.
chérie.	Adjectif qualificatif féminin singulier, parce qu'il qualifie *sœur*, féminin singulier.

Faites analyser de même les exercices ci-dessus, au singulier et au pluriel, en prévenant les élèves que *et* est un mot invariable.

18e LEÇON.

68. On distingue dans les adjectifs trois degrés de signification.

1o Le positif, qui énonce la qualité sans comparaison : *enfant sage, homme aimable.*

2° Le comparatif, qui énonce la qualité avec comparaison. Il y a trois comparatifs :

Le comparatif d'*égalité* : Paul est *aussi sage* que Jules;

Le comparatif de *supériorité* : Paul est *plus sage* que Jules;

Le comparatif d'*infériorité* : Paul est *moins sage* que Jules.

3o Le superlatif, qui énonce la qualité portée à un suprême degré. Il y a deux superlatifs. Paul est *très sage, fort sage, extrêmement sage,* est le superlatif *absolu;* on le forme avec les mots *très, fort, extrêmement.* On forme le superlatif *relatif* avec les mots *le plus, la plus: le moins, la moins.* Paul est *le plus sage;* Jules est *le moins sage.*

69. On dit *meilleur* au lieu de *plus bon; moindre* au lieu de *plus petit; pire* au lieu de *plus mauvais.* Cette pêche est *meilleure que l'autre;* cette somme est *moindre que la tienne;* ce vin est *pire que le nôtre.*

EXERCICES SUR LES DIFFICULTÉS DE L'ADJECTIF.

Le maître les copiera sur le tableau noir, en mettant tous les adjectifs au masculin singulier (voy. *Grammaire populaire*), et il les fera traduire par le pluriel, après avoir fait corriger le singulier.

PREMIER EXERCICE. Sa (1) trompeuse entreprise, l'assemblée législative, la phrase attributive, l'analyse minutieuse, la voix forte et sonore, une justification personnelle et importante, la fausse ponctuation, la leçon négligée reconnue essentielle, l'analyse grammaticale, la

___

(1) Au pluriel *ses.* Le maître fera bien sentir aux élèves la différence qu'il y a entre *ces* démonstratif et *ses* possessif. On distingue *ces* de *ses,* en ce que *ces* sert à montrer les objets dont on parle, et qu'il ne peut pas se tourner par *de lui, d'elle;* tandis que *ses* marque une possession, et qu'il peut se tourner par *de lui, d'elle, deux.* CES *plumes sont à Ernest.* Ici *ces* sert à montrer les plumes. Où est Ernest? voici *ses* plumes. Ici *ses* sert à marquer la possession; les plumes *de lui,* dont il est le possesseur.

parole flatteuse, douce, insinuante; la provocation sédi-tieuse, les intentions malignes.

2e. Un sentiment filial, ce discours brutal, la nécessité ingénieuse, ma meilleure grammaire, ton opinion erronée subversive de tout principe, la déclamation sentimentale, fastidieuse et insipide, ma parole brève et tranchante, ta vieille routine redressée, la fausse et noire calomnie, la singulière et triste aventure.

3e. Ton opinion originale, hardie, vive, indépendante; un esprit étroit, profond; une imagination étroite, profonde; la statue grecque brûlée sur la place publique, la spirituelle madame de Sévigné, une proposition conjonctive, le vieil arsenal.

4e. Un verbe anomal, une forme nouvelle, le critique im-partial, ton ancienne méthode routinière, ta mine friponne, la troupe victorieuse, un partage égal, la méthode univer-selle, l'enseignement mutuel, notre école mutuelle, un ins-tant fatal, ton dîner frugal, une femme partisan et orateur.

5e. Une lumière vive et rayonnante, la malice infernale, la piété filiale, un principe libéral, un lien conjugal, une forme distinctive, une expression neuve, concise, exacte; une personne querelleuse, radoteuse, indiscrète; une loi conservatrice et protectrice, une forme accusatrice, une vieille inimitié, ta démarche franche et loyale, une discus-sion perpétuelle et orageuse.

6e. Ta maligne observation, une robe longue et bleue, une raison positive et formelle, cette femme est débitrice d'une forte somme, cette médisante est débitrice de mau-vaises nouvelles, une femme ancienne et coquette, une femme débitrice et opératrice, cette fleur artificielle et fanée, la flotte turque a vaincu la flotte grecque, le conte moral et récréatif, le pays méridional est chaud, la pro-vince méridionale est chaude.

7e. Un homme rôdeur, admirateur, causeur. Une femme rôdeuse, admiratrice, causeuse. Cette nouvelle place lucra-tive est recherchée par un homme avide. Ce peuple sau-vage d'une contrée inconnue et fort éloignée. Mon fils, apportez une attention continuelle et soutenue à toutes vos paroles. Cette négociation difficile, tant de fois interrompue et reprise, est terminée et finie. Cette petite fille bavarde est restée coite. L'œil bleu et vif de ce jeune enfant. Le hibou carnassier et nocturne. La chouette carnassière et nocturne. La révolution diurne et la révolution annuelle de la terre.

8e. Un homme honoré et chéri. Une femme honorée et chérie. Un homme et une femme honorés et chéris. Cet homme veuf est mort et enterré. Cette femme veuve est morte et enterrée. L'homme ambitieux est avide d'honneurs et de fortune. Une habitude invétérée devient une passion forte et violente. Cette femme est solliciteuse pour son mari. Cette religieuse est distributrice des aumônes de la reine. Cette plante, sèche, est rousse; fraîche, elle est blanche. Les joies mondaines sont fausses et trompeuses. Ce madrigal est très élégant et bien fait.

9e. Un homme malheureux, proscrit et fugitif. Une femme malheureuse, proscrite et fugitive. La vie courte et brève du papillon léger. Un arbre productif. Une terre productive. La flamme vengeresse et destructive de l'enfer. La rue vieille et antique redressée et embellie. Ce vassal orgueilleux et captif. Cette femme orgueilleuse et vindicative. Un homme et une femme orgueilleux et vindicatifs. La justice de Dieu est rémunératrice ou vengeresse.

10e. Ernest moins original et plus jovial. Le portail magnifique et superbe. Cette tournure grammaticale, vive et ingénieuse. Le sirop sucré et pectoral. La tisane sucrée et pectorale. La maladie longue et ruineuse. La vertu curative des plantes. Le bail onéreux est trop long. Le matou est traître et malin. Ce château grand, beau et ruineux. Un homme jaloux, inquiet. Une femme jalouse, vindicative et inquiète. Le chou vert, indigeste et lourd.

11e. Le corail rouge recherché. Le paon criard et désagréable; sa femelle aussi criarde et ennuyeuse. Un terme moyen ou long. Une échéance moyenne ou longue. Un homme fou, muet, replet. Une femme folle, muette, replète. Un homme attendri, abattu. Julie et Ernestine chéries et estimées. L'ail de mon jardin est fort, tonique et piquant. La personne trompée et affligée. Un garçon niais, partial et distrait. La jeune fille niaise, préoccupée, partiale et distraite.

12e. Une rose épanouie et ouverte. La tulipe bleue et verte. La loi précise et exécutée. Une fleur éclose et flétrie. Sa cousine vieillotte et rusée. Le coup fatal et terrible. Le soupirail utile et commode. La femme impatiente et tourmentée. La muraille épaisse et haute. Ce nouvel étourdi. Cette boisson pectorale est douce. Cette pâte est bise et rousse. Le froid glacial est excessif. La pluie glaciale est consécutive. Un attirail gênant et fastidieux. Une tournure gênante et fastidieuse. Cette étoffe grecque est très blanche et très fraîche.

Comme ces dictées sont très simples, le maître pourra facilement en faire de semblables; il les fera analyser au singulier et au pluriel.

MODÈLE D'ANALYSE.

Ton (1)	Article posses. masc. sing., déterminant *sentiment*.
sentiment	Substantif commun masculin singulier.
original.	Adjectif qualificatif masc. sing., parce qu'il qualifie *sentiment*, qui est du masculin singulier.
Sa	Article possessif fém. sing., déterminant *entreprise*.
trompeuse	Adjectif qualificatif féminin singulier, parce qu'il qualifie *entreprise* qui est du féminin singulier.
entreprise.	Substantif commun féminin singulier.
Ses	Article possessif fém. plur., déterminant *entreprises*.
trompeuses	Adjectif qualificatif féminin pluriel, parce qu'il qualifie *entreprises* qui est du féminin pluriel.
entreprises.	Substantif commun féminin pluriel.

AUTRES EXERCICES (*à traduire par le pluriel*).

PREMIER EXERCICE. Le léopard aussi féroce que le tigre, la rivière aussi profonde que le lac, la rose plus belle que la tulipe, la louve plus cruelle que la lionne, le renard plus malin que le loup, la franchise meilleure que la ruse, le remède pire que le mal, la santé plus précieuse que l'or, le mal moindre que la peur, la sœur plus attentive, plus circonspecte, plus spirituelle que son frère, ton plus fidèle ami, cette province moins étendue que la nôtre, la fortune moins sûre que la science, l'armée fort nombreuse.

2e. L'historien très impartial, la loi très juste, la paresse très nuisible et très odieuse, la lecture très morale, le travail très utile; la prière est pour les malheureux la

_____

(1) En disant que l'article *détermine*, j'ai voulu me conformer à la plupart des auteurs de grammaires élémentaires : *l'article annonce seulement que le substantif avant lequel il est placé est employé dans une signification déterminée*. Cette observation est applicable à tous les mots qui remplissent la fonction de l'article.

meilleure des consolations, l'oisiveté est le pire des défauts, la moindre négligence peut entraîner les plus grands maux, la crainte du Seigneur est la plus salutaire des craintes, le remords est la plus cruelle des tortures, les peines de l'esprit sont les moins tolérables, la charité est la plus grande des vertus, la plus forte dépense est celle du temps.

MODÈLE D'ANALYSE.

Le	Article simple masc. sing., déterminant *léopard*.
léopard	Substantif commun masculin singulier.
aussi féroce	Adjectif qualif. masc. sing., au comparatif d'égalité.
que	Conjonction.
le	Article simple masc. sing., déterminant *tigre*.
tigre.	Substantif commun masculin singulier.
La	Article simple féminin singulier, déterminant *loi*.
plus cruelle	Adjectif qualificatif fém. sing., au superlatif relatif.
loi.	Substantif commun féminin singulier.
La	Article simple féminin singulier, déterminant *onde*.
onde	Substantif commun féminin singulier.
très agitée.	Adjectif qualificatif fém. sing., au superlatif absolu.

Faites analyser de même les deux exercices ci-dessus.

CHAPITRE IV.

19e LEÇON.

DU PRONOM.

70. Tout mot qui représente un substantif, pour en éviter la répétition, est un pronom. Exemple :

Nulle paix pour l'impie ; *il* la cherche, *elle* fuit. (RACINE.)

Le mot IL est un pronom, 1° parce qu'il représente le substantif *impie*, 2° parce qu'il sert à éviter la répétition de ce substantif. Sans le secours du mot IL, j'aurais été obligé de dire : *Nulle paix pour l'impie ; l'impie la cherche*, etc. Le mot ELLE représente le substantif *paix*, donc ELLE est un pronom.

71. Il y a six sortes de pronoms : les *personnels*, les *démonstratifs*, les *possessifs*, les *relatifs*, les *interrogatifs* et les *indéfinis*.

20e LEÇON.

72. Les pronoms *personnels* sont ceux qui désignent plus particulièrement les personnes. Ils sont toujours sujets ou compléments des verbes.

73. Il y a trois personnes : la première est celle qui parle : *moi, je* désire vous voir ; la seconde est celle à qui l'on parle : *toi, tu* désires me voir ; la troisième est celle de qui l'on parle : *lui, il* désire me voir.

TABLEAU DES PRONOMS PERSONNELS.

74. Première personne. *Je, me, moi,* pour le singulier ; *nous,* pour le pluriel.

Seconde personne. *Tu, te, toi,* pour le singulier ; *vous,* pour le pluriel. Ces pronoms sont des deux genres.

Troisième personne. *Il, lui, le, leur,* pour le masculin singulier ; *elle, lui, la, leur,* pour le féminin singulier ; *ils, eux, les,* pour le masculin pluriel ; *elles, les,* pour le féminin pluriel. *Se, soi,* sont des deux genres et des deux nombres.

21e LEÇON.

75. REMARQUE. *Le, la, les* sont *articles* quand ils se trouvent placés devant un substantif : *le père, la mère, les villages ;* ils sont pronoms quand ils représentent un substantif, alors ils sont ordinairement placés avant un verbe : cet homme, je LE connais : *le* représente *homme ;* ma mère est bonne, je LA chéris : *la* représente *mère ;* j'aime les sciences, je LES cultive : *les* représente *sciences.*

76. *En* et *y* sont pronoms personnels quand ils représentent les choses dont on parle : alors le premier signifie *de lui, d'elle ;* le second signifie *à cette chose, à ces choses.* Connaissez-vous Ernest ? Oui, j'EN parle. Ici *en* signifie je parle *de lui.* Savez-vous le catéchisme ? J'EN sais une partie. *En* est mis pour de *cette chose,* de cela, du catéchisme. Etudiez-vous l'histoire ? Oui, je m'Y applique. Ici *y* signifie *à cette chose,* à l'histoire.

77. Les pronoms personnels *je, tu, il, ils,* sont toujours employés comme sujets ; les pronoms *me, te, se, soi, le, la, les, en, y, que, qui, dont, où,* sont toujours employés comme compléments ; les pronoms *lui, elle, eux, elles,* *nous, vous, celui, celle, ceux, celles, ceci, cela,* sont tantôt sujets et tantôt compléments.

Le maître reviendra sur ce numéro quand il sera au chapitre des verbes.

21e LEÇON.

78. Les pronoms *démonstratifs* sont ceux qui servent à montrer les personnes ou les choses dont on parle. Ces pronoms sont :

SINGULIER.		PLURIEL.	
Masculin.	*Féminin.*	*Masculin.*	*Féminin.*
Celui.	Celle.	Ceux.	Celles.
Celui-ci.	Celle-ci.	Ceux-ci.	Celles-ci.
Celui-là.	Celle-là.	Ceux-là.	Celles-là.

Ce, ceci, cela, des deux genres.

79. REMARQUE. *Celui-ci, celle-ci,* s'emploient pour désigner des personnes ou des choses qu'on a nommées les dernières ; *celui-là, celle-là,* pour désigner des personnes ou des choses qu'on a nommées les premières. Exemple : *La rose et l'œillet sont de belles fleurs ; vous aimez* celui-ci, *et je préfère* celle-là. *Celui-ci* désigne l'œillet, *celle-là* désigne la rose.

80. Les pronoms *possessifs* sont ceux qui représentent un substantif en même temps qu'ils en marquent la possession. Ces pronoms sont :

SINGULIER.		PRURIEL.	
Masculin.	*Féminin.*	*Masculin.*	*Féminin.*
Le mien.	La mienne.	Les miens.	Les miennes.
Le tien.	La tienne.	Les tiens.	Les tiennes.
Le sien.	La sienne.	Les siens.	Les siennes.
Le nôtre.	La nôtre.	*Des deux genres.*	
Le vôtre.	La vôtre.		
Le leur.	La leur.	Les nôtres, les vôtres, les leurs.	

81. On met un accent circonflexe sur l'*ô* dans *nôtre, vôtre,* quand ces mots sont placés après un article : ce château est le *nôtre* ; celui-ci est le *vôtre* ; ces propriétés sont les *nôtres,* et non les *vôtres.* Les pronoms possessifs s'analysent en un seul mot.

22e LEÇON.

82. Les pronoms *relatifs* (1) sont ceux qui ont un rap-

(1) C'est encore pour me conformer à l'usage que je dis *pro-*

3

port intime à un substantif qui les précède. Ces pronoms sont *qui, que, quoi, à quoi, dont, d'où, lequel, laquelle, lesquels, lesquelles.*

Les pronoms relatifs s'accordent avec leur antécédent. On appelle *antécédent* le mot auquel se rapporte le pronom. Exemple : L'*enfant* QUI étudie deviendra savant. *Qui* est au masculin singulier, parce qu'il se rapporte au mot *enfant,* son *antécédent,* qui est du masculin et du singulier. Les *femmes* QUE tu as entendues chanter. *Que* est au féminin pluriel, parce qu'il se rapporte à *femmes,* son *antécédent,* qui est du féminin et du pluriel.

Les pronoms *qui, que, dont, d'où,* sont des deux genres et des deux nombres.

83. Les pronoms interrogatifs sont ceux qui servent à interroger. Ces pronoms sont : *qui? que? quoi? à quoi? lequel? laquelle?* Exemples : *Qui* vous a dit cela? *Que* réclamez-vous? *A quoi* pensez-vous? *Quel* homme ou *quelle* femme vous a dit cela?

Le maître s'attachera à démontrer aux élèves la différence qu'il y a entre les pronoms relatifs et les pronoms interrogatifs: ce sont les mêmes mots ; mais les derniers n'ont pas d'antécédent, et ils servent à interroger.

84. Les pronoms interrogatifs *le quel? la quelle? du quel? au quel?* s'écrivent en deux mots ; quand ces pronoms sont relatifs, ils s'écrivent en un seul mot.

85. Les pronoms indéfinis sont *on, quiconque, autrui, chacun, tout, rien, quelqu'un, personne, l'un, l'autre, qui que ce soit, quoi que ce soit.* Ces pronoms seraient plus justement appelés substantifs indéterminés.

EXERCICES SUR LE SUBSTANTIF, SUR L'ARTICLE, SUR L'ADJECTIF ET SUR LE PRONOM.

Après les avoir fait corriger au singulier, le maître fera mettre au pluriel les exercices ci-après. Il pourra maintenant faire entrer le verbe *être* dans les exercices et dans les analyses, puisque les élèves le conjuguent depuis longtemps.

PREMIER EXERCICE. Cet homme est savant, il sera estimé de notre société. Ta sœur et la mienne sont naïves

---

nom relatif. La dénomination de *pronoms conjonctifs* leur conviendrait beaucoup mieux. Y a-t-il des pronoms sans être relatifs ? Je ne le pense pas.

et spirituelles, elles étaient chéries dans leur pension. Ce bien est le vôtre, celui-ci est le nôtre, ils nous sont échus en partage. Mon habit est plus moderne que le tien, il est neuf, le tien est usé.

2°. Ta propriété est à toi, la mienne est à moi; elle m'a été léguée par le meilleur et le plus tendre des pères, que je ne cesserai jamais de pleurer. Cette marchandise est bien belle; elle sera vendue aujourd'hui : la tienne n'est pas aussi avantageuse; elle est moins fraîche. Cet homme est très charitable; il est très estimé. Ce nouvel emploi n'est pas le vôtre.

3°. Cette maison est plus grande que la tienne; elle sera louée à ton ami : la nôtre sera embellie. Ton ami est parti avec le mien, qui est fort triste. Quelle servante as-tu vue à la porte? Mon oreille sera frappée d'un son agréable; la tienne le sera aussi. Cette petite fille, qui est si malheureuse, est très bonne. Qui donne aux pauvres, prête à Dieu, qui rend avec usure. La bienfaisance est loin d'appauvrir celui qui la pratique.

4°. Ce cheval n'est pas aussi beau que le nôtre; il sera conduit à la foire, où il sera vendu. Sa figure est très spirituelle; elle est enchanteresse. Cette lampe est éteinte et finie; elle était brillante. Ton gâteau est plus gros que le mien. Ta tourte est plus grosse que la mienne; elle est mieux cuite et plus grasse. Arrivée à la maison, et surprise de n'y trouver personne, la mère poussa un cri dont les environs retentirent.

5°. Ton bel habit bleu est plus joli que le mien; il sera plus apparent. Il faut être propre; mais l'habit le plus beau te rendra moins remarquable que la bonne conduite. L'homme le plus sage est le plus heureux. La Providence a voulu que ceux qui remplissent leurs devoirs eussent en ce monde des joies plus douces et des peines moins vives et moins amères. Cette petite louve est traîtresse et vindicative; elle est originaire des Pyrénées : elle sera maligne et adroite. Cette vilaine voiture est gênante; elle est grossière et lourde. Ce beau local est détruit; il fut brûlé. Cette nombreuse colonie est productive; les mœurs y sont corrompues et dépravées.

6°. Cette table est brisée; elle sera remise à neuf. Jules est aimable; il est studieux. Julie est charmante; elle est actrice au théâtre : elle sera louée des spectateurs et des spectatrices. Ce fruit est mûr; il est très bon. Cette femme est fort spirituelle; elle sera recherchée: ses qualités, ses grâces plaisent.

7e. Ce fou est dangereux et brutal. Cette indienne blanche et bleue est très recherchée. Julie est discrète et fine; elle est même très maligne. La vieille province conquise et pillée. Ton fol et déloyal ami est étonnant. Cette charmante petite fille est muette; elle est admirable par ses grâces et ses talents extraordinaires sur la peinture. Ce jour est long, mais il n'est pas ennuyeux. Mon bien est inégal au tien. Ton idée fausse et erronée, répandue et enracinée. Sa démonstration est claire, vive et animée; la tienne est plus lente.

8e. Voilà un terme usuel et trivial. Cette expression usuelle est très triviale; elle est cependant admise. Adolphine est maligne, elle fut toujours active, adroite et rusée. Ta sœur est plus enjouée, plus adroite, plus gentille que la mienne; ses talents sont bien au-dessus des tiens. Cette personne est franche et libérale; elle est donatrice de cette longue place publique. Voilà le grand principe général et vital, des principes généraux et vitaux. Le vice est oisif, la vertu laborieuse. Cette actrice a contracté un nouvel engagement pour trois années consécutives.

9e. Cette personne est ennuyeuse et rancunière. Ma sœur était spectatrice de ce dangereux combat; la vôtre était moins courageuse, on lui a reproché d'avoir été poltronne. Cette femme friponne, débitrice, insolvable, fut chassée et réduite à fuir. Cette chambre, qui vous paraît neuve, est rousse, fraîche et malsaine. Cette femme délatrice est la sultane favorite. Cette décision administrative est très onéreuse à l'état. Ma chétive et mauvaise toilette est bien plus incomplète que la vôtre. Cette plante artificielle est originaire d'une contrée méridionale. Ces fleurs sont artificielles.

10e. Cette plante coupée, séchée, bouillie, est purgative. Mon fils a souffert des douleurs plus aiguës et plus continuelles que le vôtre. Voilà, mes enfants, le repas frugal de notre fête patronale; il est simple et sain. Ma fille seule a vaincu mes scrupules et les tiens; exempte de reproches, elle nous a montré nos torts. Cette personne est sujette aux plus noires superstitions. Sa parole est plus brève et plus harmonieuse que la nôtre. Cette maison est très caduque; elle est vaste et commode; ses appartements sont bien aérés.

11e. La terre sèche et stérile des plaines d'Alger rendue fertile. Voilà un son final très agréable. Cette histoire est ingénieuse, vraie et très sensée; elle est morale et récréative. Ta sœur est meilleure que la mienne; elle est plus douce et plus craintive. Le superbe château de ce riche propriétaire est embelli de tableaux superbes que nous avons admirés; il y en a un qui nous a frappés plus particulièrement : il représente le fils de Dieu mourant sur la croix pour notre salut. Sa chambre particulière est remplie de gravures recherchées. Perdue dans cette noire forêt, ma mère fut surprise par des loups dévorants. Impatiente et inquiète de connaître la délibération solennelle du sénat, la reine y alla elle-même.

12e. Cette précieuse affaire fut interrompue et non finie et terminée. La place publique de cette ville est très longue et très unie. La fille de ton frère est très douce; elle est même bénigne. Satisfaite de nous avoir vus, surprise de notre raison formelle et décisive, ta malheureuse et infortunée mère fut enchantée. Ton fol espoir, mon fils, et ton mol abandon, te seront fatals. Cette personne chicaneuse, médisante et calomniatrice est haïe et méprisée de tous ceux qui la connaissent. Cette tournure grammaticale est meilleure et plus rationnelle que celle-ci. Ce local est vaste et bien beau. Rose est bien cruelle; elle est inhumaine, vaine, artificieuse. Rien n'est plus avantageux qu'une bonne et loyale conduite. Combien une mère est joyeuse et fortunée lorsqu'elle voit ses chers enfants empressés de lui plaire en pratiquant les vertus auxquelles elle s'est appliquée à les former!

Le maître pourra faire des exercices semblables; il les fera traduire par le pluriel et analyser ensuite.

CHAPITRE V.

23e LEÇON.

DU VERBE.

86. Le verbe est un mot qui exprime ou l'*état* dans lequel est le sujet, ou l'*action* qu'il fait.

Quand le verbe exprime l'état dans lequel est le sujet, c'est le *verbe d'*ÉTAT, comme : *être chéri*, je suis chéri; *être loué*, je suis loué; *être gai*, je suis gai; *être affable*, je suis affable.

Quand le verbe exprime l'*action* que le sujet fait, c'est le *verbe d'*ACTION, comme : *manger*, je mange; *courir*, je cours; *boire*, je bois; *sourire*, je souris (1).

Dans *je cours*, COURS exprime l'action qui est faite par *je* ; *tu mangeas*, MANGEAS exprime l'action qui est faite par *tu*; *nous buvions*, BUVIONS exprime l'action qui est faite par *nous*; *vous marcherez*, MARCHEREZ exprime l'action qui sera faite par *vous*.

C'est ce qu'on appelle TEMPS : soit *présent*, comme *je cours* ; soit *passé*, comme *tu mangeas*; soit *futur*, comme *vous mangerez*.

87. Tout mot qu'on peut placer après NE PAS, ou entre NE..... et..... PAS, est un verbe; *chanter, sonner, venir, finir, voir, recevoir, rire, battre, tordre, joindre*, sont des verbes, parce que je puis dire : NE PAS *chanter*, NE PAS *finir*, etc.; ou encore : tout mot qu'on peut mettre après *je, tu, il, elle, nous, vous*, et un verbe; *rire* est un verbe, parce qu'on peut dire : *il rit, tu ris, vous riez*, etc.

24ᵉ LEÇON.

DU SUJET DU VERBE.

88. Le sujet du verbe est l'*être* qui est dans l'*état* que

---

(1) Le maître s'attachera à bien faire comprendre aux élèves la différence qu'il y a entre le *verbe d'état* et le *verbe d'action*. Cette distinction est de la plus grande importance pour les participes; car les participes des verbes *d'état* s'accordent toujours avec le sujet du verbe, et les participes des verbes *d'action* ne s'y accordent jamais. Pour que les élèves puissent bien sentir la différence qu'il y a entre ces deux verbes, le maître leur citera des exemples analogues à ceux-ci : *Rose est insultée*. Dites : Rose fait-elle l'action d'insulter ? *non*; donc c'est le verbe *d'état*. *Rose a insulté Louise*. Rose a-t-elle fait l'action d'insulter ? *oui*; donc c'est le verbe *d'action*. *Alexandre sera puni*. Alexandre fera-t-il l'action de punir ? *non*; donc c'est le verbe *d'état*. *Le maître punira Alexandre*. Le maître fera-t-il l'action de punir? *oui*; donc c'est le verbe *d'action*. Même différence entre *ces enfants seront caressés* et *ces enfants caressent leur mère*. *Cette personne est embellie* et *cette personne embellit*. *Ernest fut blessé* et *Ernest a blessé Jules*.

le verbe exprime (pour les verbes d'état), ou qui fait l'action que le verbe exprime (pour les verbes d'action). Exemple : *Le cygne est blanc*. Le sujet *cygne* est dans cet *état*. *Le cygne nage*. Le sujet *cygne* fait l'action de *nager*.

89. On reconnaît le sujet d'un verbe en fesant la question *Qui fait l'action de…* ? et en ajoutant à cette question le verbe dont on veut connaître le sujet. Exemple : *Le maître corrige* les devoirs. *Qui fait l'action de corriger*? Réponse, le *maître* : voilà le sujet du verbe *corriger*. *Nous nageons*. Qui fait l'action de *nager* ? *Nous*, sujet de *nager*.

90. Le sujet d'un verbe est, ou un substantif, ou un pronom, ou un infinitif.

91. Tout verbe dont le sujet est *singulier*, est aussi au *singulier*; tout verbe dont le sujet est *pluriel*, est aussi au *pluriel*; tout verbe dont le sujet est de la première personne, est aussi à la première personne ; tout verbe dont le sujet est de la seconde personne, est aussi à la seconde personne ; tout verbe dont le sujet est de la troisième personne, est aussi à la troisième personne.

Je chante, CHANTE est à la première personne du singulier, parce que *je*, son sujet, est de la première personne du singulier.

Nous chantons, CHANTONS est à la première personne du pluriel, parce que *nous*, son sujet, et de la première personne du pluriel.

92. *Je, nous*, marquent la première personne, celle qui parle.

Tu, vous, marquent la seconde personne, celle à qui l'on parle.

Il, elle, ils, elles, et tout substantif placé avant un verbe, marquent la troisième personne, celle de qui l'on parle.

25ᵉ LEÇON.

93. Il y a trois temps principaux dans les verbes : 1° le PRÉSENT, qui marque que la chose se fait dans le moment où l'on parle : *je marche* est au présent (l'action de marcher se fait au moment où l'on parle).

2° Le PASSÉ ou *prétérit*, qui marque que la chose a été faite : *j'ai lu* (l'action de lire est passée).

3° Le FUTUR, qui marque que la chose se fera : *je lirai* (l'action de lire se fera).

94. Les temps des verbes sont *simples* ou *composés*. Les temps *simples* sont ceux qui n'ont qu'un seul mot, non compris le pronom : *chanter, chantant, je chante, elle chanta, nous dînerons.* Les temps *composés* sont ceux qu'on exprime par plusieurs mots : *avoir chanté, nous avons lu, ils avaient étudié.*

95. Il y a aussi les temps *primitifs* et les temps *dérivés.* Les temps primitifs sont ceux qui servent à former les autres temps ; les temps dérivés sont ceux qui se forment des temps primitifs.

26ᵉ **LEÇON.**

96. Il y a dans les verbes *cinq modes* qui expriment les différentes inflexions que prend le verbe pour l'énonciation de nos pensées : 1₀ l'*infinitif*, qui exprime l'action ou l'état du sujet d'une manière vague : ce mode est le seul qui n'ait pas de personne ; 2° l'*indicatif*, qui affirme que la chose *est*, qu'elle *a été* ou qu'elle *sera* ; 3° le *conditionnel*, qui exprime qu'une chose *serait* ou *aurait été* moyennant une condition ; 4° l'*impératif*, qui exprime une *prière*, un *commandement* ; 5° le *subjonctif*, qui exprime un *doute*, un *souhait*, une *crainte.*

97. Ecrire ou réciter de suite les différents temps des verbes avec leurs nombres et leurs personnes, cela s'appelle conjuguer (1).

98. Il y a quatre conjugaisons différentes, que l'on distingue par la terminaison du présent de l'infinitif.

Les verbes qui appartiennent à la première conjugaison ont le présent de l'infinitif terminé par ER, comme *chant*ER, *parl*ER, *sonn*ER.

Les verbes de la seconde conjugaison ont le présent de l'infinitif terminé par IR, comme *fin*IR, *ven*IR, *cour*IR.

Les verbes de la troisième conjugaison ont le présent de l'infinitif terminé par OIR, comme *dev*OIR, *pouv*OIR. *recev*OIR.

Les verbes de la quatrième conjugaison ont le présent de l'infinitif terminé par RE, comme *rend*RE, *cui*RE, *boi*RE, *joind*RE.

---

(1) Lorsque le maître fera conjuguer un verbe, il aura soin de faire détacher la finale du radical, comme au tableau-modèle des quatre conjugaisons.

CONJUGAISON DES VERBES *ÉTRE* ET *AVOIR*.

INFINITIF. (*Premier mode.*)

PRÉSENT.

Etre *aimable.*   Avoir *soif.*

PASSÉ.

Avoir été *aimable.*   Avoir eu *soif.*

PARTICIPE PRÉSENT.

Etant *aimable.*   Ayant *soif.*

PARTICIPE PASSÉ.

Été (invariable).   Eu (variable).

INDICATIF (ou *affirmatif.—Deuxième mode*).

PRÉSENT.

Je sui s		J'ai	
Tu e s	affable.	Tu a s	faim.
Il es t		Il a	
Elle es t	affable.	Elle a	faim.
Nous somme s		Nous av ons	
Vous ête s	affables.	Vous av ez	faim.
Ils son t		Ils o nt	
Elles son t	affables.	Elles ont	faim.

IMPARFAIT (*ou passé simultané*).

J'ét ais		J'av ais	
Tu ét ais	absent.	Tu av ais	soif.
Il ét ait		Il av ait	
Elle ét ait	absente.	Elle av ait	soif.
Nous ét ions		Nous av ions	
Vous ét iez	absents.	Vous av iez	soif.
Ils ét aient		Ils av aient	
Elles ét aient	absentes.	Elles av aient	soif.

PASSÉ DÉFINI.

Je fu s		J'eu s	
Tu fu s	honteux.	Tu eu s	raison.
Il fu t		Il eu t	
Elle fu t	honteuse.	Elle eu t	raison.
Nous fû mes		Nous eû mes	
Vous fû tes	honteux.	Vous eû tes	raison.
Ils fu rent		Ils eu rent	
Elles fu rent	honteuses.	Elles eu rent	raison.

3.

J'ai		J'ai	
Tu as	été rusé.	Tu as	eu peur.
Il a		Il a	
Elle a	été rusée.	Elle a	
Nous av ons		Nous av ons	
Vous av ez	été rusés.	Vous av ez	eu peur.
Ils ont		Ils ont	
Elles ont	été rusées.	Elles ont	

J'eu s		J'eu s	
Tu eu s	été actif.	Tu eu s	eu droit.
Il eu t		Il eu t	
Elle eu t	été active.	Elle eu t	
Nous eû mes		Nous eû mes	
Vous eû tes	été actifs.	Vous eû tes	eu droit.
Ils eu rent		Ils eu rent	
Elles eu rent	été actives.	Elles eu rent	

J'av ais		J'av ais	
Tu av ais	été averti.	Tu av ais	eu tort.
Il av ait		Il av ait	
Elle av ait	été avertie.	Elle av ait	
Nous av ions		Nous av ions	
Vous av iez	été avertis.	Vous av iez	eu tort.
Ils av aient		Ils av aient	
Elles av aient	été averties.	Elles av aient	

Je se rai		J'au rai	
Tu se ras	épris.	Tu au ras	satisfaction.
Il se ra		Il au ra	
Elle se ra	éprise.	Elle au ra	
Nous se rons		Nous au rons	
Vous se rez	épris.	Vous au rez	satisfaction.
Ils se ront		Ils au ront	
Elles se ront	éprises.	Elles au ront	

J'aurai		J'aurai	
Tu auras	été égal.	Tu auras	eu horreur.
Il aura		Il aura	
Elle aura	été égale.	Elle aura	
Nous aurons		Nous aurons	
Vous aurez	été égaux.	Vous aurez	eu horreur.
Ils auront		Ils auront	
Elles auront	été égales.	Elles auront	

CONDITIONNEL (ou *suppositif.* — *Troisième mode*).

PRÉSENT *ou* FUTUR.

Je se rais	} éternel.	J'au rais	}
Tu se rais		Tu au rais	} confiance.
Il se rait		Il au rait	
Elle se rait	éternelle.	Elle au rait	
Nous se rions	} éternels.	Nous au rions	}
Vous se riez		Vous au riez	} confiance.
Ils se raient		Ils au raient	
Elles se raient	éternelles.	Elles auraient	

PASSÉ.

J'aurais	} été ingrat.	J'aurais	}
Tu aurais		Tu aurais	} eu espérance.
Il aurait		Il aurait	
Elle aurait	été ingrate.	Elle aurait	
Nous aurions	} été ingrats.	Nous aurions	}
Vous auriez		Vous auriez	} eu espérance.
Ils auraient		Ils auraient	
Elles auraient	été ingrates.	Elles auraient	

On dit aussi (*passé antérieur*) :

J'eusse	} été *tuteur.*	J'eusse	}
Tu eusses		Tu eusses	} eu croyance.
Il eût		Il eût	
Elle eût	été *tutrice.*	Elle eût	
Nous eussions	} été *tuteurs.*	Nous eussions	}
Vous eussiez		Vous eussiez	} eu croyance.
Ils eussent		Ils eussent	
Elles eussent	été *tutrices.*	Elles eussent	

IMPÉRATIF. (*Quatrième mode.*)

Soi s	} prompt.	Aie.	}
Qu'il soi t		Qu'il ait	} pitié.
Qu'elle soi t	prompte.	Qu'elle ait	
Soy ons	} prompts.	Ay ons	}
Soy ez		Ay ez	} pitié.
Qu'ils soi ent		Qu'ils ai ent	
Qu'elles soi ent	promptes.	Qu'elles aient	

SUBJONCTIF. (*Cinquième mode.*)

PRÉSENT *ou* FUTUR.

Il faut, il faudra

Que je soi s	} aperçu.	Que j'ai e	}
Que tu soi s		Que tu ai es	} ordre.
Qu'il soi t		Qu'il ai t	
Qu'elle soi t	aperçue.	Qu'elle ai t	
Que nous so yons	} aperçus.	Que nous ay ons	}
Que vous so yez		Que vous ay ez	} ordre.
Qu'ils soi ent		Qu'ils ai ent	
Qu'elles soi ent	aperçues.	Qu'elles ai ent	

IMPARFAIT (ou *incertain*).

Il fallait , il fallut , il a fallu , il faudrait . etc. ,

Que je f usse	⎫ chanteur.	Que j'eusse	⎫
Que tu f usses		Que tu eusses	compassion.
Qu'il f ût		Qu'il eût	
Qu'elle f ût	chanteuse.	Qu'elle eût	⎭
Que n. f ussions	⎫ chanteurs.	Que n. eussions	⎫
Que v. f ussiez		Que vous eussiez	compassion.
Qu'ils f ussent		Qu'ils eussent	
Qu'elles f ussent	chanteuses.	Qu'elles eussent	⎭

PASSÉ (ou *prétérit*).

Il faut

Que j'aie	⎫ été muet.	Que j'aie	⎫
Que tu aies		Que tu aies	eu opinion.
Qu'il ait		Qu'il ait	
Qu'elle ait	été muette.	Qu'elle ait	⎭
Que nous ayons	⎫ été muets.	Que nous ayons	⎫
Que vous ayez		Que vous ayez	eu opinion.
Qu'ils aient		Qu'ils aient	
Qu'elles aient	été muettes.	Qu'elles aient	⎭

PLUS-QUE-PARFAIT (ou *passé antérieur*).

Que j'eusse	⎫ été discret.	Que j'eusse	⎫
Que tu eusses		Que tu eusses	eu idée.
Qu'il eût		Qu'il eût	
Qu'elle eût	été discrète.	Qu'elle eût	⎭
Que n. eussions	⎫ été discrets.	Que n. eussions	⎫
Que v. eussiez		Que v. eussiez	eu idée.
Qu'ils eussent		Qu'ils eussent	
Qu'elles eussent	été discrètes.	Qu'elles eussent	⎭

Adjectifs à joindre au verbe *être :* affable, habile, honnête, utile, estimable, infaillible, inutile, indocile, intraitable, agréable, équitable, absent, imprudent, important, grand, blond, actif, craintif, rétif, inventif, bref, sauf, veuf, heureux, douteux, surpris, épris, compris, aperçu, loué, chéri, usé, averti, blanc, franc, sec, grec, caduc, frais, éternel, cruel, vermeil, pécheur, acteur, fileur, facteur, causeur, roux, faux, égal, libéral, filial, fatal (1).

VERBES A FAIRE CONJUGER SUR LE TABLEAU-MODÈLE DES QUATRE CONJUGAISONS.

PREMIÈRE CONJUGAISON. Aimer, danser, estimer,

(1) *Voir* le tableau-modèle des quatre conjugaisons, *Grammaire populaire*, pag. 41.

jouer, brûler, chercher, trouver, rapporter, sonner, prier, scier, vérifier, étudier, employer, nettoyer, appuyer, guider, border, corder, clouer, etc.

2ᵉ. Unir, punir, réunir, polir, embellir, ternir, avertir, guérir, régir, emplir, remplir, rougir, abolir, vernir, rôtir, vomir, roidir, ravir, gravir, fléchir, vêtir, revêtir, languir, etc.

3ᵉ. Voir, apercevoir, concevoir, percevoir, prévoir, savoir, valoir, vouloir, pouvoir, devoir, redevoir, s'asseoir, etc.

4ᵉ. Prendre, vendre, fendre, pondre, joindre, boire, contraindre, remettre, teindre, ceindre, tondre, mordre, lire, rompre, écrire, fondre, résoudre, dissoudre, feindre, etc.

Le maître fera conjuguer quatre verbes à la fois sur le tableau noir, ou au moins deux, jusqu'au prétérit indéfini seulement, et pendant plusieurs jours les mêmes temps, en changeant de verbe. Il aura soin de faire écrire le présent de l'indicatif des quatre verbes, ou des deux, ensemble, avant de passer à l'imparfait. Même raisonnement pour tous les temps. Un élève écrira le *radical*, et un autre les *finales*. Exemple : j'AVOU, je PUNI, je VOI, je FEND. Le second élève ajoutera les finales du présent de l'indicatif au radical *avou* E, ES, E, ONS, EZ, ENT; un autre ajoutera les finales au radical *puni* S, S, T, ONS, EZ, ENT. Même raisonnement sur tous les temps et pour toutes les conjugaisons ; car le radical doit se représenter dans tout le verbe.

On pourra encore faire conjuguer sur les cahiers de la manière suivante : je *mont* E et *descend* S l'escalier ; je *reçoi* S et *vérifi* E vos comptes ; je *fend* S et *plac* E du bois ; j'*aim* E et *puni* S mes élèves ; je *li* S et *étudi* E cette histoire. On conjugue toujours deux verbes à la fois, un de la première conjugaison et un des trois autres, en détachant les finales. C'est la seule manière pour bien faire comprendre l'orthographe des verbes.

99. On appelle verbes *irréguliers* les verbes qui ne suivent pas toujours la règle générale des conjugaisons, et verbes *défectifs* ceux auxquels l'usage a refusé certains temps ou certaines personnes.

TABLEAU
Des temps primitifs des verbes irréguliers.

Présent de l'infinitif.	Participe présent.	Participe passé.	Présent de l'indicatif.	Passé défini.
Aller.	Allant.	Allé.	Je vais (1).	J'allai.
Envoyer.	Envoyant.	Envoyé.	J'envoie.	J'envoyai.
Acquérir.	Acquérant.	Acquis.	J'acquiers.	J'acquis.
Courir.	Courant.	Couru.	Je cours.	Je courus.
Cueillir.	Cueillant.	Cueilli.	Je cueille.	Je cueillis.
Mourir.	Mourant.	Mort.	Je meurs.	Je mourus.
Revêtir.	Revêtant.	Revêtu.	Je revêts.	Je revêtis.
Tressaillir.	Tressaillant.	Tressailli.	Je tressaille.	Je tressaillis.
Vêtir.	Vêtant.	Vêtu.	Je vêts.	Je vêtis.
Venir.	Venant.	Venu.	Je viens.	Je vins.
Convenir.	Convenant.	Convenu.	Je conviens.	Je convins.
Déchoir.	(2)	Déchu.	Je déchois.	Je déchus.
Échoir.	Échéant.	Échu.	Il échoit.	J'échus.
Falloir.		Fallu.	Il faut.	Il fallut.
Mouvoir.	Mouvant.	Mû.	Je meus.	Je mus.
Pleuvoir.	Pleuvant.	Plu.	Il pleut.	Il plut.
Pourvoir.	Pourvoyant.	Pourvu.	Je pourvois.	Je pourvus.
S'asseoir.	S'asseyant.	Assis.	Je m'assieds.	Je m'assis.
Savoir.	Sachant.	Su.	Je sais.	Je sus.
Surseoir.	Sursoyant.	Sursis.	Je sursois.	Je sursis.
Valoir.	Valant.	Valu.	Je vaux.	Je valus.
Voir.	Voyant.	Vu.	Je vois.	Je vis.
Pouvoir.	Pouvant.	Pu.	Je peux ou Je puis (3).	Je pus.
Absoudre.	Absolvant.	Absous.	J'absous.	
Résoudre.	Résolvant.	Résous.Résolu.	Je résous.	Je résolus.
Battre.	Battant.	Battu.	Je bats.	Je battis.
Boire.	Buvant.	Bu.	Je bois.	Je bus.
Braire.			Il brait.	

(1) Tu vas, il va, nous allons, vous allez, ils vont. Tout impératif qui ne finit pas par un *s*, en prend un quand il est suivi du mot *y* ou *en*, à moins que *en* ne soit préposition. Écrivez : *vas-y ;* de ta leçon, *récites-en* la moitié. Mais dites : *va en* Italie ; *récite en* présence de monsieur.

(2) Lorsqu'un temps primitif manque, les temps qui en sont dérivés manquent généralement aussi. Il n'y a guère d'exception que pour le verbe *falloir*, qui n'a point de participe présent, et qui pourtant a à l'imparfait, il *fallait*, et le présent du subjonctif, *qu'il faille.*

(3) Ce verbe n'a point d'impératif.

DU VERBE.

63

PRÉSENT de L'INFINITIF.	PARTICIPE PRÉSENT.	PARTICIPE PASSÉ.	PRÉSENT de L'INDICATIF.	PASSÉ DÉFINI.
Bruire.	Bruyant.			
Circoncire.		Circoncis.	Je circoncis.	Je circoncis.
Clore.		Clos.	Je clos.	
Conclure.	Concluant.	Conclu.	Je conclus.	Je conclus.
Confire.		Confit.	Je confis.	Je confis.
Coudre.	Cousant.	Cousu.	Je couds.	Je cousis.
Croire.	Croyant.	Cru.	Je crois.	Je crus.
Dire.	Disant.	Dit.	Je dis.	Je dis. (1)
Faire.	Fesant.	Fait.	Je fais (2).	Je fis.
Luire.	Luisant.	Lui.	Je luis.	
Mettre.	Mettant.	Mis.	Je mets.	Je mis.
Moudre.	Moulant.	Moulu.	Je mouds.	Je moulus.
Naître. (3)	Naissant.	Né.	Je nais.	Je naquis.
Rire.	Riant.	Ri.	Je ris.	Je ris.
Rompre.	Rompant.	Rompu.	Je romps.	Je rompis.
Traire.	Trayant.	Trait.	Je trais.	(4).
Vaincre.	Vainquant.	Vaincu.	Je vaincs.	Je vainquis.
Vivre.	Vivant.	Vécu.	Je vis.	Je vécus.

27ᵉ LEÇON.

DU RÉGIME OU COMPLÉMENT.

100. Il y a deux sortes de régimes ou compléments, le *complément direct* et le *complément indirect*.

101. Le complément direct est l'être qui reçoit directement l'action que le sujet fait; il répond à la question *qui?* ou *quoi?* Exemples:

(1) Tu dis, il dit, nous disons, vous *dites*, ils disent. On conjugue de même *redire*; mais les autres composés de *dire*, comme *dédire*, se conjuguent régulièrement: vous *dédisez*, vous *contredisez*. Le verbe *maudire* fait: vous *maudissez*.

(2) Tu fais, il fait, nous fesons, vous *faites*, ils font. *Satisfaire* et *contrefaire* se conjuguent de même: Vous *satisfaites*, vous *contrefaites*.

(3) Tous les verbes terminés par *aître* comme *naître*, *paraître*, conservent l'accent circonflexe sur l'*i* quand cette lettre est suivie d'un *t*: je *paraîtrai*, nous *naîtrons*; mais il perd cet accent si l'*i* n'est pas suivi d'un *t*: *paraissez*, *naissant*.

(4) Les verbes *distraire*, *extraire*, *soustraire*, etc., n'ont pas de passé défini

Ernest frappe *Jules.*

Ernest fait l'action de *frapper*, et cette action est transmise à *Jules*, qui la reçoit directement; donc *Jules* est le complément direct de *frapper*. Ernest frappe *qui?* JULES.

Alexandre chérissait *Ephestion.*

Alexandre fesait l'action de *chérir*, et cette action était transmise à *Ephestion*, qui la recevait; donc *Ephestion* est le complément direct de *chérir.*

Alexandre chérissait *qui?* EPHESTION.

Nous cultivons *la vigne. Nous* fait l'action de *cultiver*, et cette action est transmise à la *vigne*; donc *vigne* est le complément direct. Nous cultivons *quoi?* La VIGNE.

102. Le complément indirect est toujours séparé du verbe par l'une des prépositions *de*, *à*, *dans*, *chez*, *sur*, *vers*, *pour*, *contre*, etc. Exemples : Il obéit *à* la volonté *du* Seigneur. Il marche *vers* la ville. Il part *pour* l'Italie. Il vient *de* Paris. Il écrit *à* son ami.

Le complément indirect répond à l'une des questions *à qui? à quoi? de qui? de quoi? dans qui? dans quoi?* etc. Il marche *vers quoi?* vers la ville, complément indirect. Il écrit *à qui?* à son ami, complément indirect.

28e **LEÇON**.

DES DIFFÉRENTES SORTES DE VERBES.

103. Nous n'avons que deux sortes de verbes, le verbe d'ÉTAT et le verbe d'ACTION.

104. Le verbe d'état marque la situation, l'état dans lequel est le sujet; c'est le verbe *être*, auquel on ajoute un adjectif, comme : *je suis inquiet, je serai content*; ou un participe passé, comme : *je fus admiré, je suis chéri, elles étaient satisfaites.*

Sans un Dieu tout *est mort*; le monde *est arrêté*.

105. Le verbe d'action exprime ce que fait le sujet, comme : *je marche, tu lis, nous dormons, vous chérissez.*

Aimes-*tu* le repos? travaille en ta jeunesse.
De ton loisir futur *jette* les fondements :
Ce laurier respectable *ombrage* la vieillesse
Quand on l'a *cultivé* dès les premiers moments.

Au défaut des hommes souvent les animaux
De l'homme abandonné *soulagèrent* les maux.

Et l'oiseau qui *fredonne* ; et le chien qui *caresse*,
Quelquefois ont suffi (1) pour charmer sa tristesse.

Le maître écrira sur le tableau noir le passage suivant ; il invitera ses élèves à trouver les verbes d'état, ensuite les verbes d'action qui y sont contenus ; l'élève soulignera une fois le verbe d'état (——) ; et le verbe d'action, il le soulignera en zigzag (∼∼∼).

On doit de tous les Juifs *exterminer* la race.
Au sanguinaire Aman nous *sommes* tous *livrés;*
Les glaives, les couteaux *sont* déjà *préparés;*
Toute la nation à la fois *est proscrite.*
Aman, l'impie Aman, race d'Amalécite,
A pour ce coup funeste *armé* tout son crédit,
Et le roi trop crédule *a signé* cet édit.
Prévenu contre nous par cette bouche impure,
Il nous *croit* en horreur à toute la nature ;
Ses ordres *sont donnés;* et dans tous ses états,
Le jour fatal *est pris* pour tant d'assassinats.
Cieux, *éclairerez*-vous cet horrible carnage ?
Le fer ne *connaîtra* ni le sexe ni l'âge.
Tout *doit servir* de proie aux tigres, aux vautours;
Et ce jour effroyable *arrive* dans dix jours.

Le maître fera faire plusieurs exercices semblables; il en trouvera dans tous nos bons auteurs.

29e LEÇON.

106. Les verbes d'action se divisent en verbes *transitifs* et en verbes *intransitifs* ou neutres.

107. Les verbes *transitifs* sont ceux qui ont un complément direct, et après lesquels on peut mettre un des mots *quelqu'un* ou *quelque chose*. LIRE est un verbe *transitif*, parce qu'on peut dire lire *quelque chose* : je lis *une lettre;* MANGER est un verbe *transitif*, parce qu'on peut dire manger *quelque chose* : manger *un fruit ;* PUNIR est un verbe transitif, parce qu'on peut dire punir *quelqu'un* : je

---

(1) L'action ou la faculté active est aussi bien dans *dormir, languir*, que dans *courir, venir;* il est vrai qu'elle est moins sensible, mais elle n'échappe pas à l'œil du grammairien philosophe. Ainsi, au lieu des dénominations d'*actifs, passifs, réfléchis, pronominaux, neutres, impersonnels*, sous lesquelles on nous dépeint les verbes, et qui ne tendent qu'à fausser le jugement, nous n'aurons que le verbe d'ÉTAT et le verbe d'ACTION. Tout dans la nature est *état* ou *action*, on ne peut pas sortir de là.

punis les *élèves* paresseux. Le verbe transitif est communément appelé verbe *actif;* mais la dénomination de verbe *transitif* est beaucoup plus logique que celle de verbe *actif*, la première indiquant clairement la transmission d'un objet (1). Les verbes transitifs, indépendamment de leur complément direct, peuvent aussi avoir un complément indirect. Exemple : La religion est le lien sacré qui attache *l'homme à Dieu et au prochain;* elle *lui* inspire toutes les *vertus.*

108. Les verbes *intransitifs* sont ceux qui n'ont pas de complément direct, et après lesquels on ne peut pas mettre *quelqu'un* ni *quelque chose*, comme : *aller, marcher, nager, courir, suffire, tomber.* L'exemple suivant renferme un verbe *transitif* et deux verbes *intransitifs.* Enfants, *chérissez* vos parents ; *obéissez*-leur, et *n'abusez* pas de leur tendresse. *Chérissez* est un verbe transitif, parce qu'il a un complément direct. *Chérissez qui ?* VOS PARENTS. *Obéissez* n'a qu'un complément indirect, LEUR, c'est-à-dire *à eux : Abusez* n'a aussi qu'un complément indirect, DE LEUR TENDRESSE.

Ernest *étudie* sa leçon, pendant que ses camarades *folâtrent* et *rient* de son courage.

Etudie est un verbe transitif, parce qu'il a un complément direct ; il étudie *quoi?* SA LEÇON. *Folâtrent* n'a pas de complément; et *rient* n'a qu'un complément indirect, DE SON COURAGE.

On voit que le verbe transitif a un complément direct, et que le verbe intransitif n'en a pas, ou qu'il ne peut avoir qu'un complément indirect. Le verbe intransitif est communément appelé verbe *neutre.*

Le maître s'attachera à bien faire sentir aux élèves la différence qu'il y a entre le verbe transitif et le verbe intransitif. Cette connaissance sera d'un grand secours pour l'étude des participes.

---

(1) Une infinité de verbes neutres ne sont-ils pas actifs? Est-ce que le sujet ne fait pas une action dans je *marche*, je *nage*, je *tombe*, je *cours?* etc.

MODÈLE D'ANALYSE DES VERBES D'ÉTAT ET DES VERBES D'ACTION.

Verbes d'état.

Les	Art. simp. pl., des 2 genres, déterminant *eaux*.
eaux	Subst. comm. fém. pl., sujet de *sont débordées*.
sont débordées;	Verbe d'état, 3e pers. plur. du prés. de l'indic.
elles	Pronom personnel, 3e personne, pluriel féminin du sujet de *étaient baissées*.
étaient baissées.	Verbe d'état, 3e pers. plur. de l'imp. de l'ind.

Faites analyser de même : Je suis satisfait de tes procédés. Ta sœur est malade, elle est dans sa chambre où elle est retenue. Nous sommes enrhumés. Vous êtes inquiets. Nous sommes chéris de nos parents. Cette femme a été battue, elle est morte ; les auteurs de ce crime seront punis. Julie sera récompensée, elle fut studieuse. Tu aurais été admis dans notre société ; ces dames y seront admises. Vous fûtes surpris. Il eût été admiré de tout le monde. Tes amis furent trahis.

Verbes d'action, transitifs.

Nous	Pronom personnel, 1re per. plur., des 2 genres, sujet de *avons fini*.
avons fini	Verbe d'action, transitif, parce qu'il a un complément direct, 1re personne du pluriel du prétérit indéfini, 2e conj., 2e mode.
cet	Art. démonst. masc. sing., déterminant *ouvrage*.
ouvrage.	Substantif commun masculin singulier, complément direct de *avons fini*.
Tu	Pronom personnel, 2e personne du singulier, des 2 genres, sujet de *aurais enchanté*.
aurais enchanté	Verbe d'action, transitif, parce qu'il a un compl. dir., 2e pers. sing. du cond. passé, 3e mode, 1re conjug.
la	Article simple fém. sing., déterminant *société*.
société.	Subst. comm. fém. sing., compl. direct de *aurais enchanté*.
Mes	Art. poss. pl., des 2 genres, déterminant *enfants*.
enfants	Subst. comm. masc. plur., sujet de *étudieront*.
étudieront	Verbe d'action, transitif, 3e pers. plur. du futur simple, 2e mode, 1re conjug.
la	Art. simp. fém. sing., déterminant *géographie*.
géographie.	Substantif commun féminin singulier, compl. direct de *étudieront*.

Faites analyser de même : Cet enfant écrit une lettre à sa sœur ; elle la recevra le jour de sa fête. Cet homme nous a trahis ; il vous aurait trahis de même. Nous aurions rendu ces papiers, qui sont très utiles ; mais nous les conserverons. Donne-moi tes plumes, je te les taillerai. Ton père te chérit. Nous rendîmes nos biens à cet étranger, qui les paya à ton notaire. Ton ami te trompe, il nous eût trompés aussi. Il aurait fini sa lecture. J'ai reçu vos lettres et je les ai transcrites.

Verbes intransifs.

Nous	Pronom personnel, 1ʳᵉ personne du pluriel, des deux genres, sujet de *marchons*.
marchons	Verbe intransitif, parce qu'on ne peut pas dire *marcher quelqu'un*, 1ʳᵉ personne du pluriel du présent de l'indicatif, 2ᵉ mode, 1ʳᵉ conjug.
à	Préposition, mot invariable.
l'	Art. simp. masc. sing., déterminant *ennemi*.
ennemi.	Substantif comm. masc. sing., compl. indirect de *marchons*.
Les	Art. simp. pl., des 2 genres, déterminant *rois*.
rois	Subst. comm. masc. pl., sujet de *sont disparus*.
qui	Pron. rel. pl., des 2 genres, sujet de *ont régné*.
ont régné	Verbe intransitif, parce qu'on ne peut pas dire *régner quelqu'un*, 3ᵉ personne du pluriel du prétérit ind., 2ᵉ mode, 1ʳᵉ conjug.
sont disparus.	Verbe d'état, 3ᵉ pers. plur. du prés. de l'indic.

Faites analyser de même : Ces hommes ont attenté à notre vie; ils ont abusé de notre confiance. Je viens de Paris ; ces dames partirent pour nous rejoindre. Elles nous ont nui. Tes amis auraient clabaudé contre nous. Ces hommes nous déplurent. Cette affaire contribuera à ma perte. Ces objets dépérissent. Nous déviâmes de cette route. Je dînai avec votre ami. Il me suffit de vous connaître. Cette malheureuse affaire te nuira. Ton ami nous succédera. Il se noya en nageant dans la Seine.

30ᵉ LEÇON.

109. Un verbe, soit transitif, comme *croire*, soit intransitif, comme *douter*, peut être employé sans complément ; dans ce cas, il est pris intransitivement. Exemple :

La honte est de *douter*, le bonheur est de *croire*.

Ici *croire* est employé intransitivement, parce qu'il n'a pas de complément direct.

110. Le même verbe peut être *transitif* ou *intransitif*, selon qu'il a ou qu'il n'a pas de complément direct.

Napoléon RECULA *les bornes* de la France.

Ici *recula* est transitif, parce qu'il a un complément direct, *les bornes*.

Nos troupes, voyant leur général tué, *reculèrent.*

Ici *reculèrent* est intransitif, parce qu'il n'a pas de complément direct.

31ᵉ LEÇON.

111. Si les verbes transitifs s'emploient quelquefois dans un sens intransitif, de même aussi plusieurs verbes intransitifs peuvent passer au sens transitif.

SENS TRANSITIF.	SENS INTRANSITIF.
On aborde *le vaisseau.*	On ne saurait aborder *de l'opéra.*
On adresse *la parole.*	On adresse *à un but.*
On parle *sa langue.*	On parle *à quelqu'un.*
On abuse *les gens.*	On abuse *de la confiance.*
L'eau baigne *les murs.*	Le corps baigne *dans l'eau.*

112. Tout verbe d'action transitif peut se rendre par la voix passive (1).

VERBES TRANSITIFS	VERBES PASSIFS OU D'ÉTAT.
J'*aime* mes enfants.	Mes enfants *sont aimés* de moi.
Tu *avertissais* tes amis.	Tes amis *étaient avertis* par toi.
Mon père te *louait.*	Tu *étais loué* de mon père.
Le chat *mange* la souris.	La souris *est mangée* par le chat.

113. Les verbes intransitifs (ou neutres) ne peuvent pas se tourner par la voix passive. On dit bien :

Loin de nous l'homme vil, sans talent, sans vertu,
Qui *végète* et qui *meurt* avant d'avoir *vécu.*

On ne pourrait pas dire : *J'ai été végété, tu auras été mort, il aura été vécu.*

32ᵉ LEÇON.

114. On appelle verbe *réfléchi* celui dont le sujet et le régime direct ou indirect expriment la même personne. Les verbes réfléchis sont ou réfléchis directs ou réfléchis indirects.

Je me conduis,	pour *je* conduis *moi.*
Tu te flattes,	—— *tu* flattes *toi.*
*Il s'*habille,	—— *il* habille *lui.*
Nous nous trompons,	—— *nous* trompons *nous.*
Vous vous blessez,	—— *vous* blessez *vous.*
Elles se contraignent,	—— *elles* contraignent *elles, soi.*

Voilà des verbes réfléchis directs et transitifs.

---

(1) Les verbes communément appelés verbes *passifs* sont des verbes d'état. C'est un participe passé joint à l'auxiliaire *être.*

Je me suffis,	pour *je* suffis *à moi.*
Tu te plaisais,	—— *tu* plaisais *à toi.*
Ils se nuisaient,	—— *ils* nuisaient *à eux.*
Elle se riait de vous,	—— *elle* riait *en soi* de vous.
Nous nous figurions cela,	—— *nous* figurions cela *à nous.*
Vous vous imaginez cela,	—— *vous* imaginez cela *en vous.*

Voilà des verbes réfléchis indirects et intransitifs.

On voit que les verbes réfléchis sont des verbes d'action; ils sont transitifs ou intransitifs, selon qu'ils ont ou qu'ils n'ont point de complément direct.

115. Les verbes réfléchis directs ou indirects se conjuguent avec deux pronoms de la même personne, comme : *je me, tu te, il se, nous nous, vous vous, elle se.* Le premier pronom est toujours sujet du verbe, et le second, complément direct ou indirect. Ces verbes prennent l'auxiliaire *être* aux temps composés par raison d'euphonie, c'est-à-dire pour ne pas blesser l'oreille par un mauvais son. Ainsi, ne dites pas : *je m'ai trompé, tu t'as mépris, il s'a blessé, nous nous avons abusés, vous vous avez flattés.* Dites : je me *suis* trompé, tu t'*es* mépris, il s'*est* blessé, nous nous *sommes* abusés, vous vous *êtes* flattés.

33e LEÇON.

116. On appelle communément verbes *impersonnels* ceux qui n'ont que la troisième personne du singulier, comme : *il faut, il pleut, il grêle, il semble, il y a, il est arrivé, il serait arrivé,* etc.

Ces verbes n'ont que la troisième personne singulière de chaque temps; ce sont des verbes intransitifs.

117. Les verbes transitifs (actifs) se conjuguent avec *avoir :* j'AI LU *cette histoire ; nous* AURIONS ADMIRÉ *son courage.* Cependant les verbes transitifs dits réfléchis se conjuguent avec *être : nous nous* ÉTIONS VUS; *elles se* SERONT ADMIRÉES.

118. Les verbes intransitifs (neutres) se conjuguent avec *avoir :* j'ai *dormi, tu as régné, nous avons couru.* Cependant quelques-uns de ces verbes se conjuguent avec *être;* mais alors ils deviennent verbes d'état. Ces verbes sont: *aller, décéder, arriver, échoir, éclore, mourir, naî-*

tre, *venir*, *devenir*, *revenir*, *parvenir*, *tomber* (1). On trouve aussi ce dernier avec *avoir*.

Les poëtes disent que Vulcain *a tombé* du ciel pendant un jour entier. (ACADÉMIE.)

119. Il y a aussi des verbes intransitifs qui se conjuguent avec *avoir* lorsqu'ils expriment une *action*, et avec *être* lorsqu'ils expriment un *état*. Les principaux sont : *accoucher*, *accourir*, *accroître*, *apparaître*, *cesser*, *monter*, *descendre*, *convenir*, *croître*, *déchoir*, *dégénérer*, *échapper*, *embellir*, *expirer*, *entrer*, *grandir*, *partir*, *passer*, *rester*, *sortir*, *vieillir*, *rajeunir*.

34e LEÇON.

Avant de faire faire sur les verbes les exercices qui suivent cette leçon, le maître exigera que les élèves répondent clairement aux questions suivantes, sur lesquelles on devra revenir souvent.

120. Quelles remarques avez-vous à faire sur les trois personnes singulières du présent de l'indicatif des verbes? (*Voyez* les finales du tableau-modèle.)

La première personne singulière, pour les verbes de la première conjugaison, se termine par un E muet : je renouE.

La seconde par ES : tu renouES.

La troisième, comme la première, par un E muet : il renouE.

Pour les trois autres conjugaisons en *ir*, en *oir*, et en *re*, la première personne singulière finit par S : je finis, je vois, je mets ; la seconde personne finit aussi par S : tu finis, tu vois, tu mets ; la troisième personne finit généralement par T : il finiT, il voiT, il meT.

121. PREMIÈRE REMARQUE. Certains verbes de la seconde conjugaison, comme : *offrir*, *cueillir*, *ouvrir*, *souffrir*, ont la même finale au présent de l'indicatif que les verbes de la première conjugaison : je cueillE, tu offrES, il ou elle ouvrE.

122. DEUXIÈME REMARQUE. Dans les verbes qui finis-

---

(1) La pluie *a tombé* à verse il y a dix jours (LAVEAUX). Cet enfant *a tombé*, et s'est relevé promptement. (*Journal de la langue française.*)

Où serais-je, grand Dieu! si ma crédulité
Eût tombé dans le piége à mes pas présenté! (VOLTAIRE.)

sent par DRE à l'infinitif, comme *vendre*, la troisième personne singulière finit par D : il venD, elle renD, il confonD ; à l'exception des verbes terminés en *gnant* et en *vant* au participe présent, comme *craignant*, *résolvant*, qui perdent leur D pour prendre un T : elle CRAINT, il RÉSOUT. Le verbe *vaincre* finit par *c :* il VAINC.

123. TROISIÈME REMARQUE. Les verbes *vouloir*, *valoir* et *pouvoir*, se terminent aux deux premières personnes singulières par X : je VEUX, je PEUX (1), je VAUX, tu VEUX, et la troisième personne par T : il VEUT, elle PEUT.

124. Quelles remarques avez-vous à faire sur la terminaison du pluriel du présent de l'indicatif? (*Voyez* le tableau-modèle.)

La terminaison des trois personnes plurielles du présent de l'indicatif est la même pour les quatre conjugaisons.

La 1re personne finit par ONS : nous chantONS.

La 2e personne finit par EZ : vous parlEZ.

La 3e personne finit par ENT : ils ou elles riENT.

125. PREMIÈRE REMARQUE. Les verbes *faire* et *dire* font exception, on dit : vous *faites*, vous *dites*, et non : vous *fesez*, vous *disez*.

DEUXIÈME REMARQUE. Les verbes *aller, faire, avoir* et *être*, font à la 3e personne plurielle : ils *vont*, elles *font*, ils *ont*, elles *sont*.

126. Quelles remarques avez-vous à faire sur l'imparfait? (*Voyez* le tableau-modèle.)

Tous les verbes des quatre conjugaisons se terminent à l'imparfait par *ais, ais, ait*, pour le singulier; *ions iez*, *aient*, pour le pluriel.

127. Ceux qui ont un *i* ou un *y* au participe présent se terminent par *iions, iiez, yions, yiez*, comme nous *priions*, vous *priiez*, nous *payions*, vous *nettoyiez*.

Écrivez sur le tableau noir *vérifiant, épiant;* effacez la finale *ant* et substituez-y *ions*, *iez*, vous aurez *vérifiions*, *épiiez*. Écrivez *payant, employant;* effacez *ant* et substituez-y *ions, iez,* vous aurez *payions, employiez*.

128. Quelles remarques avez-vous à faire sur le prétérit défini ?

_____

(1) On dit aussi, *je puis.*

Le prétérit défini a quatre terminaisons différentes: il se termine par *ai, as, a, âmes, âtes, èrent*, pour les verbes de la première conjugaison; et pour les autres conjugaisons, il se termine par *is, us, ins* (1).

129. Quelles remarques avez-vous à faire sur le futur?

Tous les verbes de la première conjugaison ont, au futur et au conditionnel, un e muet avant le r, à cause du radical. Écrivez jouer *sur le tableau noir; ajoutez-y* ai, as, a, ons, ez, ont, *vous aurez* jouerai, joueras, *etc. Faites effacer les finales* ai, as, a, *et il restera* jouer, *qui est l'infinitif. Faites faire le même exercice sur plusieurs verbes de la première conjugaison.*

130. REMARQUE. Quelques verbes de la seconde conjugaison, comme *cueillir*, ont aussi un *e* muet avant le *r* au futur: je *cueillerai*.

Le maître écrira sur le tableau noir le futur de quelques verbes de la seconde conjugaison ou de la quatrième, en mettant un *e* muet avant le *r*, comme j'*emplierai*, tu *receveras*, nous *combatterons*; puis il effacera les finales *ai, as, ons*, et il restera *emplier, recever, combatter*, qui ne sont pas des verbes français. Les élèves sauront alors pour quelle raison les verbes en *ir*, en *oir* et en *re* n'ont point un *e* muet avant le *r*, au futur et au conditionnel, comme ceux de la première conjugaison.

131. Quelles remarques avez-vous à faire sur l'impératif?

L'impératif n'a point de première personne singulière et commence par la seconde; et, comme cette seconde se forme de la première de l'indicatif, dont on retranche le pronom *je*, elle se termine par un *e* muet pour les verbes de la première conjugaison: je chante, *chante*; je cloue, *cloue*; je défie, *défie*; pour les trois autres conjugaisons, elle finit par *s*: je guéris, *guéris*; je vois, *vois*; je prends, *prends*. La troisième personne se termine par un *e*, pour tous les verbes.

132. Quelles remarques faites-vous sur le présent du subjonctif?

Tous les verbes au présent du subjonctif sont terminés par *e, es, e*, pour le singulier (2), et par *ions, iez, ent*, pour le pluriel: que je voie, que tu voies, qu'il voie, qu'elle *voie*,

(1) *Voyez* le tableau-modèle.
(2) Excepté le verbe *être* qui fait: que je sois.

4

que nous voy*ions*, que vous voy*iez*, qu'ils voi*ent*, qu'elles voi*ent*. Même remarque qu'à l'imparfait de l'indicatif, pour les verbes dont le participe présent est terminé par IANT, comme : *criant, sciant;* et par YANT, comme *voyant, nettoyant.*

133. Quelles remarques faites-vous sur l'imparfait du subjonctif?

L'imparfait du subjonctif a quatre terminaisons différentes, *asse, isse, usse, insse.* Tous les verbes de la première conjugaison finissent par *asse :* que je *parlasse*, que tu *criasses*, etc. Les trois autres conjugaisons finissent par *isse, usse* ou *insse :* que je *finisse*, que tu *reçusses*, que je *devinsse.*

EXERCICES GÉNÉRAUX SUR LES VERBES.

Le maître fera traduire par toutes les personnes du même temps les exercices suivants; qu'il prendra pour modèles d'analyse.

1ᵉʳ. *Je suis estimé, je fais mes devoirs, je renonce au jeu.*

Le maître dictera toujours trois verbes : un verbe d'*état*, un verbe *transitif*, un verbe *intransitif* ou pris intransitivement, et différentes conjugaisons. Après avoir dicté ces trois verbes, il les corrigera et les rendra aux élèves qui devront les traduire de la manière suivante :

Tu es estimé, tu fais tes devoirs, tu renonces au jeu (1); ma sœur est estimée, elle fait ses devoirs, elle renonce au jeu ; nous sommes estimés, nous fesons nos devoirs, nous renonçons au jeu; vous êtes estimés, vous faites vos devoirs, vous renoncez au jeu ; ma mère et ma sœur sont estimées, elles font leurs devoirs, elles renoncent au jeu.

Faites traduire de même les exercices ci-après :

2°. Je suis satisfait, je prie Dieu, je plais à mes parents.
3ᵉ. Je suis confus, j'étudie l'histoire, je cours à l'église.

---

(1) Dans les écoles de garçons, on mettra un nom féminin à la 3ᵉ personne, pour les verbes d'état seulement ; puis on remplacera ce nom par un pronom pour la 3ᵉ personne plurielle; on mettra deux noms féminins, comme *mère* et *sœur*. Dans les écoles de demoiselles, on mettra, au contraire, un nom masculin au singulier, et deux masculins au pluriel : *Ernest et Jules sont estimés.*

4. Je suis enjoué, je peins ce tableau, j'échoue contre ce rocher.

5e. Je suis enrichi, je cloue cette planche, je frémis de rage.

6e. Je suis aguerri, je franchis la frontière, je nage dans la Seine.

7e. Je suis inquiet, je rejoins mes amis, je renonce au péché.

8e. Je suis compris, je souris à ma mère, je remue cette affaire.

9e. Je suis troublé, je nie ce fait, je succède à mon père.

10e. Je suis parvenu, je nettoie cette place, je croupis dans l'ignorance.

EXERCICES A TRADUIRE SUR L'IMPARFAIT.

1er. J'étais chéri, j'étudiais mon catéchisme, j'assistais au sermon.

2e. J'étais enrhumé, j'apprenais mes leçons, j'abordais au rivage.

3e. J'étais retenu chez moi, je vérifiais mes comptes, je me plaisais au travail.

4e. J'étais gai, je lisais Virgile, je recourais aux objections.

5e. J'étais admiré, je me félicitais, je riais de ses sottises.

6e. J'étais rajeuni, je saluais mes amis, je resplendissais de gloire.

7e. J'étais surpris, je payais mon écot, j'approchais du but.

8e. J'étais assis, je sciais ces planches, je m'appuyais contre cet arbre.

9e. J'étais empressé, j'obligeais tes parents, je vivais d'espérance.

10e. J'étais admirateur, je voyageais, je souriais à ses regards.

EXERCICES A TRADUIRE SUR LE PRÉTÉRIT DÉFINI.

1er. Je fus absent, je me frappai la poitrine, je me suffis.

2e. Je fus saisi, je m'appitoyai sur mon sort, je mourus de chagrin.

3e. Je fus contraint, j'applaudis à vos succès, je m'initiai dans ce procès.

4e. Je fus admis dans cet emploi, je le remplis avec zèle. je succédai à votre ami.

5e. Je fus transi, j'appelai mon père, je parvins à m'échapper.

6e. Je fus trahi, je reconnus mon erreur, je m'armai de courage.

7e. Je fus compris, je courus à ma perte, je quittai la tribune.

8e. Je fus introduit, je suppliai mes juges, je tressaillis de crainte.

9e. Je fus ruiné, je perdis ma fortune, j'y substituai par mon honnête industrie.

10e. Je fus applaudi, je jugeai ses raisons, je conclus à sa perte.

EXERCICES A TRADUIRE SUR LE PRÉTÉRIT INDÉFINI.

1er. J'ai été interpellé, j'ai répondu adroitement, j'ai gagné ma cause.

2e. J'ai été indisposé, j'ai consulté le médecin, j'ai survécu à mes douleurs.

3e. J'ai été surpris, j'ai cru à mes amis, j'ai soigné mes parents.

Les exemples que nous venons de donner suffiront pour faire saisir la marche à suivre. Le maître aura soin de faire faire de semblables exercices sur tous les temps des verbes. Lorsqu'il jugera ses élèves suffisamment exercés, il leur dictera les devoirs suivants, qu'il fera analyser sur le tableau noir après les avoir corrigés.

DICTÉES A ÉCRIRE SUR LE TABLEAU NOIR.

Après avoir corrigé le singulier, on traduira par le pluriel. (Voyez ces exercices dans la Gram. pop.)

1er EXERCICE. Cet élève joue bien, il étudie mal, il copie ses devoirs sur ceux de ses condisciples. Le maître le punit. Tu ignores les ruses, tu ne mens point, tu chéris, tu respectes, tu vénères tes parents; les enfants qui te ressemblent sont chéris de Dieu et des hommes.

2e. Donner aux pauvres n'appauvrit point. Celui qui fait l'aumône acquiert un trésor dans le ciel. Notre-Seigneur nous apprend qu'on obtient la vie éternelle en donnant un verre d'eau en son nom. Travaillez, mes enfants, Dieu à mis un trésor dans le travail. Je vous préviens que si vous travaillez, vous serez heureux et estimés.

3e. Pierre, ne perds pas ton temps, chaque heure du temps qu'on perd devient une chance de malheur pour l'avenir. L'oisiveté va si lentement que tous les vices l'atteignent. Crains et fuis l'oisiveté. Il ne suffit pas de travailler, il faut encore ajouter l'économie au travail.

4e. Souviens-toi qu'un sou épargné est un sou gagné, et gagné plus facilement que par le travail. Mets à la Caisse d'épargne les sous que tu auras épargnés. Ils te feront une petite somme avec laquelle tu pourras te procurer bien des choses utiles. Tu connais le beau trait de cet enfant qui tira ses parents d'un grand embarras, en leur donnant la somme qu'il avait économisée.

5e. Ne lis pas ces livres qui n'enseignent que des choses futiles. L'enfant ne doit apprendre que ce qui peut lui être utile. A quoi peuvent lui servir les contes de ma mère l'Oie ? Relis souvent la *Morale en action* et *les Entretiens de Maître Pierre.* Ces ouvrages ont été composés par des écrivains qui veulent instruire les enfants de ce qu'ils doivent savoir et faire lorsqu'ils seront hommes.

6e. Personne n'a jamais cru qu'il y eût des effets sans cause. Quand je vois une montre, je ne peux penser qu'elle se soit faite toute seule ; elle a pour cause ou pour auteur un horloger : le monde est une montre admirable ; il faut nécessairement qu'il y ait un horloger qui en soit la cause ou l'auteur : cet horloger est Dieu. L'homme le plus savant qu'il y ait eu sur la terre, Newton, n'entendait jamais prononcer le nom de Dieu sans lever son chapeau et sans s'incliner avec respect.

7e. Si les étoiles, qui resplendissent dans l'espace illimité dans lequel notre globe est placé, n'étaient destinées qu'à nous égayer la vue, le jeu, comme on dit, ne vaudrait pas les chandelles. Dieu les fit éclore pour le grand dessein qu'il se proposa dans la création. Il voulut surtout qu'elles nous révélassent sa puissance. Sa puissance est sans borne, et sa bonté égale sa puissance. Oh ! que nous lui devons d'actions de grâces ! Il nous doua d'une ame immortelle et il voulut que notre corps seul fût sujet à la mort. Il envoya son Fils unique sur la terre, pour nous racheter des peines que nous avions encourues par la désobéissance de nos premiers parents. Oh ! que de biens il nous prodigua ? Il ne nous demande, en retour, que notre reconnaissance que nous ne pourrions lui refuser sans être horriblement ingrats. On a bien raison de l'appeler le *bon Dieu*.

8°. Nous désignons par un seul nom, par celui de *Providence*, plusieurs attributs ou qualités de Dieu, à savoir: sa puissance qui produit tout, son intelligence qui règle tout, sa bonté qui récompense, sa justice qui punit, sa miséricorde qui pardonne. Ce nom de providence vient d'un mot latin qui signifie *pourvoir*. C'est, en effet, par les qualités que je viens d'énoncer que Dieu pourvoit à tout. De même que le soleil luit pour tout le monde, et féconde la nature entière par les douces influences qu'il y répand; de même la Providence veille sur tous les êtres, et leur distribue ses dons et ses soins. Il n'y a point de mère qui soit aussi attentive qu'elle; confions-nous en sa bonté, elle sait ce qui convient à chacun de nous : elle connaît mieux nos besoins que nous ne les connaissons nous-mêmes.

9°. La raison doit conduire l'homme; la foi et les merveilles visibles de la nature doivent l'empêcher de douter des merveilles invisibles que la religion lui apprend. De ce qu'une chose paraît impossible, il ne s'ensuit point qu'elle n'existe pas : je vais vous le prouver par une petite histoire. Un voyageur hollandais arriva dans le royaume de Siam, dont la température diffère beaucoup de celle de notre pays. Il fut présenté au roi, et eut avec lui une longue conversation. Le roi écoutait avec ravissement le récit des merveilles de l'Europe; le Hollandais s'avisa de dire qu'il y avait une saison de l'année où ses compatriotes marchaient sur l'eau à pied sec. Le roi, qui jusqu'alors s'était montré singulièrement satisfait, devint tout à coup furieux et s'écria : «Vous êtes un imposteur; sortez vite, « ou redoutez mon courroux. » Le roi de Siam n'avait jamais vu l'eau que dans un état de fluidité, il ne soupçonnait pas que le froid pût la rendre solide et lui donner assez de consistance pour qu'elle supportât le poids d'un homme. L'incrédule qui nie les vérités de la religion, parce qu'il ne les comprend pas, est comme le roi de Siam qui niait la glace.

35° LEÇON.

OBSERVATIONS SUR CERTAINS VERBES DE LA PREMIÈRE CONJUGAISON.

134. On appelle *racine* ou *radical* d'un verbe la partie du verbe qui ne change point, et l'on appelle *finale* ou *désinence* la partie qui est susceptible de varier à chaque personne.

Ainsi : JOU est le radical de JOUER, et ER en est la finale ; PREND est le radical de *prendre*, et le RE en est la finale ; dans nous *chantons*, le radical est CHANT, et la finale est ONS ; dans vous *appelez*, le radical est APPEL, et la finale est EZ : dans ils *boiront*, le radical est BOI, et la finale est RONT.

Le maître invitera un élève à écrire sur le tableau noir le radical de *marcher* (MARCH), puis il lui dira : ajoutez à ce radical les finales du présent de l'indicatif ; à un autre élève du cercle : ajoutez à ce radical les finales de l'imparfait ; à un autre élève : ajoutez les finales du prétérit défini (à chaque fois on effacera les finales), et ainsi de suite pour tous les temps simples. A une autre leçon, on prendra le radical d'un autre verbe, et on le conjuguera de la même manière.

135. Dans les verbes en GER, comme *abréger*, le *g* doit toujours être suivi d'un e muet avant l'*a* et l'*o* : tu abrégEas, nous jugEons.

136. Dans les verbes en CER, comme *effacer*, le c prend une cédille avant l'*a* et l'*o* : j'*effaçai*, nous *lançons* des pierres.

137. Dans les verbes terminés à l'infinitif par *yer*, comme *tutoyer*, ou dont le participe présent est terminé par *yant*, comme *croyant*, on change l'*y* en un *i* simple, lorsque cette lettre est suivie d'un e muet : j'*envoie*, je *paie*, elles *croient*, ils *tutoieront*.

138. Les verbes qui sont terminés par *iant*, au participe présent, comme *pliant*, prennent deux *ii* à la première et à la seconde personne du pluriel de l'imparfait de l'indicatif et du présent du subjonctif ; nous *priions* le Seigneur, que vous *sciiez* ce bois.

Ceux qui sont terminés par *yant* au participe présent, ont aux mêmes personnes un *i* après l'*y* : *payions*, *ployiez* ; excepté *ayant*, *ayons*.

On écrira au présent de l'indicatif :

Maintenant nous *employons* notre temps au jeu, et vous *employiez* le vôtre au travail.

Et à l'imparfait :

Lorsque nous étions en Suisse, nous *employions* notre

temps à parcourir les sites de cet étonnant pays, tandis que vous *employiez* le vôtre à en décrire les beautés.

On écrira au subjonctif :

Il faut que nous nous *réconciliions* avec Dieu, et vous, que vous le *priiez* avec nous (*voyez* les nos 126 et 127).

REMARQUE. L'*y* se conserve partout dans les verbes en *eyer :* comme *graisseyer, plancheyer.*

36e LEÇON.

139. Cette règle est fondée sur ce que notre langue ne peut souffrir deux *e* muets de suite à la fin d'un mot, parce que, avant la chute du son, il faut donner un appui à la voix.

Quelques grammairiens pensent que le radical de *appeler* étant *appel,* et celui de *jeter, jet,* il ne faut doubler le *l* ni le *t* dans aucun cas. Ils écrivent j'*appèle,* je *jète,* je *nivèlerai,* il *cachètera,* etc. Le motif sur lequel ils se fondent est qu'en mettant l'accent grave sur l'*è* qui précède la lettre *l* ou *t,* l'on n'a plus deux *e* muets de suite, et l'on évite bien des exceptions. Mais l'Académie n'a point adopté cette orthographe, qui altère un peu la prononciation reçue; car le son qu'on fait entendre dans *appèle* et *jète* n'est pas absolument le même que dans *appelle* et *jette.*

140. Dans les verbes terminés par *ecer, eser, ener, ever,* on ne double pas la consonne qui se trouve entre deux *e* muets, comme dans les verbes cités au paragraphe précédent; mais on change le premier de ces *e* muets en *è* grave : *dépecer, mener, peser, lever,* etc. ; font *dépèce,* etc. ; je *dépècerai,* je *dépècerais,* etc. ; je *pèse,* etc. ; je *pèserai,* etc.; je *pèserais,* etc. ; je *mène,* etc. ; je *mènerai,* etc.; je *mènerais,* etc.; je *lève,* etc.; je *lèverai,* etc.; je *lèverais,* etc.

141. Dans les verbes en *er,* dont l'avant-dernière syllabe a un *e* fermé à l'infinitif, comme *célébrer, céder, considérer, céler, digérer, espérer, régler, régner, empiéter, inquiéter,* etc.; cet *e* fermé se change en *è* grave devant une syllabe muette. *Espérer* fait j'*espère,* etc.; j'*espèrerai,* etc.; j'*espèrerais,* etc.; *céler,* je *cèle,* etc.; *répéter,* je *répète,* etc.

142. Tout verbe qui a une double consonne dans son radical, la conserve dans toute sa conjugaison; ainsi écrivez je *grelotte,* je me *flatte,* je *dérouillerai,* nous nous *habil-*

lons, vous vous *brouillerez*, parce que ces verbes ont une double consonne dans le radical.

143. Dans les verbes en *ouer, uer*, comme *vouer, suer*, on met un tréma sur l'*i* des finales *ions, iez*, aux personnes plurielles de l'imparfait de l'indicatif et du présent du subjonctif, pour le détacher du radical : nous *devouions*, vous *jouiez*. Les verbes en *guer* ne suivent pas cette règle. Le verbe *arguer* se conjugue ainsi : j'*argüe*, nous *argüons*, *argüe*, j'*argüerai*, que nous *argüions*.

144. Les verbes terminés au présent de l'infinitif par *éer*, commme *créer* ont deux *éé* au participe masculin et trois au participe féminin : un homme *créé*, une femme *créée*, un présent *agréé*, une offrande *agréée*.

145. Certains verbes, comme : *envoyer, renvoyer, courir, recourir, parcourir, voir*, prennent deux *r* au futur et au conditionnel : j'*enverrai*, tu *courras*, elles *courront*, il *enverrait*, nous *verrions*.

37e **LEÇON**.

REMARQUES SUR CERTAINS VERBES DE LA SECONDE CONJUGAISON.

146. *Bénir* a deux participes passés : *béni, bénie ; bénit, bénite.* Quand le participe s'applique aux cérémonies de l'église, il fait *bénit, bénite* ; partout ailleurs il fait *béni, bénie*. Cette famille est *bénie* des pauvres. Prenez de l'eau *bénite*.

147. Le verbe *haïr* est de deux syllabes à l'infinitif, et s'écrit avec deux points sur l'ï ; il retient la même orthographe et la même prononciation dans tous les temps, excepté aux trois personnes du singulier du présent de l'indicatif : je *hais*, tu *hais*, il *hait*, et à la seconde personne du singulier de l'impératif : *hais* le mensonge.

148. Le verbe *fleurir* fait *fleurissant* au participe présent et *fleurissait* à l'imparfait de l'indicatif, quand il est pris dans le sens de pousser des fleurs : les amandiers *fleurissaient* ; mais quand il s'agit de la prospérité d'un état, des arts, il fait *florissant, florissait* : les arts *florissaient* sous Louis XIV.

38e **LEÇON**.

DES VERBES IRRÉGULIERS.

REMARQUES. 1re. Les verbes irréguliers *au futur* le sont aussi au *conditionnel. Aller*, fait au présent, je vais, tu

4.

vas, il ou elle **va**, nous allons, vous allez, ils ou elles
vont. *Futur*, j'irai, tu iras, il ira, etc. *Impératif*, va.
Présent du subjonctif, que j'aille, etc.; que nous allions,
qu'ils aillent. La première conjugaison n'a que ce verbe
où les temps primitifs ne soient pas réguliers.

2ᵉ. *Offrir, ouvrir, souffrir, découvrir*, se conjuguent
comme *couvrir*; *tenir* et ses composés, comme *venir*;
dormir, comme *sortir*; *défaillir, tressaillir*, comme
assaillir.

3ᵉ. Les grammairiens et l'Académie ont toujours fait
vêtir très irrégulier : *vêtant*, je *vêts*, nous *vêtons*, je
vêtais, que je *vête*, etc. (Acad.) Quelques grands écrivains, au contraire, ont toujours été portés à rendre ce
verbe régulier. Exemp. :

Dieu leur a refusé le cocotier qui ombrage, loge, *vêtit*, nourrit,
abreuve les enfants de Brahma. (Voltaire.)

De leurs molles toisons les brebis se *vêtissent*. (Delille.)

Le poil du chameau sert aux Arabes à faire des étoffes dont ils
se *vêtissent* et se meublent. (Buffon.)

Comme un fils de Morven me *vêtissait* d'orages. (Lamartine.)

M. de Châteaubriand a écrit aussi *vêtit* au lieu de *vêt*.

4ᵉ. *Repartir* est irrégulier comme *partir* : *repartant*,
je *repars*, je *repartais* pour Paris. *Répartir* est régulier :
répartissant, je *répartis*, je *répartissais* les impôts.

5ᵉ. *Ressortir* (d'un lieu) est irrégulier comme *sortir* :
ressortant, je *ressors*, je *ressortais* : mais *Ressortir* (à
un tribunal) est régulier comme *assortir* : *assortissant,
ressortissant*; j'*assortis*, je *ressortis*; j'*assortissais*, je
ressortissais, etc.

6ᵉ. *Saillir* est régulier : le sang *saillit, saillissant, sail-
lira*. Mais *Saillir*, terme d'architecture, est irrégulier,
comme *assaillir* : ce balcon *saille, saillait, saillera*.
(Acad.) Quelques grammairiens ont dit de même : j'*as-
saillerai*, je *tressaillerai*. Mais l'Académie n'admet que
la forme régulière : j'*assaillirai*, je *tressaillirai*.

7ᵉ. *Acquérir*, j'*acquiers*, nous *acquérons*, ils *acquièrent*, j'*acquerrai*, etc., que j'*acquière*, que nous *acqué-
rions*, qu'ils *acquièrent*.

8ᵉ. *Courir* et *Cueillir* font : je *courrai*, etc., je *cueillerai*, etc. *Mourir*, je *meurs*, nous *mourons*, je *mour-
rai*, que je *meure*, que nous *mourions*, etc.

39e LEÇON.

VERBES DÉFECTIFS.

1° *Défaillir* n'a que le participe présent *défaillant* et tout ce qui en dérive, nous *défaillons*, je *défaillais*, etc. ; le passé défini je *défaillis* et son dérivé, que je *défaillisse*, et le participe *défailli*. *Faillir* n'a que les participes *faillant*, *failli*; le passé défini je *faillis*, et son dérivé que je *faillisse*.

2° *Gésir*, inusité à ce temps, ne s'emploie qu'aux personnes et aux temps suivants : il *gît* (ci-gît), nous *gisons*, vous *gisez*, je *gisais*, etc. *Ouïr* n'a que le participe passé *ouï*, le passé déf. j'*ouïs*, etc., nous *ouïmes*, et son dérivé que j'*ouïsse*, etc.

3° *Quérir* ne s'emploie qu'à ce temps; il en est de même de *ravoir*, *poindre* (signifiant *paraître*), *férir*, *méfaire*, *parfaire*, etc.

4° *Déchoir* a, je *déchois*, nous *déchoyons*, je *déchus*, et son dérivé que je *déchusse*, je *décherrai*, que je *déchoie*, participe *déchu*, point de participe présent.

5° *Bruire*, *bruyant*, *brait*, il *brait*; ce verbe n'a pas de passé défini. Cependant Voltaire, en écrivant à d'Alembert, a dit : Non, vous ne *brairez* point : mais vous frapperez rudement les Welches qui *braient*.

6° *Braire* ne s'emploie que dans il *bruit*, il *bruyait*, les vents *bruyaient*; au participe *bruyant*. *Clore* ne se conjugue qu'au singulier du présent, je *clos*, tu *clos*, il *clot*, je *clorai*, etc., que je *close*. *Eclore* a de plus la troisième personne plurielle, ils *éclosent*, le participe *clos*, *enclos*, *éclos*.

7° *Frire* n'a que le sing. du prés., je *fris*, etc., je *frirai*, l'impératif *fris*, le participe *frit*. *Luire*, *reluire*, se conjuguent comme *nuire*; mais ils n'ont ni le passé défini ni le dérivé de ce temps.

8° *Paître*, se conjugue comme *paraître*; mais il n'a ni le passé défini, ni le dérivé de ce temps; son participe *pu* est inusité. *Repaître* a tous ses temps.

9° *Traire* fait *trayant*, *trait*, je *trais* ; mais il n'a ni le passé défini, ni le dérivé de ce temps. Tous ses composés, *extraire*, *distraire*, etc., se conjuguent de même.

40e LEÇON.

1° *Asseoir*, j'*assieds*, tu *assieds*, il *assied*, nous *as-*

seyons, etc. ; j'assis, etc. ; j'assiérai ou *j'asseyerai*, etc. ; j'assiérais ou *j'asseyerais*, etc. ; assieds, asseyez, que j'as-*seye*, que j'assisse, etc., asseyant.

On conjugue aussi ce verbe comme *surseoir*, j'as-*sois*, etc.; j'*assoyais*, etc. ; j'*assoirai*, etc.; j'*assoi-rais*, etc. ; *assois*, *assoyez*, que j'*assoie*, etc.; *assoyant*.

2° Le verbe *surseoir*, fait je *sursois*, je *sursoyais*, je *sursis*, je *surseoirai*, etc. Le verbe *seoir*, quand il si-gnifie *être assis*, n'a conservé que *séant*, *sis*, *sieds-toi*. Quand il signifie être convenable, il ne s'emploie que dans : il *sied*, ils *seyent*, il *seyait*, il *siéra*, il *siérait*, ils *siéront*, *seyant*, etc. (Acad.)

5° *Echoir*, j'échois, il *échoit* ou il *échet*, nous *échéons*, ils *échéent* ou *échoient*, j'*échoyais*, ou mieux j'*échéais*, j'*écherrai*, etc.

4° *Mouvoir*, je *meus* ; nous *mouvons*, ils *meuvent*, je *mouvrai*, que je *meuve*, que nous *mouvions*, etc.

5° *Pouvoir*, je *puis* ou je *peux*, nous *pouvons*, je *pourrai*, que je *puisse*, etc. ; à l'interrogatif on dit *puis-je?*

6° *Prévaloir* se conjugue comme *valoir*; au subjonctif il faut : que je *prévale*.

7° *Savoir*, je *sais*, nous *savons*, ils *savent*, je *saurai*, *sache*, *sachons*, *sachez*, que je *sache*. Dans certains cas, on emploie la première personne du présent du subjonctif pour la première personne du présent de l'indicatif, avec une expression négative. Ex. :

Je ne sache pas vous avoir donné lieu à vous plaindre. (J.-J. Rousseau.)

8° *Valoir*, je *vaux*, je *vaudrai*, que je *vaille*, que nous *valions*, qu'ils *vaillent*. *Voir*, je *verrai*.

9° *Vouloir*, je *veux*, nous *voulons*, ils *veulent*, je *vou-drai*, que je *veuille*, que nous *voulions*, qu'ils *veuillent*. Ce verbe a deux impératifs : par politesse on dit : *veuille*, *veuillons*, *veuillez*; pour marquer le commandement on dit : *veux*, *voulons*, *voulez*.

EXERCICES GÉNÉRAUX SUR LES ADJECTIFS, SUR LES PRONOMS ET SUR LES VERBES.

Le maître fera faire aux élèves des exercices analogues à ceux qui suivent, on les analysera toujours après qu'ils auront été corrigés. Il devra y tenir les enfants assez longtemps. On les écrira sur le tableau noir ou on les dictera sur le cahier tels qu'ils sont dans la *Grammaire populaire ;* après qu'on en aura corrigé le singulier, on les traduira par le pluriel. Ces traductions du singulier au pluriel sont très importantes.

PREMIER EXERCICE. Je ne jouerai point, quand tu joueras, et je ne perdrai point le temps que tu perdras, en amusements frivoles, je parcourrerai l'Histoire sainte qui m'instruira et me récréeras à la fois. Tu m'avoueras, mon ami, que cette manière d'employer la récréation vaut mieux que le jeu que tu me proposes : vas, cours après les papillons puisque cela te plaît, mets-toi en nage et perds ta peine à les poursuivre, ou prends-les si tu peux. Je ne renouvellerai pas ce jeu qui m'a tant essoufflé avant-hier. Sais-tu qu'on a dit dans le village que nous courions comme des fous. Je ne courrai pas aujourd'hui. Crois-tu qu'il faille se fatiguer chaque jour en pure perte? comment pourrions nous travailler à nos devoirs après un exercice si violent? Ne comprends-tu pas que la fatigue ne nous le permettrait point, et que notre maître, voyant notre nonchalance, nous en punirait, et nous renverrait peut-être à nos parents qui crieraient contre notre dissipation. Ne sors pas, reste avec moi, assieds-toi. Changeons un exercice fatigant et inutile en un exercice agréable et instructif. Contentons notre maître et n'affligeons pas nos bons parents. J'espère que tu ne rejetteras pas cette proposition si tu refléchis aux avantages que nous en recueillerons.

2°. Ce que tu cèleras aux hommes, n'espère pas le céler à Dieu; il est impossible que tu le lui cèles. Celui qui a fait la pensée doit nécessairement la voir, et tu serais fou si tu imaginais que tu pusses jamais lui cacher rien de ce que tu penses. Ne conçois donc que des pensées qui puissent lui être agréables. Si les hommes, avant de commettre une mauvaise action, réfléchissaient aux suites fâcheuses qu'elle aura, s'ils envisageaient le déshonneur qui en rejaillira sur eux, et les tourments qu'elle leur causera, ils ne la commettraient point, et il n'y aurait peut-être plus de coupables sur la terre. Notre intérêt le plus réel exige que nous pratiquions la vertu et que nous fuyions le vice. Il n'y a pas de richesses qui vaillent la joie et la satisfaction qui sont l'apanage de la vertu; elle est ce qu'il y a de plus utile, car elle fait bien user de tout. Le vice est au contraire ce qu'il y a de plus nuisible; car il souille et corrompt tout, et il engendre mille maux qui nous assaillent sans relâche.

3e. Il faut que nous payions tôt ou tard notre dette à la nature, il faut que nous mourions. Nous n'avons reçu la vie qu'à condition que nous la rendrions, quand le terme fatal écherrait; ce terme, une fois échu, ne pourra être prolongé quelques efforts que nous fassions: c'est en vain que nous prierons le Seigneur de retarder notre dernière heure; il ne nous accordera pas un tour de cadran comme à Ézéchias. Il est certain que nous mourrons à l'époque qu'il a déterminée dans sa sagesse; mais quand viendra cette époque? Nous l'ignorons. On meurt dans l'enfance comme dans la vieillesse, ne vous prévalez donc pas dans votre jeune âge, mes amis; vous vous en prévaudriez sans raison. Rien ne vous garantit que vous ne mourrez pas dans l'année, dans le mois peut-être. Ah! puisqu'il en est ainsi, hâtez-vous de faire un bon usage de la vie. Compensez-en la brièveté par l'utilité; et si elle n'est pas pleine de jours, qu'elle soit pleine de vertus. Ces vertus sont les seules ressources que nous ayons contre la mort.

4e. Qu'on boive un peu de vin, il fera du bien au corps et ne troublera pas l'esprit. Mais quand on boira beaucoup, on s'enivrera, et l'on donnera un spectacle ridicule aux autres. On sait que les magistrats de Sparte exposaient un esclave ivre aux yeux de leurs concitoyens, afin qu'ils reconnussent les inconvénients de l'ivresse, et ne s'enivrassent point. La nature a voulu que l'homme mangeât pour vivre, et non pas qu'il vécût pour manger; si l'on transgresse cette ordonnance, on s'expose à une foule de maladies qui n'atteignent pas les gens sobres. On rapporte qu'un Sybarite suait à grosses gouttes parce qu'il voyait un esclave qui fendait du bois, et qu'un autre ne put dormir toute la nuit, parce qu'il y avait dans son lit une feuille de rose ployée en deux. Jugeons par ces deux traits combien la mollesse affaiblit le corps. Pourquoi la nature nous donna-t-elle deux oreilles et une seule langue? — Afin que nous apprissions par là qu'il vaut deux fois mieux écouter que parler.

5e. Voyez jusqu'où peut aller l'orgueil de l'homme! un Grec, nommé Psaphon, apprivoisait des oiseaux et leur enseignait à dire *Psaphon est Dieu*; ensuite il leur donnait la volée, afin qu'ils allassent répéter leur leçon dans les bosquets. Il s'imaginait qu'il ferait croire à sa divinité par cette ruse; mais il s'en fallut bien que ses compatriotes y crussent. Ils rirent tous aux dépens de Psaphon. Il ne faut pas que nous disions tout ce qui est vrai, car toute vérité n'est pas bonne à dire; mais il faut que tout ce que nous disons soit vrai. — Qu'est-ce que vous appelez esprit juste? — J'appelle esprit juste celui qui voit les choses telles qu'elles sont ou qu'elles doivent être. Si vous voulez que je vous définisse aussi l'esprit faux, je le définirai en répétant avec négation ce que vous venez d'entendre : l'esprit faux est celui qui ne voit pas les choses telles qu'elles sont ou qu'elles doivent être. L'homme qui acquerrera une bonne renommée fera mieux que s'il acquérait une grande fortune. Je voudrais, mes enfants, que vous acquissiez cette bonne renommée. Qu'acquerreriez-vous de meilleur?

6°. On s'étonnait à Athènes que Ménédème et Asclépiade, qui étaient pauvres et avaient besoin de travailler pour vivre, passassent huit ou neuf heures par jour à écouter les leçons des philosophes du portique. L'aréopage ordonna qu'ils comparussent devant son tribunal et qu'ils découvrissent quels étaient leurs moyens d'existence. Ménédème, interpellé le premier, dit : Je mouds pendant une partie de la nuit, Asclépiade moud avec moi, et nous moudrions, s'il le fallait, pendant la nuit entière, pour gagner l'argent qui nous permet d'employer le jour à l'étude. Faites venir le meûnier pour qui nous moulons, et il vous l'attestera. Le meûnier fut mandé, et il confirma la vérité des paroles de Ménédème. Les juges enchantés de la sage conduite des deux jeunes gens, leur assignèrent une somme de deux cents drachmes pour les récompenser. — Un coupable croyait se faire absoudre par le juge en disant : c'est malgré moi que j'ai commis la faute dont on m'accuse. Mais il ne fut pas absout. Le juge dit : si tu as fait la faute malgré toi, c'est malgré toi que tu seras puni.

7°. On assure qu'une fermière s'étant habituée à porter chaque jour un veau tout jeune, le portait encore quand il fut devenu bœuf, sans qu'elle s'aperçut de l'augmentation du poids. C'est sans doute un conte, mais ce conte a été fait pour nous enseigner que l'habitude du travail le rend moins pénible et qu'elle augmente les forces de l'ouvrier, de telle sorte qu'il devient capable de faire ce qui lui aurait été impossible s'il n'eût contracté cette bonne habitude. Je vous exhorte, mon ami, à persévérer dans le travail; cette persévérance vous en diminuera les peines et finira par vous le rendre facile et même agréable.

Si l'exercice entretient et accroît les facultés de l'homme, l'oisiveté les amollit, les rouille et les use complétement. Celui qui s'y livre perd toute son énergie, il devient pareil aux Sybarites dont je vous ai parlé, l'idée seule du travail les met à la torture, et voyez que de maux résultent de cet état! la misère fond sur lui et l'étreint de ses bras hideux; les vices qu'elle fait éclore le pervertissent, la société le repousse et le rejette de son sein, il n'excite pas même la pitié, tout le monde le méprise et le hait.

8e. *Père et mère honoreras afin que tu vives longuement.* Voilà le seul des commandements auquel Dieu ait voulu attacher spécialement une promesse, jugez par là combien ce Dieu tient à ce que nous l'accomplissions. Et quel est l'enfant assez dénaturé et assez ennemi de lui-même pour ne pas l'accomplir? Nos plaisirs les plus doux et nos intérêts les plus réels ne naissent-ils pas des devoirs de la piété filiale? O mes enfants, soyez unis, ayez de l'indulgence les uns pour les autres. Chacun de vous a ses défauts, il faut bien qu'on lui pardonne, ses propres torts lui imposent l'obligation de ne pas traiter en toute rigueur ceux de son prochain. Que deviendrait la société si l'on y laissait régner l'intolérance, la violence, l'aigreur et la colère? Voyez que'les peuvent être les suites d'un seul de ces vices, de la colère, par exemple; elle excite les querelles, les querelles produisent les injures, les injures amènent les coups, les coups occasionnent les blessures, et souvent les blessures donnent la mort. Oh! soyons indulgents et ne croyons pas que la justice s'y oppose; car l'indulgence n'est que la justice modifiée par la bonté. Un poète grec appelle l'espérance le songe d'un homme éveillé. En effet, elle est de la même nature que les songes, il n'est rien en elle de réel. Elle sème la vie de belles veilles, de jours heureux auxquels manquera toujours le lendemain; elle présente des vergers en fleurs dont on ne cueillera par les fruits, elle nous promet des avantages qui n'écherront jamais. Vous croyez qu'espérer ce soit faire un emprunt au bonheur. Détrompez-vous, c'est faire un vol au présent en faveur d'un avenir qui n'existera peut-être point, c'est perdre en veilles chimériques des moments qu'il faudrait employer utilement.

Il n'y a qu'une espérance qui soit solide : c'est celle dont la religion a fait une vertu ; c'est l'espérance en Dieu.

9e. Cette bonne mère s'inquiète de son fils, il ne s'inquiéta jamais d'elle. Je défiais la fortune quand tu ployais sous le malheur. Je recachète la lettre que tu décachetas, je l'envoie à son adresse. Tu interprètes mal les choses que je te dis, je voudrais que tu les comprisses mieux. Tu as manqué à ton ami, il fallait que tu l'engageasses à venir.

10e. Tu voudrais que je travaillasse mieux et que j'employasse mieux mon temps ; travaille mieux toi-même et emploie mieux le tien : paie d'exemple. Mon fils, reviens de ton erreur et avoue-nous tes torts. Promets-nous que tu ne commettras plus les mêmes fautes. Il faudrait que je visse plus clair et que je ménageasse ma vue. Cet homme se dévoua pour la patrie, et il ne s'en repentit pas.

11e. Cette viande se corrompra bientôt, parce qu'elle se gâte. Je rencontre ces deux enfants, je les examine, je les interroge et je les reconnais. Tu appuyais ce méchant de ton crédit, tandis qu'il t'injuriait. Il t'injurie de nouveau et t'injuriera encore. Rappelle-toi, mon ami, que tu me promis d'être sage, et cependant tu hues les passants.

12e. C'est toi, mon fils, qui as eu le malheur d'être blessé dans ce combat, qui as tué plusieurs ennemis, et qui t'es si bien distingué. Remets-moi les objets que ton frère te donna, ou dis franchement que tu les perdis à la promenade. Apprécie le tort que tu te fais en soutenant le mensonge. Cette bête chancela du coup qu'elle reçut. Je côtoie la côte et je m'y récrée.

13e. Je plains ces malheureux, tu les plaindras aussi. Julie feignit d'être fâchée, et il lui fit des reproches amers. Ta pauvre mère gémit quand elle apprit les malheurs qu'il t'arriva. Le sot n'entre ni ne sort comme l'homme d'esprit. Le sage guérit de l'ambition par l'ambition même ; il tend à de si grandes choses, qu'il ne peut se borner aux richesses.

14e. Cet homme renouera les négociations que je renouai. Ce chien qui aboie maintenant n'aboiera plus, tu le tueras. Cette fleur s'épanouit dès que le soleil paraît. Meurs, s'il le faut, et ne te plains pas ; sers ta patrie et sacrifie-lui ta vie. Cet avocat changea de langage, quand il vit qu'il perdrait son procès. Je nie ce fait et le nierai toujours.

15e. Le courtisan feint le caractère le plus conforme aux

vues qu'il a, et paraît tel qu'il croit que son intérêt l'exige. Il sait parler et parle ambigument; il use d'expressions équivoques, qu'il fait valoir ou qu'il diminue selon ses intérêts. Il fallait bien que j'achevasse mon dessin, et que j'obtinsse la permission de sortir.

16e. Ta mère reçut une lettre qu'elle arrosa de ses larmes. Je publiai les ouvrages que tu imprimas, il aurait fallu que je les publiasse plus tôt. Ce magistrat défendit les jeux que la malignité créa. Je renouerai mes relations avec cet homme que tu plongeas dans la misère. Mon père voudrait que je me couchasse de bonne heure, pour que je me levasse matin et que je partisse pour la campagne.

17e. Il était inutile que tu prisses tant de précautions, pour que tu restasses en si beau chemin. Il faudrait que tu promisses moins et que tu tinsses parole. Quand je me rappelle l'aventure que tu me rappelas, je ris beaucoup.

18e. La meilleure action s'altère et s'affaiblit par la manière dont elle se fait, et laisse même douter des intentions. Celui qui, par sa naissance, se démêle d'avec le peuple, et qui s'expose aux yeux des hommes, pourrait même sortir par effort de son tempérament, s'il n'était pas porté à la vertu. Tu niais la vérité pendant que je priais pour toi. Assieds-toi et couds tes habits.

19e. Je me lève à sept heures, je range mon cabinet, j'étudie mes leçons, je mets mes devoirs au net, je travaille une heure à l'anglais, j'apprends un verbe de cette langue; à dix heures, je descends dans la salle à manger; je vais ensuite me promener, je cueille quelques fleurs, je les contemple, puis je rentre dans ma chambre où j'écris de nouveau.

20e. Tu pars pour la promenade, tu prends ton couteau, tu déracines les plus jolies plantes, tu les offres à ta sœur, tu reviens à la maison content de ton voyage. Il faudrait que tu employasses bien ton temps, que tu sortisses de ta chambre de bonne heure, que tu travaillasses jusqu'à huit heures et que tu apprisses l'allemand jusqu'à onze heures. Cette mère avertit ses enfants du malheur qui leur arriva, elle les prévint à temps.

21e. Ces hommes se revêtent du manteau de l'hypocrisie. Il se résout à la mort; il faut que je vous absolve, je le fais. Cet homme acquiert tous les jours de l'importance, tu en acquerras aussi. Je confis des prunes; et toi, tu me confies ton secret, mais sois tranquille; je ne le confierai à personne. Tu contredis cet enfant qui te contredira aussi. Tu m'interdis ce plaisir, pourtant je l'aimais.

22e. Si tu dédis ton ami, il te dédira de même. Si tu lui dédies ces couplets, il te dédiera les siens. Ce métal se dissout au feu. Je peux te nuire, ton frère le peut aussi, mais il ne le fera pas. A mon arrivée, je le trouvai chez moi; je repartis avec lui. Ce tribunal ressortit de la cour royale d'Amiens. J'appris ton mal hier, et je t'avouerai que j'en ris lorsque ta sœur me le conta, tant je le trouvai minime.

23e. Nous avons vu leurs enfants; nous leur avons donné des images lithographiées. Leurs caresses étaient moins touchantes que les vôtres. Un bon père aime ses enfants; mais il n'aime pas leurs défauts. Ernest étudie l'histoire indienne, ses sœurs l'étudieront aussi. Votre ami viendra quand le nôtre partira. Votre sœur, où va-t-elle? Court-elle les grands chemins? Je promets des récompenses aux enfants dociles; je les aime beaucoup et ne les châtie jamais.

24e. Cet abricot et cette pêche sont pourris et gâtés. Tu jugeas ton ami sévère, et il s'éloigna de toi. Sors, mon fils, et reviens au plus tôt. Remue-toi dans cette affaire, et tu ne la perdras pas. Ne nie jamais la vérité, et rappelle-toi que tu paraîtras un jour devant Dieu qui te jugera. Fallait-il que j'oubliasse vos injures, et que je vous appuyasse encore dans cette affaire malheureuse? Laquelle de ces deux personnes rencontras-tu hier soir? C'est moi qui vous ai écrit.

25e. Tu t'es trompé, mon ami, en m'écrivant qu'il faut que je m'appitoie sur ce malheureux; tu l'as cru pauvre, et il ne l'est pas. Tu t'appitoyais sur son sort et j'en riais. Je mis ma confiance en cet homme et il en abusa étrangement. Je hais singulièrement les ivrognes; je les déteste, je les fuis. Cette ville florissait sous l'empire. Tu nettoies ces armes, tu les loues à ceux qui les désirent.

26e. Je me rappellerai toujours ces histoires intéressantes; je les raconterai à mes enfants; j'entreprendrai de les leur faire apprendre par cœur. Je cède à tes désirs; mais cèderas-tu aux miens? A quelle personne as-tu parlé de cette affaire, et comment l'as-tu apprise? Tu négligeas tes devoirs, ma fille, et tu en fus punie. Tu dis que je remets tout en question ; mais toi ne me rappelles-tu pas à chaque instant les choses passées ? C'est vous qui avez trompé mon attente et qui avez surpris ma bonne foi.

27ᵉ. J'appartiens à des parents riches et honorables ; aussi j'emploie tous les moyens possibles pour me rendre digne d'eux. Tu vins me voir le mois dernier, tu peignis avec moi ce paysage, et tu ne te le rappelles plus ? Mon fils, écoute mes conseils, suis-les exactement et tu t'en trouveras bien. Tu payais mes créanciers tandis que je te fuyais. Tu remercieras ton maître des sages conseils qu'il te donne.

28ᵉ. Il faut que je croie sincèrement à ton honneur, pour que je te confie ce secret que je ne confierai à personne. Les pêches que tu confis seront toujours meilleures que celles que je confirai. Je rejette les propositions que tu me me fais, je les méprise, et quand tu m'en feras de semblables, je les rejetterai toujours. Tu rejetas, dans le temps, les miennes qui étaient certes plus honorables que celles-ci. C'est vous qui croyez que c'est moi et votre ami qui vous avons écrit.

29ᵉ. Tu contraignis cet enfant à partir, tu le forças à quitter ta maison, et maintenant tu l'y rappelles. Mon fils, supplie le Seigneur de t'être propice, et il te le sera. Ces propriétés sont productives, aussi je les paie fort cher ; je les conserve pour mes enfants qui les cultiveront à ma place. Tu rompras le silence, tu ne pourras garder aussi longtemps ce secret. Crains Dieu, mon fils, et honore tes parents. Il fallait que tu obtinsses ces prix, pour que je t'accordasse mon estime.

30ᵉ. Tu dis hier à ton ami qu'il s'efforçait à tort de chercher à te plaire, puisque tu ne pourras jamais l'aimer ; je trouvais que ces paroles étaient dures. Mon fils, entends mes prières, hais le péché, et fuis les mauvaises compagnies ; ne te compromets jamais. Ta sœur grandit tous les jours ; elle se réjouit de ton bonheur. Si tu la voyais, tu la trouverais bien grandie et bien embellie. Je tue les oiseaux que tu tiras hier et que tu manquas ; tue ceux-ci.

31ᵉ. Mon enfant, tu redis toujours les mêmes choses, et souvent tu nous ennuies. Bientôt Ernest courra seul, il ira te voir ; je t'enverrai par lui les objets que tu m'as demandés. Je nivellerai cette terre que tu nivelas ; pourquoi l'as-tu mal nivelée ? Mon fils, étudie tes leçons, et

fais tous tes efforts pour les comprendre. Il faut que je
meure; mais avant, il faut que je voie mes enfants, que je
les embrasse et que je leur donne ma bénédiction.

L'Enfant et le Serin.

32e. Un enfant qui, toujours volage (1),
Malgré les soins constants d'un maître habile et sage,
En deux ans n'avait rien appris,
Entendait un serin qui, perché dans sa cage,
Sifflait parfaitement un air des plus jolis.
Surpris, émerveillé de ce charmant ramage :
Je savais, dit l'enfant, qu'un serin chantait bien ;
Mais j'ignorais qu'il pût être un musicien.
33e. Comment, ajouta-t-il, as-tu donc fait pour l'être ?
Comment j'ai fait, répondit le serin :
J'ai profité des leçons de mon maître,
Et lorsqu'il me sifflait le soir et le matin,
J'oubliais tout le reste, et j'étais tout oreille.
C'est à force de l'écouter
Que j'ai, dans quelques mois, appris à l'imiter;
Et c'est pourquoi l'on dit que je siffle à merveille.
Mais il ne dépend que de toi
D'être à ton tour habile ;
Il ne faut qu'être comme moi,
A ce que l'on t'enseigne, attentif et docile.

L'Enfant et la Rose.

34e. Un enfant, par hasard, entra dans un jardin
Que Flore avait orné des fleurs les plus brillantes.
Roses, œillets, jonquilles, amarantes,
Vinrent s'offrir aux yeux de mon lutin.
La beauté de ces fleurs le tente.
Il voudrait les cueillir toutes, tout à la fois ;
Mais Flore n'en laissa qu'une seule à son choix.

35e. Il choisit donc la plus brillante,
Je veux dire la rose, et sur elle soudain
Il se mit à porter la main ;
Mais, quand il la sentit blessée
Par les traits dont la fleur se trouvait hérissée,
Indigné de sa trahison :
Va périr, lui dit-il, sur ton triste buisson,
Je vais chercher une autre rose,
Qui, plus belle que toi, n'aura pas d'aiguillon.

(1) Le maître fera observer à l'élève que chaque vers doit
commencer par une lettre majuscule.

36e. Il le fit bien, mais à quoi bon ?
Ce fut toujours la même chose.
Voilà donc mon marmot qui se met à pleurer
De ce qu'il ne peut pas avoir ce qu'il désire.
De ses pleurs enfantins Flore se mit à rire.
Cependant, pour le rassurer,
Elle lui dit : mon fils, en vain tu te chagrines,
Tu ne pourras point rencontrer
De roses qui soient sans épines.

37e. Console-toi pourtant, et cesse de gémir ;
Il ne tient qu'à toi de jouir
De cette fleur qui fait l'objet de ton envie :
Arrache tous les traits dont elle est investie,
Ensuite, sans danger, tu pourras la cueillir.
A tout jeune écolier je dis la même chose :
Votre étude, ainsi que la rose,
A ses épines, ses ennuis,
Surmontez-les d'abord avec courage,
Et puis vous aurez l'avantage
D'en cueillir sans peine et les fleurs et les fruits.

Comme ces exercices sont très simples, je n'en donnerai pas davantage, le maître pourra facilement en préparer de semblables.

41e LEÇON.

DE LA PRÉPOSITION.

149. La préposition est un mot invariable qui marque le rapport d'un substantif, ou d'un pronom, ou d'un verbe, à un mot qui précède. Ex. :

Un père fait son bonheur EN *travaillant* A *celui* DE *ses enfants.*

EN marque le rapport du substantif *bonheur,* au verbe *travaillant :* A marque le rapport de ce verbe au pronom *celui ;* DE marque le rapport de ce pronom au substantif *enfant.*

Voici les prépositions les plus usitées :

A.	Dans.	Entre.	Moyennant.
Après.	De.	Envers.	Nonobstant.
Attendu.	Depuis.	Environ.	Outre.
Auprès de.	Derrière.	Excepté.	Par.
Avant.	Dès.	Hormis.	Parmi.
Avec.	Devant.	Hors.	Pendant.
Chez.	Durant.	Loin de.	Pour.
Contre.	En.	Malgré.	Près.

Sans.	Suivant.	Vers.	Voilà.
Sauf.	Sur.	Vis-à-vis.	
Selon.	Touchant.	Voici.	

42ᵉ LEÇON.
DE L'ADVERBE.

150. L'adverbe est un mot invariable qui se place ordinairement près du verbe ou de l'adjectif pour en déterminer la signification. Si je dis : *Ernest chante*, je ne présente que l'idée de *chanter* ; mais si je dis : *Ernest chante* PARFAITEMENT, ce mot PARFAITEMENT modifie le verbe *chanter*, il dit de quelle manière Ernest *chante*.

Voilà les adverbes les plus usités :

Alors.	Dedans.	Hier.	Pourtant.
Assez.	Dehors.	Jadis.	Près.
Aujourd'hui.	Déjà.	Jamais.	Peu.
Auparavant.	Demain.	Ici.	Plus.
Aussi.	Désormais.	Là.	Presque.
Autant.	Dessous.	Loin.	Tout.
Auprès.	Dessus.	Maintenant.	Tôt.
Beaucoup.	Enfin.	Mal.	Toujours.
Bien.	Ensemble.	Même.	Très.
Bientôt.	Ensuite.	Mieux.	Trop.
D'abord.	Fort.	Moins.	Souvent.
Davantage.	Guère.	Où.	Volontiers.

Généralement les mots terminés en *ment* sont adverbes lorsqu'ils se forment des adjectifs, comme : *sagement*, de *sage* ; *poliment*, de *poli* ; *honnêtement*, de *honnête* ; *agréablement*, d'*agréable*.

151. Certains adjectifs, comme : juste, faux, court, droit, haut, etc., sont quelquefois employés comme adverbes : *parler juste* (dans un sens ou d'une manière juste), *il chante faux* (sur un ton ou d'une manière fausse).

43ᵉ LEÇON.
DE LA CONJONCTION.

152. La conjonction est un mot invariable qui marque un rapport entre deux membres de phrase ; comme *et*, *donc*, *car*. Dans : *Soyez homme d'honneur* ET *ne trompez personne* : ET sert à lier le premier membre de phrase, *soyez homme d'honneur*, au second membre de phrase, *ne trompez personne*. Je pense ; DONC j'ai une ame ; CAR ce qui pense en nous, c'est l'ame, et non pas le corps, la matière. DONC, CAR sont deux conjonctions.

Voici les principales conjonctions :

Ainsi.	Et.	Ou.	Savoir.
Ainsi que.	Lorsque.	Parce que.	Si.
Car.	Mais.	Puisque.	Soit.
Comme.	Néanmoins.	Quand.	Toutefois.
Cependant.	Ni.	Que.	
Donc.	Or.	Quoique.	

153. On appelle expressions conjonctives les conjonctions suivantes : *afin que, à moins que, avant que, en cas que, bien que, encore que, de peur que, de crainte que, jusqu'à ce que, pour que, pourvu que, supposé que, sans que, soit que,* parce qu'elles sont composées de plusieurs mots.

154. On distingue la conjonction *que* du *que* relatif, en ce qu'elle ne peut pas se tourner par *lequel, laquelle.* Dans cet exemple : je doute QUE le livre *que* tu lis soit instructif, le premier *que* est une conjonction, et le second un pronom relatif.

44e **LEÇON**.
DE L'INTERJECTION.

155. L'interjection est un mot invariable qui sert à peindre une affection vive et subite de l'ame. Ainsi, quand on dit: *Quel malheur,* HÉLAS! *nous accable! Vous voilà,* AH! *que vous me faites plaisir!* Les mots HÉLAS! et AH! sont des interjections.

Voici les principales interjections :

Ah !	Fi !	Çà !	Bon !
Ha !	Hélas !	Allons !	Ferme !
Oh !	Pouf !	Adieu !	Fi donc !
Ho !	Holà !	Alerte !	Gare !
Eh !	Chut !	Quoi !	Courage !
Hé !	Paix !	Hem !	

Le maître écrira sur le tableau noir les vers suivants : il invitera les élèves à souligner d'abord les mots invariables, ensuite à analyser tous les mots indistinctement.

> Mais quel crayon rendra le doux tableau
> Qu'offre l'aspect d'une mère adorée?
> Son œil craintif veille à notre berceau ;
> De notre enfance elle embellit l'entrée.

Quand de nos ans se colore la fleur,
Son amitié nous guide et nous éclaire.
Pour nous tromper, le vice adulateur
Nous cherche en vain dans les bras d'une mère.

Le maître fera faire plusieurs exercices semblables.

SECONDE PARTIE.

45e **LEÇON**.

DU PARTICIPE.

156. Le participe est un mot qui tient du verbe et de l'adjectif : du verbe, en ce qu'il exprime une action ; de l'adjectif, en ce qu'il ajoute aussi au substantif une idée quelconque. Il marque ou l'état du sujet ou l'action qu'il a faite ou qu'il aurait faite.

157. Il y a deux sortes de participes : le participe *présent*, qui est toujours terminé par ANT ; le participe *passé*, dont les terminaisons sont *é*, pour la première conjugaison, *u, i, is, int, ert, aint, eint, us, os*, pour les trois autres conjugaisons.

DU PARTICIPE PRÉSENT.

158. Le participe *présent* ne varie jamais : *nous avons vu ces tendres mères* CARESSANT *leurs enfants.*

159. Il ne faut pas confondre le participe présent avec l'adjectif verbal, qui est aussi terminé par *ant*, et qui, comme tous les autres adjectifs, varie selon le genre et le nombre du substantif auquel il se rapporte : *nous avons vu ces mères tendres et* CARESSANTES *presser leurs enfants dans leurs bras.*

46e **LEÇON**.

160. Le participe présent marque une action faite par le sujet, et il a ordinairement un complément exprimé ou sous-entendu.

161. On reconnaît qu'un mot est participe présent, quand on peut le faire précéder de *en*. Ex. :
Ces loups, HURLANT *sans cesse, vont çà et là* CHER-CHANT *leur proie.*

Hurlant et *cherchant* sont des participes présents qui expriment une action. On peut dire : ces loups vont çà et là EN *hurlant* et EN *cherchant* leur proie.

On peut encore reconnaître le participe présent, quand on peut le remplacer par un des temps du même verbe à l'aide d'une des conjonctions *comme, quand, lorsque, puisque.* Ex. : *je les ai vus* ÉCRIVANT *et non* LISANT. On peut dire : je les ai vus QUAND ils écrivaient et non QUAND ils lisaient.

Ces vergers APPARTENANT *à vos parents, ils doivent en recueillir les fruits.* On peut dire : COMME ou PUISQUE ces vergers appartiennent à vos parents, ils doivent, etc.

> Tel enfin, *triomphant* de sa digue impuissante,
> Un fier torrent s'échappe, et l'onde *mugissante*
> Traîne, en *précipitant* ses flots amoncelés,
> Pâtre, étable, troupeaux confusément roulés.

Triomphant est un participe présent, parce qu'on peut le faire précéder de *en*, et dire : *tel* EN *triomphant*; ou de *parce que*, et dire : *tel parce qu'il* triomphe, etc. *Mugissante* est un adjectif verbal qui s'accorde avec son sujet *onde*; il marque l'état, la manière d'être de l'onde. *Précipitant* est un participe présent précédé du mot *en*.

EXERCICES SUR LE PARTICIPE PRÉSENT (1).

PREMIER EXERCICE. Nous avons vu des chiens dévorants se disputant leur proie. Entendez-vous ces chevaux hennissants et ces trompettes retentissantes? C'est le présage du combat qui s'apprête. Nous avons vu au Musée des tableaux parlants. Nous avons vu des monstres marins dégoûtants et dégouttant d'eau.

> Un moment elle est gaie, un moment sérieuse,
> Riant, pleurant, jasant, se taisant tour-à-tour;
> Enfin changeant d'humeur mille fois en un jour.

2e. Les vierges de Raphaël sont ravissantes de beauté.

---

(1) Le maître écrira sur le tableau noir tous les mots en *ant* au masculin singulier. Il continuera à laisser des fautes dans les verbes, et il en préviendra les élèves. Les exercices devront toujours être précédés d'une explication sur les règles qu'ils renferment, et suivis de l'analyse grammaticale. Que le maître ne craigne pas d'employer les *pourquoi;* les *parce que* viendront après.

Le berger a surpris deux loups ravissant un mouton. Ces orangers, charmant la vue et embaumant l'air, semblent nous transporter dans un séjour ravissant. Point d'importuns laquais épiant nos discours, critiquant tous nos maintiens, comptant nos morceaux d'un œil avide, s'amusant à boire et murmurant d'un trop long dîner. C'est une femme allant sans cesse et agissant, mais d'ailleurs contrariante et médisante.

3e. J'ai vu ta mère bien souffrante. J'ai trouvé ta sœur souffrant de la goutte. Cet homme avait des yeux pénétrants, son accueil était dur, ses paroles menaçantes. Voilà des gens riant à tout propos. Ce sont des femmes allant toujours, agissant du matin au soir; mais d'ailleurs contrariant tout le monde et médisant de leur prochain. Quand la femelle de l'ours a perdu ses petits, elle annonce sa douleur par ses cris perçants; elle est triste et gémissante : c'est une mère pleurant ses petits.

4e. Ce sont des femmes perpétuellement allant, perpétuellement agissant; mais du reste sans cesse contrariantes et naturellement médisantes. J'ai toujours vu ceux qui voyageaient dans de bonnes voitures, rêveurs, tristes, grondants ou souffrants. Votre sœur inspire le plus tendre intérêt : on la voit si souffrante et en même temps si prévenante, si touchante et si peu tourmentante! Les feux du midi brûlant nos campagnes, sont des feux bien brûlants. Nous avons vu la neige blanchissant nos toits. Dans vos tableaux, rendez vivants et parlants les personnages que vous peignez.

5e. Voilà une personne accommodante, on la voit toujours empressée et accommodant les affaires les plus épineuses. Je ne veux point voir sous mes yeux ces gens allant et venant sans cesse. Ces personnes m'obsèdent. Descendante des Scipion, Cornélie avait toute la grandeur d'ame des héros de sa race. Les Suisses, descendant du sommet des montagnes, mirent en déroute l'armée de Charles-le-Téméraire. Voici une boisson adoucissante, en voici une autre adoucissant l'âcreté des humeurs. Il court ici des bruits alarmants, alarmant même les esprits les plus forts.

6e. De quel œil Dieu doit-il voir vos bras fumant du sang qu'il a créé ? La terre était encore fumante à l'endroit où ces malheureux avaient été égorgés la veille.

Reine, je ne veux point, par mes soins défiants,
Jeter sur vos desseins des yeux trop prévoyants.

Voilà des enfants caressants; on les voit caressant leur
mère. Vous avez chez vous une jeune personne charmante.
Voilà une jeune personne charmant tous ceux qui la voient.
Les flots du Gange sont quelquefois retentissants comme
les feux roulants de la foudre. Nous avons des avocats
consultants et des gens consultant peu leurs intérêts.

7e. Cette personne est contrariante, contrariant même
ses meilleurs amis. Je sais une nouvelle désespérante pour
lui et désespérant toute sa famille. Voilà une personne
éblouissante de blancheur et une lumière éblouissant la
vue. Que de faibles entraînés! Que d'ames chancelantes
retenues dans le devoir! Je me borne à l'examen de ces
usages étonnants aujourd'hui pour nous. Des bruits affreux, étonnant les plus intrépides, circulent aujourd'hui
dans nos contrées. Tous ces objets sont vingt fois répétés
dans des trumeaux tout brillants de clarté.

47e LEÇON.

DU PARTICIPE PASSÉ JOINT AU VERBE ÊTRE.

162. Le participe passé joint au verbe *être*, forme,
comme nous l'avons dit, le verbe d'*état*; il s'accorde en
genre et en nombre avec son sujet. Ex. :

Ce père est aimé.   Cette mère est aimée.
Tes amis sont satisfaits.   Tes sœurs sont satisfaites.

Le sujet peut quelquefois se trouver après le participe;
mais cela ne change rien à l'accord. Ex. :

Au bas de la montagne était *située* ma MAISON. Mais
quand il vit l'urne où étaient *renfermées* les CENDRES de
son frère Hyppias, il versa un torrent de larmes.

48e LEÇON.

DU PARTICIPE PASSÉ JOINT AU VERBE AVOIR (1).

163. Le participe passé accompagné du verbe *avoir* ne
s'accorde jamais avec son sujet.

---

(1) Pour que les élèves comprennent bien les participes, il
faut qu'ils sachent très bien distinguer le sujet et le complément
d'un verbe; pour cela, voici un moyen très simple et qui facili-
tera singulièrement leur intelligence à cet égard. Le sujet vient
toujours en réponse à la question *qui fait, qui fesait, qui fera*

Il reste invariable, 1° lorsqu'il n'a pas de complément direct, 2° lorsque ce complément se trouve placé après lui. Ex. :

Nos cousines ont *lu*; elles auraient *chanté*; elles nous ont *écrit*. Mes frères ont *chassé*. Vous auriez *admiré*. Elles auront *compris*.

Les participes *lu, chanté, écrit, chassé, admiré, compris*, sont invariables, parce qu'ils n'ont pas de complément direct.

Mes cousines ont *lu* une fable; elles auraient *chanté* une ariette; elles nous ont *écrit* une lettre. Mes frères ont *chassé* un cerf. Vous avez *admiré* ces tableaux. Elles auront *compris* mes raisons.

Les mêmes participes, *lu, chanté, écrit,* etc., sont encore invariables, parce qu'ils sont placés avant leurs compléments directs *fable, ariette, lettre, cerf, tableaux, raisons.*

164. Le participe joint au verbe *avoir* varie seulement lorsque son complément direct se trouve placé avant lui : il en prend le genre et le nombre. Ex. :

Les lettres que tu m'as *écrites*, tes cousines les ont *lues* avant l'ariette qu'elles ont *chantée*. La biche que tes frères ont *chassée* a été tuée; elle était fort belle, nous l'avons *admirée*. Nos raisons, les avez-vous *comprises?*

Ici les mêmes participes ont varié : *écrites* est au féminin et au pluriel, parce qu'il s'accorde avec son complément direct *que*, qui représente *lettres*, féminin pluriel. Même raisonnement pour les participes *chantée, chassée, admirée, comprises*. Le participe *tuée* est joint au verbe *être*, et il s'accorde par conséquent avec le sujet *biche*.

l'action de......? On joint à cette question le verbe dont on veut connaître le sujet. Le complément vient en réponse à la question *qui* ou *quoi?*

L'innocence a toujours confondu l'IMPOSTURE.
Nous estimons les ENFANTS vertueux.

Dites : *qui a fait l'action de* CONFONDRE *l'imposture?* R. : *l'innocence*. Faites souligner le sujet une fois (—). L'innocence a confondu quoi? R. : l'IMPOSTURE. Faites souligner le complément direct deux fois (=). Avec ces deux signes les élèves se rendront facilement compte du sujet et du complément direct. Exigez qu'ils soulignent le sujet et le complément direct dans tous les exercices, et tous les jours.

MODÈLES D'ANALYSE DU PARTICIPE.

Ces	Art. démonst. pl. des deux genres, déterminant *dames.*
dames	Subst. comm. fém. plur. suj. de *sont venues.*
sont venues,	Verbe d'état, 3e personne pl. au prét. ind. 2e mode, 4e conj. Le participe *venue* est au fém. pl. parce qu'il s'accorde avec son sujet *dames.*
elles	Pron. pers. 3e pers. fém. pl. sujet de *ont dansé.*
ont dansé.	Verbe trans. employé intransitivement, 3e pers. pl. du prét. ind. Le participe inv. parce qu'il n'a pas de compl. direct.
Elles	Pron. pers. 3e pers. fém. plur. sujet de *ont chanté.*
ont chanté	Verbe trans. 3e pers. pl. du prét. ind. Le participe inv. parce que son complément dir. est placé après lui.
la	Art. simp. fém. sing. dét. *chanson.*
chanson	Subst. comm. fém. sing. compl. dir. de *ont chanté.*
que	Pron. rel. fém. sing. compl. dir. de *as composée.*
tu	Pron. pers. 2e pers. sing. des 2 genres, sujet de *as composée.*
as composée;	Verbe trans. 2e pers. sing. au prét. ind. Le participe variable, parce qu'il est précédé de son complément direct.
je	Pron. pers. 1re pers. sing. sujet de *ai chantée.*
l'	Pron. pers. 3e p. fém. sing. compl. dir. de *ai chantée.*
ai chantée	Verbe trans. 1re pers. sing. du prét. ind. le participe variable, parce que son compl. direct le précède.
aussi.	Adverbe, mot invariable.

EXERCICES SUR LE PARTICIPE (1).

PREMIER EXERCICE. La pièce a commencé de bonne heure. Ces femmes ont parlé longtemps; elles ont été surprises dans leur conversation. Les brebis qui ont bêlé étaient arrivées du Berry. Les jeunes personnes qui ont dansé à notre soirée, ont charmé tous les spectateurs, qui les ont admirées. Ces livres sont intéressants, de qui les avez-vous reçus? Les fleurs que je vous ai envoyées, et qui maintenant sont fanées, étaient jolies. Ces orateurs ont

_____

(1) Le maître fera souvent aux élèves les questions suivantes: *Qu'est-ce que le sujet du verbe? Qu'est-ce que le complément direct? Comment s'accorde le participe des verbes d'état? Comment s'accorde le participe des verbes d'action? Comment reconnaissez-vous le verbe transitif? Comment reconnaissez-vous le verbe intransitif?*

parlé; et les cœurs se sont attendris. C'est une pièce que j'ai vue et que j'ai vivement applaudie. Mes plumes étaient taillées, mais je les ai perdues.

2. Cette femme a été accusée et convaincue de plusieurs crimes; elle a été condamnée. Les hommes qui ont le plus vécu ne sont pas ceux qui ont compté le plus d'années; mais ceux qui ont le mieux usé de celles que le ciel leur a départies; car la vie ne consiste pas tant dans le nombre des années qui y sont comprises, que dans le bon usage qu'on en fait. Savez-vous les dangers que votre sœur a courus, et avec quel courage elle les a bravés? Vos cousines nous ont paru disposées à composer sur l'histoire; elles l'ont étudiée avec fruit. Les écoliers qui ont pleuré aujourd'hui parce que le maître les a punis, sont ceux que vous avez trouvés hier courant les champs. Les dames qui ont chanté hier ne sont pas celles que tu as surprises dansant chez moi.

3. Cette pièce que j'ai faite, vous l'avez vue, sans doute. Comment l'avez-vous trouvée? Julie a récité la fable que tu lui as apprise; elle l'a très bien récitée. Les personnes qui ont fondé cette société savante ont bien mérité de la patrie. Les marchandises que j'avais achetées pour vous, vous me les avez laissées; et celles que vous m'avez prises, vous les avez payées moins cher qu'elles ne m'ont coûté. Les étoffes que ce marchand a achetées sont jolies; elles ont semblé telles à toutes les personnes qui les ont vues. Nous avions égaré nos livres; mais nous les avons retrouvés.

4. Les plumes que vous avez livrées n'ont paru belles à personne. Les graines de fleurs que j'avais achetées, et que j'avais semées dans mon jardin, n'ont pas levé. La maison que ce maçon a bâtie vient d'être vendue; la personne qui l'a achetée est bien fâchée d'avoir contracté ce marché. Les services que ma fille a reçus de vous, madame, l'ont pénétrée de reconnaissance. Elle n'oubliera jamais la grâce que vous avez mise à l'obliger. Cette grâce si exquise l'a charmée encore plus que les services. La jeune personne que vous avez vue chez moi, et que vous avez appelée madame, n'est pas encore mariée. Cette vallée est très embellie; nous en avons admiré les riches prairies.

5. Ma petite sœur a répété fort bien la prière qu'elle

avait apprise, et elle a reçu les félicitations que M. le curé lui a adressées. Les étrennes que nous avons offertes à notre grand'mère lui ont beaucoup plu. Les fleurs que nous avons cueillies ont servi à parer l'autel. Nous aurions copié les couplets qu'on nous a offerts, si nous avions eu plus de temps. Vous auriez réussi dans les entreprises que vous avez faites, si vous aviez reçu les sommes qu'on vous avait promises. Rose a refusé les fleurs que lui a offertes son frère (1), elle les a conservées. Ces malheureux ont langui longtemps dans les prisons où on les a renfermés. Là règnent les bons rois qu'ont produits tous les âges. Quel droit vous a rendus maîtres de l'univers? Les fruits que tu as mangés verts t'ont causé les douleurs que tu as souffertes. Il me restait une chétive maison, je l'ai vue pillée et détruite. Les raisons que tu as développées nous ont convaincus.

5ᵉ. La grêle a ravagé toutes les terres que nous avons ensemencées : nous les avions bien fumées, et nous avions semé des graines rares. Tu nous a plaints, mon ami, mais combien de maux n'avons-nous pas soufferts? nous avons supporté la faim et la soif; nous avons manqué de vêtements pour nous couvrir dans les plus grands froids. Ces malheureux n'ont pas redouté la mort, ils n'ont pas été effrayés de la voir arriver; ils l'ont reçue avec résignation, après avoir invoqué Dieu pour obtenir le pardon des fautes qu'ils avaient commises. Les conséquences que vous avez déduites du principe sont justes. Ainsi ont raisonné des hommes que des siècles de fanatisme avaient rendus puissants. Colbert eut à réparer les maux qu'avait causés le règne orageux de Louis XIII.

---

(1) Le maître fera remarquer aux élèves que quelquefois le sujet du verbe se trouve placé après le participe; mais cela ne change rien à la règle : le participe s'accorde toujours avec son complément direct, lorsque ce complément est placé avant lui. On écrira : Les fruits que m'ont *offerts* mes FRÈRES, les fleurs que m'ont *offertes* mes FRÈRES.

Il peut arriver aussi qu'un participe, précédé de son complément direct, soit suivi d'un adjectif; les élèves confondent souvent cet adjectif avec le complément direct, et ils écrivent le participe invariable. Le maître leur dira que l'adjectif placé après le participe ne détruit point l'accord de ce dernier; car l'adjectif ne peut pas être complément d'un verbe. On écrira : ces hommes, on les a *crus* morts, parce qu'on les a *trouvés* IVRES.

7ᵉ. Nous avons acheté cette maison et nous y avons fait les réparations que nous a indiquées notre architecte. Nous y avons employé tous les matériaux d'une vieille maison que nous avions démolie. Voilà la maison que j'ai acquise de ton père ; je la lui ai payée comptant. Tu n'as pas répondu à la lettre que t'avait écrite mon frère ; cependant tu l'as reçue : il t'avait adressé diverses questions que tu n'as sans doute pas comprises ; pourquoi n'es-tu pas venu me trouver, je te les aurais expliquées ? Les olives que nous avons récoltées sont toutes gâtées ; nous les avions cependant cueillies et rentrées dans la bonne saison. Le mérite de son style tient aux progrès qu'a faits la société en France. Messieurs, ce sont l'exercice et la sobriété qui vous ont rendus robustes.

8ᵉ. Où sont les fleurs que t'avaient offertes tes frères ? les as-tu acceptées pour les laisser faner ? Les peuples devraient avoir les révolutions en horreur, car ils les ont toujours cruellement expiées. Les promesses que les ambitieux ont faites de tout temps au nom de la liberté ne se sont jamais réalisées. Les soldats avaient été attachés à la famille de César, qui était garante de tous les avantages que leur avait procurés la révolution. Quels dangers n'a pas courus la France pendant la tempête de vingt ans qu'elle a essuyée ! La prévoyance et la dignité ont tracé la route qu'a suivie notre belle patrie. La froideur qu'avaient témoignée nos juges déconcertait nos vues.

> Ses regards, il est vrai, n'étaient point enflammés
> Du courroux dont souvent je les ai vus armés.
> La Grèce, en ma faveur, est trop inquiétée ;
> De soins plus importants je l'ai crue agitée.

9ᵉ. Nous aurons bientôt terminé toutes les opérations que nous avons entreprises ; dès que nous les aurons faites, nous nous rendrons chez vous. Nous sommes étonnés des choses qu'on nous a dites ; nous les avions crues impossibles, et nous n'en sommes pas encore bien revenus. Que de fleurs j'ai plantées dans mon jardin ! Que de peines m'a données ce travail ! Que de moments précieux j'ai perdus ! encore si je les avais rattrapés depuis !

10ᵉ. Ma sœur a passé deux heures à jouer, elle les aurait beaucoup mieux employées à l'étude. Les heures qu'on a perdues au jeu ne sont jamais recouvrées. Je rends justice à vos intentions, que j'avais mal interprétées. Cette femme me disait : vous m'avez vue attachée à vous nuire, vous m'avez crue capable de vous ruiner, et c'est pour cette raison que vous m'avez chassée. Cet homme nous a bien servis, aussi il nous a intéressés. En nous promenant hier dans les Tuileries, nous avons reconnu nos cousines; nous les avons appelées, nous leur avons parlé ; elles nous ont rendu les livres que nous leur avions prêtés.

11ᵉ. Nous avons retardé l'horloge que tu as montée. Ta sœur t'a apporté les dessins que tu lui as demandés. Avez-vous oublié les règles de la grammaire que vous aviez apprises? Que de peines vous avez eues pour les apprendre! Il ne suffit pas d'acquérir des connaissances, il faut encore que les connaissances que l'on a acquises tournent au profit de la vertu. Il y a peu de choses difficiles que l'habitude ne rende aisées. Peut-être ont-ils dû ces idées aux mémoires qu'avaient laissés son père et sa mère, sous le titre de *Modèles de Souvenirs*. Je ne défends pas ces rimes, parce que je les ai employées; mais je m'en suis servi, parce que je les ai crues bonnes.

49ᵉ LEÇON.

PARTICIPES SUIVIS D'UN INFINITIF.

La femme que j'ai *entendue chanter*.

165. RAISONNEMENT. Qu'est-ce que j'ai entendu? Première réponse : la *femme*; deuxième réponse : *chanter*. On voit que, pour les participes suivis d'un infinitif, la question *qu'est-ce que* amène deux réponses. Alors on fait du résultat de la première réponse, qui est toujours un substantif, le sujet d'une nouvelle question, et l'on dit : *Est-ce la femme qui fesait l'action de chanter?* OUI; dans ce cas, *accord*.

166. Nous avons vu que tous les verbes des quatre conjugaisons expriment des actions ; or si *l'action qu'exprime l'infinitif est faite par le substantif ou le pronom placé avant le verbe*, il y a *accord* ; dans le cas contraire, le participe reste invariable. Exemple :

La personne que j'ai *vue écrire*.

L'action qu'exprime l'infinitif écrire est-elle faite par la personne? OUI; *accord*. Dans ce cas, le *que* relatif est le complément direct du participe.

Les enfants que j'ai *vus courir*.

Etaient-ce les enfants qui fesaient l'action exprimée par l'infinitif *courir?* OUI; *accord.*

Les plantes que j'ai *laissées croître.*

Etaient-ce les plantes qui fesaient l'action exprimée par l'infinitif *croître?* OUI; *accord.*

La romance que j'ai *vu* ÉCRIRE et que j'ai *entendu* CHANTER.

Était-ce la romance qui fesait l'action d'*écrire* et de *chanter?* NON; point d'*accord.* Dans ce cas, le *que* qui précède le participe est le complément de l'infinitif, et non du participe.

Participes variables, parce que l'action qu'exprime l'infinitif est faite par le substantif placé avant le verbe.	Participes invariables, parce que l'action qu'exprime l'infinitif n'est pas faite par le substantif placé avant le verbe.
La femme que j'ai *vue* PEIN-DRE est habile.	La femme que j'ai *vu* PEIN-DRE par Isabey.
L'action de peindre est faite par la femme.	L'action de peindre n'est pas faite par la femme.
Les hommes que j'ai *entendus* se VANTER.	Les talents que j'ai *entendu* VANTER.
L'action de se vanter est faite par les hommes.	L'action de vanter n'est pas faite par les talents.
Les moutons que j'ai *laissés* PAÎTRE (1).	Les moutons que j'ai *laissé* ENLEVER par les loups (1).
L'action de paître est faite par les moutons.	L'action d'enlever n'est pas faite par les moutons.

50e LEÇON.

167. L'infinitif est quelquefois sous-entendu après les participes des verbes *devoir, pouvoir, vouloir;* dans ce cas, le participe reste invariable. Ex. : je lui ai fait tous les reproches que j'ai *dû* (sous-entendu *faire*).

Nous lui avons rendu tous les services que nous avons *pu* (sous-entendu *lui rendre*).

Vous avez obtenu toutes les faveurs que vous avez *voulu* (sous-entendu *obtenir*).

168. Le participe passé du verbe *faire* (fait) suivi d'un infinitif est toujours invariable. Ex. : Voilà les arbres que nous avons *fait* PLANTER. Cette personne était malade, les remèdes qu'on lui a donnés l'ont *fait* MOURIR.

---

(1) Le participe *laissé*, dont on fait à tort un cas particulier, suit cette règle.

MODÈLE D'ANALYSE.

Les	Art. simp. pl. des deux genres, dét. *acteurs.*
acteurs	Subst. comm. masc. plur.
que	Pron. rel. masc. pl. compl. direct de *ai vus.*
j'	Pron. pers. sing. des deux genres, suj. de *ai vus.*
ai vus	Verbe trans. 1re pers. sing. du prét. ind. 2e mode 3e conj. Le part. variable, parce que l'action qu'exprime l'infinitif *jouer*, est faite par les *acteurs.*
jouer.	Verbe intransitif, au prés. de l'infinitif, 1er mode, 1re conjugaison.
La	Art. simp. fém. sing. dét. *terre.*
terre	Subst. comm. fém. sing.
que	Pron. rel. fém. sing. comp. direct de *labourer.*
j'	Pron. pers. sing. des deux genres, sujet de *ai vu.*
ai vu	Verbe trans. 1re pers. sing. du prét. ind. 2e mode, 3e conj. Le participe invariabe, parce que l'action de *labourer* n'est pas faite par la terre.
labourer.	Verbe trans. au prés. de l'infinitif, 1er mode, 1re conj. compl. direct de *ai vu.*
Cet	Art. démonst. masc. sing. dét. *homme.*
homme	Subst. comm. masc. sing. suj. de *a obtenu.*
a obtenu	Verbe trans. 3e pers. sing. du prét. ind. 2e mode, 2e conj. Le part. invariable, parce que son compl. direct est placé après lui.
les	Art. simp. pl. des deux genres, dét. *places.*
places	Subst. comm. fém. pl. compl. direct de *a obtenu.*
qu'	Pron. rel. fém. pl. compl. dir. de l'inf. *obtenir*, sous-entendu.
il	Pron. pers. 3e pers. masc. sing. sujet de *a voulu.*
a voulu.	Verbe trans. 3e pers. sing. du prét. ind. 2e mode, 3e conj. Le part. invar. parce que son compl. direct *obtenir*, sous-entendu, est placé après lui.

EXERCICES SUR LES PARTICIPES SUIVIS D'UN INFINITIF,

Sur les participes pu, dû, voulu *et sur le participe* fait.

PREMIER EXERCICE. Les personnes que j'ai entendues blâmer les autres sont celles que j'ai entendu blâmer de tout le monde. Ma jambe que j'ai senti mordre par ce chien, je l'ai sentie s'engourdir à l'instant. La femme que j'ai vue battre ses enfants, n'est pas celle que j'ai vu battre par son mari. Les ruisseaux que nous avons vus couler, et que nous avons vu détourner, fertilisaient ces prairies. Ma fille que j'ai envoyée chercher son frère, est celle que j'ai envoyé

chercher cette semaine à sa pension. La montre que j'ai
vu voler est celle que tu as vue tomber.

2ᵉ. Les personnes que nous avons vues périr s'étaient
exposées imprudemment. Les meubles que vous avez laissé
vendre ne sont pas ceux que vous avez laissés dépérir. Les
paysages que j'ai vu calquer étaient charmants ; je les ai
vu achever par ta sœur que j'ai entendue chanter. Les arbres que j'ai laissés croître sont bien grandis ; plusieurs
me gênaient, et je les ai fait abattre. Pour être sûr de la
vérité, il faut l'avoir entendu annoncer d'une manière
claire et positive. La somme qu'il avait envoyé demander
lui fut prêtée. L'alliance que Judas avait envoyé demander
fut accordée.

3ᵉ. Il augmenta l'autorité des lois que trop d'empereurs
avaient voulu anéantir. Mes amis, où sont les fleurs que
nous vous avons vu cueillir, et que vous avez laissées
faner ? Les demoiselles que j'ai vues compter votre argent. Les sommes que j'ai vu compter. Les auteurs que
nous avons entendu vanter, ne nous ont pas semblé avoir
mérité la réputation qu'ils ont acquise. L'actrice que tu as
entendue s'applaudir n'est pas celle que tu as entendu applaudir par le public. Vous n'avez pas fait, mes amis, les
démarches que vous auriez dû.

4ᵉ. Les marchandises que tu as laissé introduire sont
celles que tu as laissées dépérir. Les pièces que j'ai vu
jouer ont été applaudies. Les acteurs que vous avez vus
jouer étaient très-médiocres. Nous avons obtenu de ce
prince toutes les faveurs que nous avons voulu. Les services que j'ai voulu vous rendre, vous les avez refusés.
Que d'hommes un centenaire a vus naître et mourir ! Que
de générations il a vues s'éteindre ! Oubliez les maux qu'on
vous a fait souffrir. Les outrages que vous avez faits à mon
père étaient cruels ; il les a dévorés en silence.

5ᵉ. Cette femme vous aurait donné tous les secours que
vous auriez voulu. Les portraits que nous avons vu dessiner étaient fort jolis. Les enfants que nous avons vus dessiner étaient déjà exercés. Les greffes que vous avez fait
planter sont-elles reprises ? Il a été libre de mettre à cet
abandon la condition qu'il a voulu. La maison que vous
avez fait bâtir est très-vaste. La feuille que j'ai entendu lire
était assez intéresante.

6ᵉ. Les personnes que j'ai entendues lire m'ont fait un

grand plaisir. J'ai fait à vos cousines toutes les politesses que j'ai dû. Voilà les poissons que j'ai vu pêcher. Où sont les enfants que j'ai vus pêcher ? Ce sont mes enfants qu'il vous a fait entendre. Ces malheureux se sont laissé tuer sans se défendre. Mes amis, je vous ai laissé vous quereller à votre aise. Comment, messieurs, vous vous êtes laissé surprendre à de pareils discours! L'action que j'ai entendu blâmer était louable en elle-même.

7ᵉ. Ces hommes sont méchants ; je les ai entendus blâmer leurs amis. Nos pères se seraient-ils laissé assommer comme des victimes? Nos amis, vous les avez laissés errer. Les blés que vous avez fait couper, je les ai vu semer. O Julie ! si le destin t'eût laissée vivre ! Elles rougissaient de s'être laissé vaincre par le sommeil. Nous avons fait auprès du ministre toutes les démarches que nous avons pu.

51ᵉ LEÇON.

PARTICIPES DES VERBES DITS RÉFLÉCHIS.

169. Le participe des verbes dits réfléchis est toujours précédé du verbe *être* ; mais ce verbe est employé pour le verbe *avoir*.

La foule S'EST AMASSÉE autour de nous.

Ils SE SONT APERÇUS de loin.

C'est comme s'il y avait : La foule A AMASSÉ elle-même autour de nous. ILS ONT APERÇU eux-mêmes de loin. (Voyez les numéros 114 et 115.)

170. Le participe des verbes réfléchis s'accorde, non avec son sujet, mais avec son complément direct, quand il en est précédé. Ce participe est invariable quand il n'a pas de complément direct, ou quand celui-ci est placé après lui. Ex. :

Ernestine s'est COUPÉE. *Coupée* est au féminin et au singulier, parce que son complément direct SE est placé avant le participe. *Elle a coupé* ELLE.

Ernestine s'est COUPÉ le doigt. *Coupé* est invariable, parce que le complément direct DOIGT est placé après le participe. Elle a coupé le DOIGT à elle. Le pronom SE est complément indirect.

Nous nous sommes ABANDONNÉS *à la colère*. Nous avons abandonné NOUS, complément direct.

Nous nous sommes ABANDONNÉ *nos biens*. Nous avons abandonné *nos* BIENS, complément direct placé après le participe. Nous les avons abandonnés *à nous*. NOUS pour *à nous*, complément indirect.

171. *Remarque.* Les verbes intransitifs (neutres) suivants, ont toujours le participe invariable : *Se plaire, se déplaire, se rire, se sourire, se parler, se succéder, se nuire, se suffire, se convenir, se ressembler.* La vigne s'est *plu* dans cet endroit. Les soldats se sont *ri* de la populace. Ils se sont *suffi* à eux-mêmes. Vous vous êtes *nui* différentes fois. Elles se sont *succédé*. Elles se sont *convenu.*

EXERCICES SUR LES PARTICIPES DITS RÉFLÉCHIS.

PREMIER EXERCICE. Ces hommes se sont accordé une juste préférence. Nous nous sommes accordés pour vous présenter ce jeune homme. Vous vous êtes appliqués à l'étude de la géographie et de l'histoire, que vous aviez jusqu'alors négligées. Vous vous êtes appliqué des remèdes trop violents. Ces maîtres se sont attaché leurs élèves. Ces élèves se sont attachés à leurs maîtres. Mes cousines se sont repenti de leur trop grande bonté, elles se sont bien acquittées des obligations qu'elles ont contractées envers vous. Les personnes oisives se sont toujours repenties de leur oisiveté.

2e. Vos parents se sont plu à nous contrarier en tout; et en cela ils se sont nui. Ces magistrats se sont relâchés de leur sévérité accoutumée, et ils se sont plu à nous faire grâce. Les méchants qui ont été sévèrement punis se sont attiré eux-mêmes leur malheur. Les cavaliers qui ont succombé sous vos coups, se sont eux-mêmes attiré leur malheur. Ces oiseaux, par leur chant, se sont mutuellement attirés. Ces gens d'abord se sont feints innocents, ensuite ils se sont avoués coupables. Tes amis s'étaient avoués comme auteurs du délit; ils se sont avoué leurs torts réciproques. Ces dames se sont laissées en chemin, après s'être laissé des gages d'amitié. Les Romains s'étaient faits à la discipline; ils se sont fait des lois sévères.]

3e. Nous nous sommes imposé des privations plus pénibles que celles que vous vous êtes imposées. Les hommes qui se sont refusé mutuellement de se secourir se sont rendus bien malheureux par cette conduite; vous ne sauriez croire combien ils se sont nui. Les deux frères se sont souri et ils se sont embrassés. Ah! comment s'est éclipsée tant de gloire! Comment se sont anéantis tant de travaux?

Vos sœurs se sont trouvées aux Carmélites, et la réconciliation s'est faite. Vos amis, qui s'étaient proposés pour maîtres de langues, se sont proposé différentes questions. Ces dames se sont tu des choses secrètes; elles se sont tu à votre approche. Nous nous sommes tu à l'approche d'un indiscret. Ces gens défiants se sont tu leurs affaires.

4e. Mes amis se sont vus, ils se sont parlé. Vos amis se sont soupçonné des torts; ils se sont soupçonnés de trahison. Les personnes qui savent s'occuper se sont toujours suffi à elles-mêmes. Les rois qui se sont succédé ne se sont jamais ressemblés. Ces messieurs s'étaient toujours ri de nos projets; ils s'étaient figuré que nous nous étions imprudemment hasardés à les mettre à exécution; mais ils reconnaissent qu'ils se sont trompés. Les grands génies se sont survécu à eux-mêmes. Ma tante s'est plaint de la tienne, qui s'est moqué d'elle; cependant elle s'est proposée de lui être utile.

52e LEÇON.

Du participe joint au verbe avoir, *précédé du pronom*
LE ; *et du participe placé entre deux* QUE.

172. Le participe précédé du pronom LE, employé pour *ceci, cela*, est toujours invariable. Ex. :
Cette ville n'est pas aussi belle que je L'*avais* CRU. Qu'est-ce que j'avais cru? Rép. : CELA, que cette ville était plus belle qu'elle ne l'est. Je n'ai pas cru la ville, j'ai cru CELA.

Ces personnes ne sont pas aussi instruites que vous L'*aviez* PENSÉ. Vous n'avez pas pensé *les personnes*, vous avez pensé CECI, qu'elles étaient plus instruites qu'elles ne LE sont.

Dans ces exemples, le mot LE représente une partie de phrase; et comme une partie de phrase n'a ni genre ni nombre, le participe reste invariable.

173. Le participe passé placé entre deux QUE, est invariable, parce que le premier *que* est complément, non du participe, mais du verbe qui suit (1). Ex. :
La leçon QUE vous avez cru QUE j'étudierais.

_____

(1) Il faut en excepter les participes des verbes *convaincre, persuader, prévenir* et *avertir*. Ex. : Les personnes que j'avais **convaincues** qu'elles étaient heureuses. Vos amis que j'ai **persuadés** que vous étiez mort, le croient encore.

Les chagrins QUE nous avions pressenti QUE vous auriez.

Qu'est-ce que vous avez cru ? Rép. : *que j'étudierais ;* donc le complément est après le participe ; donc, c'est le cas ordinaire (n° 162), et par conséquent point d'accord. Vous n'avez pas cru la *leçon ;* vous avez cru que *j'étudierais* la LEÇON.

EXERCICE.

Les malheurs que j'avais prévu que vous auriez, vous sont arrivés. Ces plantes ne sont pas aussi salutaires que vous nous l'aviez assuré. Nous avons désapprouvé les raisons que vous avez pensé que nous approuverions. La vertu de Caton était moins pure qu'on ne l'a cru. Vous avez surmonté. toutes les difficultés que vous avez prévu que vous auriez à vaincre. Les secours que vous avez pensé que nous pourrions obtenir, nous sont échappés. La nouvelle s'est trouvée vraie, comme vous l'aviez jugé. La bataille n'a pas été telle que nous l'avions pensé. Ma mère, dites-vous, est malade! Elle vous l'a paru ; mais elle ne l'est pas.

53e **LEÇON**.

Participes précédés du mot EN *et du mot* PEU.

174. Le participe passé précédé du mot EN, est invariable, quand le mot *en* est vague et indéterminé ; car alors il signifie DE CELA. Ex. :

J'ai lu plus de livres que vous n'EN avez MANIÉ.

(C'est-à-dire que vous n'avez manié DE CELA).

Bonaparte a remporté plus de victoires que d'autres n'EN ont LU.

(C'est-à-dire que d'autres n'ont lu DE CELA.)

Des pleurs, hélas! j'EN ai beaucoup RÉPANDU (DE CELA).

175. *Remarque.* Il ne faut pas confondre le pronom EN, signifiant DE CELA, avec le pronom personnel EN, signifiant DE LUI, D'ELLE, D'EUX, D'ELLES. On écrira : *Cette personne m'a insulté, voici la vengeance que j'*EN *ai tirée.* Ici *en* est mis pour d'ELLE, de cette personne.

176. L'expression LE PEU DE a deux significations : quand elle signifie le *manque,* le *défaut* de l'objet désigné, le participe est invariable ; quand elle signifie *une petite*

quantité qui a suffi, le participe s'accorde avec le substantif qui suit le mot PEU. Ex. :

Le PEU de bonne conduite que ce jeune homme a MON-
TRÉ vous a fait lui retirer votre confiance. Ici le mot PEU
signifie *le manque*, *le défaut de conduite*. Il a manqué de
conduite, il n'en a pas montré. Ce n'est pas la conduite
qui vous a fait lui retirer votre confiance, c'est le *peu*, le
manque, le *défaut* de conduite.

Le *peu* de bonne CONDUITE que ce jeune homme a
montrée lui a mérité votre confiance. Ici le mot *peu* ne
signifie pas le *manque* de conduite, puisqu'il en a montré
suffisamment pour mériter votre confiance : dans ce cas,
le participe s'accorde avec le substantif conduite, placé
après le mot *peu*.

Quand le mot PEU est suivi d'un substantif pluriel, le
participe s'accorde avec ce substantif. Ex. :

> Le peu de *mots* qu'il a *prononcés*.
> Le peu de *personnes* qu'il a *vues*.

EXERCICES.

PREMIER EXERCICE. Le peu de monnaie que vous
m'avez donné n'a pas suffi pour payer ma dépense. Le peu
de monnaie que vous m'avez donnée a suffi pour payer ma
dépense. Il n'est que trop vrai qu'il y a eu des anthropo-
phages : nous en avons trouvé en Amérique. Cette femme
nous a renvoyés : elle s'en est vanté publiquement. Le peu
de fermeté que nous avons montré nous a trahis. Le peu
de fermeté que nous avons montrée nous a sauvés. J'ai vu
des savants aimables; mais j'en ai trouvé d'un peu lourds.
Je ne trouvai point le château au-dessous de la description
que vous m'en aviez faite.

2e. Vous avez servi plus de viande que nous n'en avons
mangé. Il écrivit lui-même des choses plus ingénieuses
pour le conseil, que l'archiduc n'en avait prononcé contre
les Espagnols. Soyez poli envers tout le monde, car il
n'est personne qui ne s'offense du peu de politesse qu'on
lui a montré. Ces dames vous savent bon gré du peu de
défiance que vous avez montré contre les artifices du sexe.
Ne pas écrire correctement, c'est dévoiler le peu d'éducation qu'on a reçu. Votre mère était sérieusement malade :
le peu de soin que vous lui avez donnés l'ont rappelée à la
vie. Tout le monde m'a offert des services, et personne ne

m'en a rendu. On y ajouta les frais de la peur qu'on en avait conçue. Le peu d'instruction que cet homme a reçu le fait tomber dans mille erreurs.

RÉCAPITULATION *sur les verbes et sur les participes.*

EXERCICES.

PREMIER EXERCICE. Une personne vivant dans la pratique de la vertu est toujours aimée et estimée de ceux dont elle est connue. Les ennemis, profitant des ténèbres de la nuit, ont pénétré dans la ville; ils ont pillé et incendié nos maisons. Avez-vous vu ma sœur? Les nouvelles qu'elle a reçues l'ont profondément affligée. La maison que j'ai vu bâtir est menacée d'une prompte ruine. Quelle belle armée nous avons vue marcher à l'ennemi! Que de revers elle a essuyés! Les moutons que vous avez laissés paître et ceux que vous avez laissé enlever m'appartiennent.

2ᵉ. Voilà des circonstances aggravant le délit. La mer était violemment agitée, les flots étaient soulevés. La fortune est changeante; celui qui a compté sur les faveurs qu'elle lui a fait espérer l'a toujours trouvée infidèle. Les personnes qui ont joui des grands biens de ce monde, ne sont pas celles qui ont le plus joui. Nous avons reçu vos lettres décachetées; nous ne les avons point ouvertes. Ses talents modestes lui ont valu de grands éloges. Les grands éloges que lui ont valus ses talents modestes. Les pleurs que tu as laissés échapper ne nous ont point attendris. Les arbres que tu as fait abattre n'existent plus.

> Les soldats, à ses pieds étendus et mourants,
> Le mettaient à l'abri de leurs corps expirants.

3ᵉ. Ni soupirs ni terreur n'ont ému ses yeux. Les lettres qu'a reçues Ernest étaient affranchies. Quand il fut premier ministre, il trouva la France triomphante par la valeur du grand Condé. Voici des tableaux qui nous ont paru charmants, et des vers qui nous ont semblé admirables. Les arbustes que vous avez plantés ont péri faute de soins. Ma fille était indisposée, je l'ai envoyée se coucher.

4ᵉ. Ces ouvrages sont bons, aussi je vous les ai donnés à lire. Vous avez rendu à votre ami tous les services que vous avez pu. Ce sont des terrains mobiles et peu consistants. Nous avons vendu des propriétés consistant en prés, en vignes et en bois. Mes frères se sont proposé de vous rendre visite aujourd'hui ; ils se sont proposés pour vous accompagner. Ces jeunes gens se sont moqués de vous ; il se sont conduits de la manière la plus imprudente.

> Ainsi notre amitié, triomphant à son tour,
> Vaincra la jalousie en cédant à l'amour.

5ᵉ. Les cartons que j'ai ordonné qu'on m'apportât ici pour les examiner sont disparus. Vos cousines sont plus intéressantes que je ne me l'étais imaginé. Ces deux hommes se sont maltraités réciproquement ; les injures qu'ils se sont adressées étaient bien grossières, tout le monde les a blamés. Les troupes qu'on a contraintes de partir, et qu'on a forcées de se battre se sont retirées dans la citadelle. Les trois cents francs que cet ouvrage nous a coûté ont été mal employés. Les années que nous avons vécu dans la misère nous ont bien ennuyés.

6ᵉ. L'idée de la nature déclinante efface tout notre plaisir. On voyait l'aiguille déclinant vers le sud. Une dame écrivait :

> Dans le sein paternel je me vis rappelée :
> Un malheur inoui m'en avait exilée.

Les orgueilleux se sont dits capables de faire des prodiges, mais ils n'en ont pas fait. Cet homme crut avoir vu des miracles, et même en avoir fait. Les banquiers que j'ai vus compter de l'argent sont demeurés surpris des sommes qu'on leur avaient volées. La somme que j'ai vu compter etait bien insuffisante. Nous avons entendu les bombes éclatant avec un horrible fracas.

7ᵉ. Le sage trouve la vertu éclatante d'attraits. Mesfils ne sont pas chez moi : je les avais envoyés cueillir des fruits, et depuis je les ai envoyé chercher par ma servante, qui ne les a pas trouvés. Les présents que j'ai vu refuser étaient peu dignes d'être offerts. Les personnes que j'ai entendues lire étaient douées du plus bel organe. Nos jardins sont plus beaux que vous ne l'aviez pensé, je les ai fait cultiver par un habile jardinier. Le peu d'ardeur que vous avez montré vous a nui.

8ᵉ. Vous devez votre salut au peu d'ardeur que vous avez montrée. Où sont, mesdemoiselles, les pages que je vous ai vues écrire, et les fables que je vous ai entendues réciter ? Nous avons mangé plus de pêches que vous n'en avez récolté. Si ces fleurs m'avaient appartenu, j'en aurais beau-

coup cueilli. Vous connaissez mon pays, voici les nouvelles
qu'on m'en a apportées. Les moutons que j'ai trouvé man-
quer dans ma bergerie, se sont laissé emporter par les
loups. On attribuera notre retard aux pluies qu'il a fait, au
froid qu'il y a eu et aux orages qui se sont succédé.

9e. Ces maisons de commerce que j'ai vues se former
ont acquis un degré d'accroissement dont je ne les aurais
pas crues susceptibles. Si l'on peut vivre mille ans en un
quart d'heure, à quoi bon compter tristement les jours qu'on
aura vécu? Ces contrées sont plus peuplées que vous ne
l'aviez cru. Vos sœurs se sont trouvées les premières arrivées à l'église; elles se sont montrées fort pieuses. On les
a offertes pour modèles à toutes les jeunes filles de la pa-
roisse, qui se sont promis de les imiter.

10e. Les soldats qu'on a laissés sortir de la ville, se
sont laissé surprendre par les ennemis. La lionne qu'on a
laissée échapper et qui a passé par ici, a laissé de sanglan-
tes marques de son passage; on l'a poursuivie, mais inutilement : elle a échappé à toutes les poursuites qu'on a di-
rigées contre elle, enfin elle est échappée. Les personnes
modestes ont toujours demandé de n'être point louées;
mais la récompense de leur modestie a toujours été de n'a-
voir point obtenu la chose qu'elles avaient demandée. Nous
avons admiré votre fermeté, combien vous en avez déployé
dans cette circonstance difficile !

11e. Abimélech fit à Sara d'aussi beaux présents qu'elle
en avait reçu du roi d'Egypte. Les difficultés que nous
nous étions proposé de résoudre, nous ont effrayés. Les
pluies qu'il y a eu nous ont empêchés de faire autant de
parties de chasse que nous en aurions fait. Quelles sont,
mes enfants, les occupations que vous avez eues? Quelles
sont les leçons que vous avez apprises? Où sont les habits
que j'ai envoyés à réparer? Les actions d'éclat qu'ont faites
nos soldats, leur ont mérité la reconnaissance de la patrie.

12e. Les jours que j'ai passés à la campagne, m'ont paru
des minutes. Les historiens se sont plu à débiter bien des
mensonges. Les personnes que j'ai vues périr, s'étaient
exposées imprudemment. Ici sont des infortunés palpitants,
immobiles au milieu des flammes. Ici sont des infortunés
palpitant encore sous des ruines. Les lapins que nous avons
lâchés dans les garennes, s'y sont tellement plu, qu'ils y
ont multiplié prodigieusement. Les nouvelles qu'on m'avait

garanties vraies, sont démenties aujourd'hui par les personnes même qui les ont fait circuler.

13e. Les arbres que j'ai négligé de faire tailler dans la saison, ont tellement dépéri, que je les ai crus morts. Ceux qui se sont prêtés aux propositions coupables que leur ont fait des hommes injustes, se sont toujours repentis de s'y être prêtés. Cet enduit forme une pâte molle, mais solide et résistante au feu. La ville de Véies, résistant à toutes les forces romaines, fut surprise plutôt que vaincue. Une femme s'est présentée à la porte, je l'ai fait entrer.

14e. La force des circonstances le a fait admettre dans notre entreprise. Les inspecteurs sont venus, je les ai laissés feuilleter mes livres. Toutes les nuits que votre mère a pleuré et soupiré lui ont paru des siècles. Voilà les raisons qu'on avait prévu qu'il allèguerait. La lettre que j'avais présumé que vous recevriez est enfin arrivée; l'avez-vous reçue? Aimez toujours vos parents; souvenez-vous des peines qu'ils ont eues à vous élever. Le peu d'aptitude que nous lui avons trouvé pour les sciences abstraites, et le peu de confiance qu'il nous a témoigné nous ont décidés à interrompre nos leçons.

15e. Le peu d'amis que j'ai rencontrés m'ont rendu tous les services qu'ils ont pu. Les champs qui nous ont vus naître et que nous avons vu cultiver sont devenus l'affreux théâtre de la guerre. Cette faveur est plus grande que je ne l'avais espéré. Cet endroit n'est peuplé que de bons paysans et de quelques bourgeois vivant de leur fortune.

> Dans les plis du cerveau, la mémoire habitante,
> Y peint de la nature une image vivante.

16e. Les plantes qu'a raffraîchies la rosée du matin, brillent encore des pleurs que l'aurore a laissé échapper. La gelée qu'il y a eu au printemps a détruit plus de bourgeons qu'elle n'en a laissé. Je le remercie des honneurs que sa protection m'a valus. J'avais deux filles, je les ai faites religieuses. Puisque votre fils est arrivé de l'armée, dites-nous les nouvelles qu'il en a apportées? Voilà des jardins qu'on nous a laissés à soigner, et des marais qu'on nous a donnés à défricher.

17e. Toutes les affaires que j'ai eues à traiter à Paris, et que mon mari m'avait laissées à arranger, étant terminées, je m'en suis allée. Rien n'égale l'aspect des sites charmants qui bordent les rivages verdoyants de la fontaine de Vaucluse. Les bords riants en sont couverts de plantes odorantes naissant au milieu des ronces rampantes, et embellis d'arbrisseaux croissant au milieu d'une verdure éclatante de fraîcheur.

18°. Les règles que nous a données notre professeur pour étudier la langue grecque, sont bien raisonnées. La méthode que nous a prescrite ce savant grammairien est claire et à la portée de l'enfance. Les élèves qu'on a vus abuser des bontés de leur maître se sont repentis plus tard de cette conduite inconséquente. Ma fille, je vous interdis la compagnie des jeunes personnes que je vous ai entendue louer et que je vous ai vu trop souvent fréquenter.

19°. Les criminels que j'ai vu mener au supplice m'ont paru peu touchés de leur situation; je ne les ai pas vus pleurer. L'histoire de la Chine, que vous nous avez conseillé de lire, nous a beaucoup amusés. Mon fils, voilà une histoire que j'ai pensé que tu avais lue. Ma fille me disait : les nouvelles que j'ai su que vous aviez annoncées à mon oncle, m'ont surprise. Les livres que vous avez laissé lire à ces jeunes personnes leur ont rempli l'imagination d'idées frivoles, et les ont détournées des occupations sérieuses qui leur étaient imposées. Nous avons donné à ces élèves plus de couronnes que nous ne leur en avions promis; c'est qu'ils en ont mérité plus que nous n'en avions annoncées. Il était bien juste que les récompenses fussent proportionnées aux progrès qu'ils ont faits.

20°. Voilà des demoiselles qui ne sont pas aussi instruites que nous l'avons cru; elles sont plus coquettes que nous l'avions imaginé. Votre mère s'est laissé tromper; elle a vendu sa maison, et la somme qu'elle en a tirée n'égale pas les dépenses qu'elle a faites pour l'embellir. Les questions que nous avons décidé qu'on traiterait sont des questions qu'on a déjà traitées au moyen âge; mais depuis ce temps, les savants ne s'en étaient pas occupés; ils les avaient laissé tomber dans l'oubli le plus profond. Nous avons pensé qu'elles méritent d'en être retirées, et vous penserez sans doute comme nous quand vous les aurez examinées.

21°. Je serais riche, si j'avais les sommes que ce domaine vous a coûté. Julie serait bien plus instruite, si elle avait pu travailler les heures qu'elle a dormi. Les reproches que ma conduite m'a valus me déchirent le cœur. Tu prétends que les précautions que j'ai cru prendre sont vaines; j'ai pourtant employé tous les moyens que j'ai pu pour les faire réussir. Mes sœurs étaient parties, je les ai rejointes; c'est en vain qu'elles couraient, je les ai bientôt atteintes, et elles se sont en un instant vu dépasser.

22e. Les perdrix qu'Ernest avait promis de nous envoyer ne sont pas encore arrivées; je les ai désirées assez long-temps, et j'ai résolu de ne plus attendre et de ne plus me fier aux promesses auxquelles vous m'aviez si bien recom-mandé de ne pas croire. Les Athéniens se sont trouvés asservis sans s'en être aperçu. Le peu d'égards que vous avez montré pour ce vieillard m'a donné une mauvaise opinion de vous.

23e. Combien de fois ne vous ai-je pas blâmées, mesde-moiselles, du peu d'attention que vous avez apporté à vos devoirs! Nous ne nous sommes pas laissé intimider par la crainte des châtiments dont on nous a menacés. Que de soins m'a coûté l'affaire que j'ai entreprise, et que j'ai si mal terminée! Les fidèles qu'on a contraints de renoncer à la religion chrétienne, se sont laissés ensuite mourir de désespoir, à cause de la promesse qu'ils avaient faite d'ab-jurer une religion qu'ils avaient juré de signer de leur sang.

24e. Les trois mois qu'a duré ma correspondance avec ma sœur se sont bientôt écoulés. Ma ferme ne vaut plus les cinquante mille francs qu'elle a valu. Cette pièce est une des meilleures comédies que j'aie lues. C'est l'aîné de mes fils qu'on a applaudi à la distribution des prix, à cause des nombreux succès qu'il a obtenus. Messieurs, les tra-ductions que je vous ai vus faire sont excellentes.

25e. L'hospice des Quinze-Vingts est une des plus belles fondations qu'ait enfantés le règne de Saint-Louis. Nous nous sommes proposé de présenter les changements que le temps et la volonté des hommes ont amenés. Pourquoi la perte douloureuse que vous avez eu à déplorer nous a-t-elle privés de la satisfaction que nous aurions eue de vous posséder pendant quelque temps? Je lui parlerai des mo-ments agréables que nous avons passés ensemble; des peines que son entreprise m'a coûtées et des risques que j'ai courus pour lui.

26e. Nous avons laissé à nos fermiers le peu de légumes que nous avons récoltés cette année. Les frais de transport qu'ils nous eussent coûté auraient plus qu'excédé la valeur

que nous en eussions retiré, si nous les eussions fait vendre, ainsi que vous nous y avez engagés. Le peu de fortune que j'ai acquise, je ne l'ai amassée qu'au prix des dangers que j'ai courus et des privations sans nombre que je
me suis imposées.

27°. Les personnes que vous aviez convaincues que nous
étions partis, le croient bien. Cette maison n'est pas aussi
vieille que je l'avais cru d'abord. Je me souviens moins des
sommes que m'ont coûté vos folies, que des inquiétudes et
des chagrins que j'en ai ressentis. Quand les registres ont
été consultés, il s'est trouvé que les sommes qu'on avait
prétendu que nous devions avaient été payées.

28°. Les grandes chaleurs qu'il y a eu au mois de mai ont
grillé plus de boutons qu'elles n'en ont laissé. A en juger
par les témoignages de douleur qu'elle a fait éclater, nous
nous étions persuadés qu'elle se serait laissée succomber
à son chagrin. Les livres que je vous ai assuré avoir lus ne
sont pas ceux que vous m'avez défendu de lire. Nous nous
sommes laissé intimider par les menaces que nous ont faites
les voleurs qui nous ont arrêtés.

29°. Nous les avons laissés nous débiter tous les mensonges qu'ils ont voulu; mais nous nous sommes imposé
la loi de ne pas croire aux récits qu'ils nous ont faits. Les
idées que vous avez essayé de reproduire sont bien celles
que j'ai vues exprimées dans les vers que vous avez voulu
imiter. Les affaires que vous avez voulu que nous fissions
n'ont pas tourné aussi heureusement que vous nous aviez
assuré qu'elles tourneraient; elles ont échoué complétement.

30°. Toutes les années que l'empereur a régné sur la
France, ont été signalées par des guerres qui ont porté au
plus haut degré la gloire militaire de la nation; mais cette
gloire a été achetée trop cher. Nous nous sommes imaginé
que vous possédiez tous les talents que vous nous aviez annoncé. Ces conquérants s'étaient déclarés les maîtres absolus
de tous les peuples qu'ils avaient courbés sous leur joug. Ces
peuples se sont affranchis. Nos amis se sont laissé soupçon-
ner d'un crime qu'ils ne se sont jamais proposé de commettre.

31°. Le peu de bienveillance que l'on vous a témoigné
vous a rendue mélancolique. Le peu de bienveillance que
j'ai éprouvé pendant les trois mois que j'ai vécu dans ce
pays, m'engage à n'y pas rester. Les paysages qu'ils ont
commencé à dessiner ne sont pas ceux que je leur avais

conseillé de choisir. Ce château ne vaut plus aujourd'hui les deux cent mille francs qu'il a coûté; il les aurait toujours valu, si vous n'aviez pas vendu la métairie qui en est dépendante. Je tiens cette nouvelle d'un de vos amis que j'ai rencontré ce matin. La chimie est une des sciences que le besoin du commerce a le plus répandues.

32e. Ces élèves se sont aidés dans les difficultés qu'ils ont eues à surmonter, et dans les questions qu'on leur a données à résoudre. Le peu d'assiduité que vous avez apporté à vos devoirs me force à vous faire des reproches. Je ne suis pas satisfait du peu d'attention que vous avez apporté à faire vos devoirs. Je ne vous ai vus ni vous ni votre sœur, pendant les deux mois que j'ai séjourné dans cette ville. Je me suis désabusé des illusions que je m'étais faites dans ma jeunesse, et j'ai reconnu que la félicité que j'avais cherchée aveuglément dans les plaisirs qui m'étaient offerts par un monde trompeur, n'a jamais existé que dans l'accomplissement des devoirs qui nous sont imposés par la religion. Cette religion sainte, qui ne semble occupée qu'à faire notre bonheur dans le ciel, le fait encore sur la terre.

33e. Télémaque s'avança vers ces rois qui étaient dans des bocages odoriférants, toujours renaissants et fleuris. Mille petits ruisseaux d'une onde pure, arrosant ces beaux lieux, y fesaient sentir une délicieuse fraîcheur. Souvent les empires furent avertis par le ciel, des troubles préparés par les méchants, des guerres qui furent fomentées soudainement. Les élèves qu'on a vus abuser des bontés de leur maître se sont toujours repentis de cette conduite inconséquente. Les dangers que ma mère a courus dans son voyage l'ont beaucoup effrayée; elle n'avait jamais couru d'aussi grands dangers. Les enfants que j'avais persuadés qu'ils devaient étudier m'ont paru dociles.

34e. Ces dames se sont beaucoup ressemblé; si elles s'étaient connues, elles se seraient fait un devoir de s'aimer. J'ai adressé à ma tante des vers que j'ai faits pour sa fête; elle les a reçus avec la satisfaction que j'avais prévu qu'elle aurait à les recevoir. J'avais trois sœurs, on les a faites Ursulines. Les présents que la ville de Paris a faits au jeune prince sont magnifiques: ils ont coûté cher. Les démarches que m'a coûtées ce procès sont sans nombre. Les plaideurs se trouvent toujours exposés à plus de désagréments que je ne l'avais pensé. Je suis aujourd'hui convaincu que si leurs affaires pouvaient être arrangées à l'amiable, au lieu d'être portées devant les tribunaux, il y aurait double profit pour eux.

35°. Les vers charmants que j'ai entendu déclamer chez votre ami sont ceux que j'ai vu écrits sur votre bureau et que j'ai vu imprimer cette semaine. Les châtiments que Tibère et Néron ont ordonné d'infliger aux chrétiens étaient inouïs. Une jeune personne brillant par ses qualités est plus estimable qu'une jeune personne brillante d'attraits et de fraîcheur. Les bonnes œuvres qu'auront faites les hommes ne seront jamais perdues pour eux. Cette personne s'est cassé le bras en se battant avec une autre qui a eu un œil crevé. Toutes deux sont maintenant bien fâchées d'une dispute qui les a rendues, l'une manchotte et l'autre borgne; elle s'étaient mises dans une colère effroyable. Jamais la guerre ne s'était faite avec autant d'acharnement; elle est beaucoup plus terrible que nous nous l'étions imaginé.

36°. Vos parentes, qu'on avait accusées injustement, furent reconnues innocentes; on les aurait pourtant crues coupables. Mes amis, les tableaux que je vous ai vus peindre furent exposés au Louvre; le roi les aurait achetés, si vous aviez voulu les lui vendre. Jamais les comètes flamboyantes n'avaient annoncé aussi fréquemment la colère des dieux. Vaincus par des tyrans et exposés à leurs coups cruels, ces peuples allèrent habiter d'autres contrées. J'ai vu des mères pâles et tremblantes de frayeur au seul mot de guerre qu'elles ont entendu prononcer.

37°. Toute la nature s'est couverte à l'instant d'un voile plein d'horreur. Cette douce paix sans laquelle l'ame demeure toujours serrée et flétrie au milieu des délices, l'avez-vous jamais sentie? Agités sans cesse par de nouveaux désirs et ne pouvant y satisfaire, mes amis se sont désespérés. La douce paix dont nous avons joui n'a pas duré longtemps. Les cent mille francs que m'ont coûté ma maison de campagne et mon parc furent trouvés dans ce souterrain. Les peines que m'a coûtées ce procès ne seront jamais appréciées. Cette forêt ne vaut plus les cent mille écus qu'elle a autrefois valu. Calculez les maux que votre imprudence vous a valus, et vous comprendrez combien d'avantages sont attachés à la prudence.

38ᵉ. Votre sœur que j'ai vue peindre travaillait très bien, imitait parfaitement l'original. Votre mère que j'ai vu peindre n'est pas ressemblante. Les gravures que nous a offertes cet artiste étaient charmantes, je les ai trouvées supérieures à celles que nous ont présentées les élèves de l'école de peinture, et qui vous ont paru si belles. Cet homme regrettait les années qu'il avait vécu et surtout celles qu'il a passées dans l'oisiveté. La langue grecque, que vous vous êtes rendue familière, était moins difficile que vous ne l'aviez pensé. Les propriétés de mes ancêtres étaient immenses; mon père m'en avait donné de bien belles; les valeurs que j'en ai retirées sont considérables.

39ᵉ. Pour réussir dans cette affaire, il faut vous y prendre de la manière que je vous ai prescrite. La disette qu'il y a eu en Russie en 1833 était bien grande. Votre tante est plus douce que vous ne vous l'êtes imaginé; les peines qu'elle a eues à vous élever prouvent qu'elle est toujours la même que je l'ai connue. Charmante ville, je me l'étais représentée consumée par le feu! Le peu d'éducation que vous avez reçue a suffi pour vous faire aimer dans cette maison hospitalière. On attribue son renvoi au peu d'aptitude qu'il a apporté à ses devoirs. Ces élèves étaient indisciplinés, je les ai exhortés à se bien conduire. •

40ᵉ. Cent ans d'oisiveté ne valent pas une heure qu'on a su bien employer. Au pied de la statue était assise une femme pâle et tremblante. Que de têtes on a abattues pendant l'année qu'a durée l'anarchie horrible! Les personnes qu'il a rencontrées et qu'il a tâché d'endoctriner se sont ri de lui; elles se sont ennuyées et déplu à ses conférences. Les mauvaises habitudes que vous avez laissé prendre à ma fille l'ont dégoûté du travail. Votre sœur était malade, et vous l'avez laissée mourir. Les marchandises que vous avez laissées dépérir dans votre magasin, ne sont pas celles que vous aviez laissé vendre.

41ᵉ. La Providence n'a jamais laissé jouir les méchants avec sécurité des biens qu'ils s'étaient procurés par la fraude. Ces hommes se sont laissé battre sans se défendre. Souvent l'impiété s'est creusé elle-même un abîme sans fond, où elle s'est précipitée sans espérance. Philosophes insensés! quelle est donc cette justice dont vous vous êtes tant vantés? Vous vous êtes plu dans votre prétendue sagesse, et elle vous a perdus. Les froids qu'il a fait au printemps dernier ont beaucoup nui aux fleurs et ont fait tomber plus de bourgeons qu'il n'en a resté. Cette apparence de vertu par laquelle les hommes s'étaient laissé séduire, et que vous avez cru vous-même que les dieux récompenseraient, va être confondue.

42e. Apprenez que la véritable vertu n'est pas, comme vous l'avez cru, celle qui a pour motif une vaine ostentation; mais celle qui a son principe dans le respect et l'amour de Dieu. Les règles de grammaire que vous m'avez ordonné de suivre, ne m'ont pas paru très exactes; celles que mon nouveau maître m'a engagé à adopter, me semblent meilleures. Votre tante a été vivement blessée du peu de confiance que vous avez eu dans son amitié. Les chagrins que nous avions prévu que la conduite de cet enfant vous donnerait, nous ont forcés à vous taire une circonstance affligeante, que nous avons cru que vous deviez ignorer.

43e. Madame, vos ingrates amies se sont complu à vous nuire; elles se sont souri en voyant réussir les complots qu'elles avaient tramés contre vous, et elles s'en sont réjouies; mais vous avez supporté avec courage les maux qu'elles vous ont faits; vous ne vous en êtes pas plainte; vous vous êtes résignée à la volonté de Dieu. Le peu d'application que tu as montré, t'a attiré la punition que tu as eue. L'application que tu as mise à tes devoirs, t'a valu les encouragements qu'on t'a donnés. Les neiges qu'il y a eu cette année ont été prodigieuses. Les froids qu'il a fait ont été très vifs. Mon père est parti aussitôt que l'affaire qu'il a eue avec vous a été terminée.

44e. Vos sœurs sont arrivées à la ville, je les ai engagées à venir nous voir. Les livres que tu t'es procurés, les as-tu perdus? Mes amis, je vous ai prêté plus de volumes que vous ne m'en avez rendu. Vous avez fait des démarches imprudentes; voyez quelles conséquences elles ont eues? Les chagrins qu'ont éprouvés vos parents, quand ils se sont aperçus de la folle conduite que vous avez tenue, ont été bien cuisants. Que de nuits ils ont passées à gémir et à pleurer! Maintenant que la sagesse vous est revenue, leur affliction s'est changée en joie. D'où sont nées les difficultés que vous avez trouvées à la traduction que je vous ai donnée à faire, si ce n'est du peu d'application que vous y avez apporté.

45e. Voilà la personne que vous avez soupçonné que je haïssais, et que vous n'avez pas voulu que je visse. Il n'a plus des jugements des hommes l'opinion qu'il en avait conçue. Louis XI eut tout le temps de détester sa perfidie et de reconnaître que le peu de prudence qu'il avait eu l'avait précipité dans les fers. La tour qu'il apercevait de ses fenêtres lui rappelait les jours que Charles-le-Simple avait vécu dans cette prison. Ces généraux se sont laissé entraîner par leur ardeur; malgré la défense qu'on leur avait entendu faire eux-mêmes plusieurs fois d'aller plus avant. ils ont continué à poursuivre les fuyards. Le peu de religion que cette femme avait conservée dans son cœur l'a rappelée à ses devoirs. Ces élèves se félicitent de ne pas s'être laissé rebuter par les difficultés qu'ils ont eues à vaincre.

46e. Cette maison que nous avons fait réparer et que nous avons laissée dépérir ne vaut plus les sommes qu'elles nous a coûté et qu'elle aurait toujours valu sans notre négligence. Sire, vous avez moins de soldats qu'on n'en avait appelé; et cependant vous avez gagné plus de batailles que vous n'en aviez espéré. Les hautes discussions qu'il y a eu cette année à la chambre des députés nous ont vivement intéressés, elles ont été beaucoup plus sérieuses qu'on ne s'y était attendu. Les pluies continuelles qu'il a fait en 1833 ont causé toutes les maladies qu'il y a eu au printemps suivant.

47e. Je me rappellerai toujours les malheurs que cette imprudence m'a coûtés et les disgrâces qu'elle m'a values. Louis IX, que sa sagesse avait fait choisir pour arbitre par Henri VIII et par les barons, leur a rendu la justice qu'ils en avaient attendue. Le peu de jours qu'il a vécu dans les fers lui ont été plus glorieux qu'on ne l'aurait jamais cru. C'est un de mes plus beaux livres, que vous avez choisi. L'après-midi, à la vérité, vous a semblé fort long, moi je l'ai trouvé court. Les Polonais se sont trouvés asservis par la trahison. Les actes de poursuite qu'on a exercés contre lui seront déclarés nuls. La foule de curieux que nous avons aperçue s'est peu à peu dissipée.

48e. C'est un des plus jolis rêves que j'aie faits. Ces jeunes gens se sont déplu dans notre société, ils se sont ri de nos conseils, et ont senti le besoin de nous quitter. Je tiens cette comédie une des plus plaisantes que l'auteur ait inventées. Je regrette les oiseaux que vous avez laissé manger par le chat; si vous les eussiez laissés s'envoler, ils existeraient encore. Ces hommes sont des bavards, nous les avons laissés nous conter toutes les histoires qu'ils ont voulu; mais nous nous étions imposé la loi de ne plus nous exposer à être étourdis par leur caquet. Combien de fois ne vous ai-je pas blâmées, Henriette et Julie, du peu d'attention que vous apportez à vos devoirs!

49e. Je tiens cette fâcheuse nouvelle d'une de vos sœurs que j'ai rencontrée ce matin; elle s'est plu à me la raconter. Vos enfants sont admirables; les petits dessins que je leur ai vu faire ce matin prouvent qu'ils ont déjà du goût pour la peinture. Qu'ont-ils fait des jouets que nous leur avons vus entre les mains et de ceux que nous avons entendu dire qu'on leur a achetés? Les crimes de lèze-majesté sont affreux, et cependant nous les avons vus se reproduire et se succéder fréquemment depuis quelques années. L'aquarelle qu'ils ont commencé à copier n'est pas celle que je leur avais conseillé de choisir. Je vis des serpents rampant autour de moi; ce sont des animaux rampants qu'il faut éviter.

50e. Les maximes que je vous ai entendu réciter sont bien bonnes; quel est le maître qui vous les a enseignées? Mes amis, les pommes que je vous ai donné à manger étaient vertes, dites-vous; cependant je les ai cru mûres. Voilà, mes bons amis, où les ont conduits les mauvaises sociétés qu'ils ont fréquentées et les habitudes vicieuses qu'ils y ont puisées. Nous nous sommes trop facilement laissés aller à l'émotion que nous a fait éprouver le tableau des infortunes qu'on nous a mis sous les yeux. Il y a certaines ames que Dieu a créées pour être maîtresses des autres. Il a vu disparaître cette foule de flatteurs que la fortune avait attirée autour de lui. Le peu de sûreté que j'ai vu pour votre personne à traverser cette forêt, m'a fait vous engager à coucher ici.

51e. Le joueur n'est jamais assez épouvanté des pertes que lui a coûtées sa folle passion. Les fièvres qui ont toujours régné dans cette île et les autres maladies qu'il y a eu, ont empêché d'y établir des colonies. Combien de personnes se sont repenti d'avoir mal employé les années qu'elles ont vécu! Ces deux personnes qu'on nous a représenté liées d'une étroite amitié, ne se sont jamais ressemblé. Plus ce voyageur a rencontré d'obstacles dans les pays qu'il s'était proposé de parcourir, plus il en a surmonté. Voilà la paix dont mes parents ont joui pendant les années qu'ils ont vécu. Son visage était pâle et sévère, ses yeux creux et étincelants.

52ᵉ. Entraînée par le torrent, cette femme célèbre se trouva, malgré elle, hors de la route qu'elle avait résolu de suivre. Trois fils de Catherine de Médicis se sont succédés sur le trône. Les participes que je vous ai dit s'accorder sont précisément ceux qu'on vous avait dit être invariables. Souvenez-vous que tous les participes que vous trouverez précédés de leur complément direct doivent en prendre le genre et le nombre, à moins que le complément ne soit représenté par *le*, tenant la place de *cela*, ou par *en*.

54ᵉ **LEÇON**.

REMARQUES SUR CHAQUE PARTIE DU DISCOURS.

177. Certains substantifs ne s'emploient pas au pluriel, comme l'*or*, l'*argent*, la *prudence*, la *justice*, le *zèle*, la *santé*, la *faim*, la *soif*, la *charité*, la *vie*, l'*enfance*, l'*innocence*, la *jeunesse*, la *vieillesse*.

178. Les substantifs tirés des langues étrangères ne prennent pas la marque du pluriel, on écrit : des *pater*, des *ave*, des *duo*, des *trio*, des *quiproquo*, des *te deum*, des *exeat*, etc. Cependant on écrit bien avec un s des *bravos*, des *numéros*, des *débats*, des *opéras*, etc., parce que ces mots sont fréquemment employés.

179. Certains substantifs, comme *vêpres*, *complies*, *ténèbres*, *funérailles*, *broussailles*, etc., n'ont pas de singulier.

180. Il y a des substantifs qui s'emploient pour les deux genres.

Aide est du féminin quand il signifie *assistance*; il est du masculin dans *aide-de-camp*, *aide-de-cuisine*.

Aigle, oiseau, est du masculin. En termes d'armoiries, il est du féminin : *les aigles romaines*.

Amour, *orgue* et *délice* sont du masculin au sing., et du féminin au pluriel.

Couple, signifiant le nombre *deux*, est du fém. : il a mangé *une* couple de pigeons pour son déjeûner. Mais quand le mot *couple* signifie le mâle et la femelle, il est masculin : il a peuplé sa volière avec *un* couple de pigeons.

Enfant est du masc. quand il désigne un petit garçon; il est du féminin quand il désigne une petite fille.

Exemple est du féminin quand il désigne un modèle d'écriture; il est du masculin partout ailleurs.

Gens veut l'adjectif qui suit au masc., et l'adjectif qui le précède au fém. : *des gens instruits, de bonnes gens.* Le déterminatif *tout* fait exception; il se met au masculin lorsqu'il précède le mot gens avec un adjectif de tout genre : *tous les braves, tous les honnêtes gens;* mais on dirait : *toutes les méchantes gens.*

181. Un nom propre ne prend pas la marque du pluriel : les deux *Corneille,* les deux *Racine.* Mais si le nom propre est employé pour désigner toutes les personnes qui peuvent ressembler à ces grands hommes, il prend la marque du pluriel : *la France eut ses Césars, ses Plines,* etc., c'est-à-dire des hommes semblables à *César,* à *Pline.*

Quand on dit :

> *Heureux mille fois*
> *L'enfant que le* Seigneur *rend docile à ses lois.*

Ici *Seigneur,* signifiant seulement *Dieu,* est un *nom propre.* Mais quand on dit : *Tout bourgeois veut bâtir comme les* GRANDS SEIGNEURS; dans ce cas, *seigneur* désigne tous les individus de la même classe appelés *grands seigneurs.* Ce mot est donc un *nom commun.* D'où l'on doit conclure qu'un *nom propre* peut devenir un *nom commun* et réciproquement.

55e LEÇON.
SUBSTANTIFS COMPOSÉS.

182. Lorsqu'un substantif composé est formé de plusieurs *substantifs* unis par un trait d'union, ils prennent tous les deux la marque du pluriel. Exemple : *un chef-lieu, des chefs-lieux; un chien-loup, des chiens-loups.*

183. Lorsqu'un substantif composé est formé de deux substantifs unis par une préposition, le premier des deux substantifs prend seul la marque du pluriel. Exemple : *des becs-de-canne, des chefs-d'œuvre.*

184. Lorsqu'un substantif composé est formé d'un substantif et d'un adjectif, ils prennent tous les deux la marque du pluriel. Exemple : *des petits-pâtés, des bouts-rimés.*

6.

185. Lorsqu'un substantif composé est formé d'un substantif et d'un verbe, ou d'une préposition ou d'un adverbe, le substantif seul prend la marque du pluriel. Exemple : *des avant-coureurs*, *des arrière-saisons*, *des porte-enseignes*, *des porte-clés*, etc.

186. EXCEPTIONS. On écrit : un *essuie-mains*, *des essuie-mains*; un *cure-dents*, *des cure-dents*; un *entre-côtes*, des *entre-côtes*; un *entre-sols*, des *entre-sols*. Un *essuie-mains*, c'est-à-dire qui *essuie les mains*, un *cure-dents*, c'est-à-dire qui sert à *curer les dents*. On écrit aussi : un ou des *serre-tête*, un ou des *réveille-matin*; c'est-à-dire qui *serre la tête*, qui *réveille le matin*; des *coq-à-l'âne*, des *pied-à-terre*, des *tête-à-tête*, des *blancs-seings*, des *chevau-légers*, des *grand'mères*, des *grand'messes*, des *hôtels-Dieu*, des *prie-dieu*. Un *bec-figues*, est un oiseau qui bequette *les figues*; des *rouge-gorge* sont des oiseaux qui ont la *gorge rouge*.

56e LEÇON.

DE LA DÉRIVATION DES MOTS.

187. Le meilleur moyen de bien écrire les substantifs et les adjectifs, c'est de consulter la dérivation.

On écrit *parfum* avec un *m*, parce que ce mot fait PARFUMERIE ; on écrit *bord* avec un *d*, parce qu'il fait BORDER ; *plomb* avec un *b*, parce qu'il fait PLOMBERIE ; *enfant* avec un *t*, parce qu'il fait ENFANTIN ; *grand* avec un *d*, parce qu'il fait GRANDEUR ; *tapis* avec un *s*, parce qu'il fait TAPISSIER, TAPISSERIE.

On écrit :

Abricot avec un *t*,	parce qu'il fait	abricotier.
Arlequin avec un *n*,	———————	arlequinade.
Bavard avec un *d*,	———————	bavarder.
Blond avec un *d*,	———————	blonde.
Bois avec un *s*,	———————	boiserie.
Camp avec un *p*,	———————	camper.
Clou avec un *u*,	———————	clouer.
Chaud avec un *d*,	———————	chaude.
Ceint avec un *t*,	———————	ceinture.
Cinq avec un *q*,	———————	cinquième.
Saint avec un *t*,	———————	sainte.
Sain avec un *n*,	———————	saine.

Cent avec un *t*,   parce qu'il fait   centième.
Sens avec un *s*,   ————————   sensé.
Sang avec un *g*,   ————————   sanguin.
Compte avec *mpte*,   ————————   compter.
Comte avec *mte*,   ————————   comté.
Conte avec *nte*,   ————————   conter.
Concert avec un *t*,   ————————   concerter.
Dard avec un *d*,   ————————   darder.
Début avec un *t*,   ————————   débuter.
Echafaud avec un *d*,   ————————   échafauder.
Épais avec un *s*,   ————————   épaisse.
Exquis avec un *s*,   ————————   exquise.
Faim avec un *m*,   ————————   famine.
Fin avec un *n*,   ————————   finir.
Fruit avec un *t*,   ————————   fruitier.
Fusil avec *il*,   ————————   fusiller.
Galop avec un *p*,   ————————   galopper.
Goût avec un *t*,   ————————   goûter.
Importun avec un *n*,   ————————   importuner.
Inquiet avec un *t*,   ————————   inquiéter.
Long avec un *g*,   ————————   longue.
Main avec un *n*,   ————————   manier.
Nom avec un *m*,   ————————   nommer.
Pain, avec un *n*,   ————————   panade.
Prudent avec un *t*,   ————————   prudente.
Perclus avec un *s*,   ————————   percluse.
Récit avec un *t*,   ————————   réciter.
Repos avec un *s*,   ————————   reposer.
Salue avec un *e*,   ————————   saluer.
Salut avec un *t*,   ————————   salutation.
Serein avec un *n*,   ————————   sérénité.
Sourcil avec un *l*,   ————————   sourciller.
Tard avec un *d*,   ————————   tarder.
Toit avec un *t*,   ————————   toiture.
Vert avec un *t*,   ————————   verte.
Vin avec un *n*,   ————————   vineux.
Vingt avec un *gt*,   ————————   vingtième.

57ᵉ LEÇON.

188. Les substantifs terminés en *eur*, masculins ou féminins, s'écrivent sans *e* final. Écrivez une *odeur*, une *rougeur*, une *pudeur*, une *fleur*, etc.

EXCEPTIONS. *Heure* et *demeure* prennent un *e* muet; *beurre, leurre* (appât trompeur) et *feurre* (paille pour les chaises), s'écrivent avec deux *r* et prennent un *e* muet.

189. Les substantifs féminins terminés en *té*, comme *célérité, vérité, liberté*, la *cité*, etc., n'ont qu'un *e*. Mais ceux qui expriment un contenu, comme une *hottée*, une *brouettée*, ou qui sont formés sur le participe d'un verbe en *er*, comme une *dictée*, une *portée*, ou bien encore qui sont dérivés d'un substantif, comme une *plumée*, une *soirée*, une *année*, une *portée*, et qui viennent de *plume, soir, an, porte,* prennent deux *e*, dont un accentué.

Il y a quelques substantifs masculins terminés par deux *ée*, comme *apogée, coryphée, camée, empyrée, lycée, musée, périgée, cétacée*, etc.

190. Les substantifs masculins terminés en *ir*, comme *visir, décemvir, déplaisir, nadir, elixir*, ne prennent pas un *e* muet; excepté *délire, empire, messire, pire, navire, porphyre*, le *rire*, le *sourire, cachemire, martyre* (tourment), un *satyre, sbire, vampire, zéphire* (sans article).

58e **LEÇON.**

Certains substantifs se terminent en OIR *et d'autres en* OIRE.

191. Les substantifs masculins se terminent en *oir* quand on peut changer OIR en ANT : *étouffoir, reposoir, comptoir, dévidoir, lavoir, frottoir*, etc., se terminent par *oir*, parce qu'on peut dire *étouffant, reposant, comptant, dévidant*, etc.

EXCEPTIONS. *Aspersoir, dortoir, drageoir, manoir, soir, ostensoir, boudoir, espoir,* s'écrivent par *oir*, quoiqu'on ne puisse pas dire *aspersant, dortant*, etc.

Ecrivez par *oire* tous les substantifs masculins qui ne peuvent devenir participes présents par le changement de *oir* en *ant*, comme *auditoire, ciboire, directoire, conservatoire;* on ne pourrait pas dire *auditant, cibant, directant, conservatant.* Pourtant écrivez par *oire : compulsoire, consistoire* et *grimoire*, quoiqu'on dise bien *compulsant, consistant, grimant.* Ecrivez par *oire;* les substantifs féminins *armoire, écumoire, baignoire*, etc. Ecrivez encore par *oire*, tous les adjectifs, soit masculins, soit féminins, comme : *illusoire, méritoire, notoire, provisoire*, etc., excepté *noir* quand il est masculin.

59e **LEÇON**.

Substantifs terminés en TION, SION, XION, CION.

192. Il y a 1191 mots dans la langue qui finissent par le son de SION : 1072 s'écrivent par TION ; 105 par SION ; 11 par XION, et trois par CION. Ecrivez par TION tous les mots qui, avant la syllabe TION, ont une des lettres du mot OCCUPAI. J'écris *émotion* par *tion*, parce que la syllabe TION est précédée de *o*, première lettre du mot OCCUPAI ; j'écris *action* par TION, parce que TION est précédé de *c*, seconde lettre du mot OCCUPAI ; j'écris *locution* par TION, parce que cette dernière syllabe est précédée de *u*, quatrième lettre du mot OCCUPAI. Ecrivez encore par *tion* les mots qui, avant la syllabe TION ont un *n* ou un *r*, comme *attention, prétention, désertion, insertion*. Les 105 mots qui s'écrivent par *sion*, n'ont jamais avant la finale *sion*, une des lettres du mot *occupai*; ainsi j'écris PENSION par *sion*, parce que la syllabe *sion* n'est pas précédée d'une des lettres du mot OCCUPAI ; il en est de même de *convulsion, discussion, conversion*, etc.

Les mots en XION sont : *annexion, complexion, connexion, flexion, fluxion* et leurs dérivés. Les mots en CION sont *cion* (terme de marine), *scion* (rejeton), *suspicion*.

60e **LEÇON**.

DES SUBSTANTIFS COLLECTIFS.

193. On appelle *substantif collectif* celui qui exprime la *collection* ou la *réunion* de plusieurs objets , comme : *peuple, armée, forêt, la plupart, une infinité, une multitude*, etc.

194. On divise les collectifs en *général* et en *partitif*. Le collectif *général* est celui qui énonce l'*universalité des objets*, comme : *le peuple, l'armée*. Le collectif *partitif* est celui qui désigne *un nombre tiré d'un plus grand nombre*, comme *la plupart de, une infinité de*.

195. L'adjectif, le pronom et le verbe s'accordent toujours avec le collectif *général*, et non avec le substantif qui suit. Ex. : *l'armée des ennemis* A ÉTÉ *mise en déroute*; MISE s'accorde avec *armée*, et non avec *ennemis. Ce troupeau de bœufs* APPARTIENT *à ce fermier*; APPARTIENT s'accorde avec *troupeau*, et non avec *bœufs*. Le collectif *général* est ordinairement précédé d'un de ces mots : *le, la, ce, cette, mon, ton*.

196. Quand le collectif *partitif* est suivi d'un substantif *pluriel*, l'adjectif, le pronom et le verbe s'accordent avec ce substantif. Ex. : une foule de *séditieux* ENTOURAIENT le sénat; *entouraient* s'accorde avec *séditieux*. Mais l'adjectif, le pronom et le verbe restent au singulier, si le collectif partitif est suivi d'un substantif singulier. Ex. : une infinité *de monde* PARLE mal.

61ᵉ **LEÇON.**

197. L'emploi du nombre du substantif après une préposition est une des plus grandes difficultés de notre langue.

Quand deux substantifs sont unis par la préposition *de*, le second se met au singulier, si l'objet qu'il désigne n'entre que comme *matière composante*. Ainsi on écrira :

Gelée de GROSEILLE, *gelée de* POMME, parce que la groseille, la pomme n'entrent que comme *matière composante*, leur forme première a disparu; ce sont des mots purement déterminatifs.

198. Si, au contraire, les mêmes fruits conservaient leur forme primitive, qu'on les comptât, pour ainsi dire, il faudrait mettre le second substantif au pluriel, parce que l'idée de nombre serait jointe à l'idée de détermination; ainsi on écrirait :

Compote de POMMES, *ratafia de* CERISES, *d'*ABRICOTS, *confitures de* PRUNES.

62ᵉ **LEÇON.**

DE L'ARTICLE.

199. On répète l'article, ou les équivalents de l'article, avant chaque substantif exprimé ou sous-entendu et avant chaque adjectif qui ne qualifie pas un seul et même substantif; ainsi dites : L'*ancien et* LE *nouveau continent*, SON *père et* SA *mère*, *j'ai lu* LE XIVᵉ *et* LE XVᵉ *siècle*, etc. L'usage permet cependant de dire : LES *père et mère*, LES *parrain et marraine* (Acad.), et nos grands écrivains eux-mêmes imitent l'usage; Châteaubriand a dit :

Dans LES *sixième*, *septième*, *huitième et neuvième siècles.*

Les philosophes anciens et modernes. (Buffon.)

Les oiseaux mâles et femelles. (Bernardin de Saint-Pierre.)

L'Académie elle-même n'écrit-elle pas : *des mots grecs et latins?*

200. On supprime l'article avant un adjectif suivi d'un nom pris dans un sens partitif : *Je mange* DE *bon pain, vous possédez* D'*excellentes qualités, je fréquente* DE *bonnes sociétés.*

Mais si l'adjectif et le nom partitif qui suit ont ensemble le sens d'un nom composé, on doit employer l'article : *Il dit* DES *bons-mots, j'ai mangé* DES *petits-pois,* DES *petits-pâtés, voilà* DES *jeunes-gens.*

On emploie encore l'article quand on veut fixer particulièrement l'attention sur le substantif et lui donner un sens précis et déterminé. *Voilà* DE *la vraie poésie; j'ai* DU *bon tabac.*

On remplace encore l'article par le mot *de* quand le substantif est précédé d'un collectif ou d'un adverbe de quantité, ou qu'il est complément direct d'un verbe accompagné d'une négation.

Mais si le substantif est déterminé par les mots qui suivent, on emploie l'article.

SANS ARTICLE.	AVEC L'ARTICLE.
Je connais beaucoup DE *personnes ici.*	*Je connais beaucoup* DES *personnes que vous m'avez montrées.*
Je ne vous donnerai pas DE *fleurs.* (Girault-Duvivier.)	*Je ne vous ferai point* DES *reproches frivoles.*

201. Quand la proposition est négative ou interrogative, on emploie ou l'on supprime l'article, selon le sens *partitif* ou *négatif* que l'on veut exprimer. Ex.

N'avez-vous pas DU *pain ?*	*N'avez-vous point* DE *pain ?*
N'avez-vous pas DES *enfants ?*	*N'avez-vous point* D'*enfants ?*

Après l'adverbe *bien*, on emploie toujours l'article : BIEN *du plaisir*; BIEN *des braves gens.*

202. Quand *le plus*, *le mieux*, ou *le moins*, placé avant un adjectif, est employé dans un sens absolu, l'article *le* reste invariable. Ex. :

C'était de tous mes enfants CELLE *que j'ai toujours* LE *plus aimée.* (Racine.)

Le roi dont la mémoire est LE *plus vénérée.* (Volt.)

Ce sont les livres que j'ai LE *plus consultés.* (Acad.)

Mais on dit, pour marquer un rapport de comparaison : *Les plus beaux jours de l'année. Ce sont* LES *plus belles fleurs de mon jardin. Cette pièce est* LA *plus sévèrement jugée*, c'est-à-dire, jugée plus sévèrement que les autres. C'est le superlatif relatif.

63ᵉ LEÇON.

MON, MA, MES, SON, SA, SES, NOTRE, VOTRE, LEUR, CHACUN, AUCUN, NUL.

203. Les articles possessifs, *mon, ma, mes, son, sa, ses, notre, votre, leur*, doivent être remplacés par les articles *le, la, les*; quand il est clairement indiqué à qui appartient l'objet dont on parle, ou quand ils sont suivis d'une préposition qui en tient lieu. Ne dites donc pas : *j'ai mal à* MA *tête; vous vous êtes cassé* VOTRE *bras; je tiendrai* MA *parole que je vous ai donnée*. Dites : *j'ai mal à* LA *tête*. JE indique suffisamment que c'est à la tête *de moi* que j'ai mal. *Vous vous êtes cassé* LE *bras* ; VOUS indique suffisamment que c'est le bras *de vous* que vous avez cassé. *Je tiendrai* LA *parole que je vous ai donnée.*

204. Mais dites : Je vois que *ma jambe* enfle ; car si vous disiez : je vois que *la jambe* enfle, on ne saurait si c'est votre jambe ou celle de Paul qui enfle.

205. CHAQUE veut toujours un substantif après lui. CHACUN s'emploie sans substantif. Ne dites pas : ces livres coûtent deux francs *chaque;* dites : deux francs CHACUN.

206. NUL et AUCUN excluent toute idée de plurali. Ex. : J'ai vu beaucoup d'hymens, *aucun* d'eux ne me tente. *Nul* bien sans mal, *nul* plaisir sans peine.

Cependant on écrira : *nuls pleurs n'arrosent* sa tombe, parce qu'*aucun* et *nul* adoptent le pluriel quand ils sont suivis d'un substantif qui n'a pas de singulier.

64ᵉ LEÇON.

SON, SA, SES, LEUR, LEURS.

207. Les articles possessifs *son, sa, ses, leur, leurs*, ne s'emploient, pour les noms de choses, que quand l'objet possesseur est sujet de la même proposition où se trouve l'objet possédé. On dit bien : chaque *âge* a *ses* plaisirs, *son* esprit et *ses* peines, parce que *plaisirs, esprit* et *peines*, qui sont les objets possédés, sont dans la même proposition que l'objet possesseur *âge*. Mais quand *son, sa, ses, leur*, ne sont pas exprimés dans la même proposition que l'objet possesseur, il faut les remplacer par un des articles *le, la, les*, et le pronom *en*. Ne dites donc pas : *La patience est amère*, SON *fruit est doux;* ni, *nourri dans le sérail, je connais* SES *détours :* car *son* se rapporte à *patience*, qui n'est pas dans la même proposition que *fruit;* et *ses* se rapporte à *sérail*, qui n'est pas dans la même proposition que *détours.* Dites : *La patience* est amère, *le* fruit *en* est doux; nourri dans *le* sérail, j'*en* connais les détours.

Ne dites pas non plus : Étudiez les langues anciennes, apprenez à connaître *leurs* beautés; dites : Étudiez les langues anciennes, apprenez à *en* connaître les beautés.

208. Pourtant on emploie bien *son, sa, ses, leur,* pour des noms de choses, quand ces noms sont précédés de la préposition *de.* Ex. : Ce fleuve est rapide, la profondeur de *son* lit est remarquable.

REMARQUE. On emploie bien *son, sa, ses,* quand l'objet possédé est le sujet d'un verbe qui marque une action. Ex. : *Ces arbres sont bien exposés; mais* LEURS *fruits ne mûrissent pas.* L'objet possédé *fruits* est sujet du verbe d'action *mûrissent.*

65e LEÇON.

DE L'ADJECTIF.

NU, DEMI, FEU, SUR, MUR, DU, CENT, VINGT ET MILLE, MÊME.

209. NU et DEMI sont invariables quand ils sont placés avant le substantif. Ex. : *nu-pieds, nu-tête;* une *demi-aune,* une *demi-heure.* DEMI, placé après le substantif, en prend le genre seulement : *deux aunes et demie de drap; quatre heures et demie. Demi* ne prend la marque du pluriel que quand il est pris comme substantif; *cette pendule sonne les demies.* FEU, placé avant le déterminatif, est invariable. Ex. : *feu la reine, feu nos rois.* Mais FEU, placé après l'article s'accorde avec le substantif. Ex. : *la feue reine, nos feus rois.*

Les adjectifs *sûr,* signifiant certain, *mûr,* dans le sens de maturité, et le participe *dû,* prennent l'accent circonflexe sur l'*û.*

210. Le mot CENT prend un *s* au pluriel quand il y a plusieurs *cents* et qu'il est suivi d'un substantif. Ex. : *deux cents hommes, trois cents francs;* mais quoiqu'il y ait plusieurs *cents,* si ce mot n'est pas suivi d'un substantif, il ne prend pas s : *deux cent cinq hommes, trois cent dix francs.*

211. Le mot VINGT prend un *s* dans *quatre-vingts francs, quatre-vingts hommes* ; mais quand après *quatre-vingt* il y a un autre nombre, il ne prend pas *s ; quatre-vingt*-CINQ *centimes, quatre-vingt*-HUIT *francs.*

212. Le mot MILLE s'écrit de trois manières : 1° pour la date des années, on écrit MIL au lieu de *mille : l'an* MIL *huit cent trente-trois, l'an quatre* MIL *du monde.* MILLE, signifiant le nombre dix fois cent, s'écrit MILLE, et il ne prend jamais *s : trois mille hommes.* MILLE, signifiant une étendue de chemin, prend un *s* au pluriel : *ce village est à trois* MILLES *de la ville.*

213. MÊME est *adjectif* ou *adverbe.* MÊME signifiant *semblable* est *adjectif*; alors il précède ordinairement un substantif; il peut aussi être placé après un seul substantif ou pronom. Ex. : *Les* MÊMES *vertus qui servent à fonder un empire servent aussi à le conserver. Vos parentes vinrent elles-*MÊMES. *Les ennemis* MÊMES *de ce prince l'estiment.*

214. MÊME signifiant *aussi, de plus,* est *adverbe*; dans ce cas, il est invariable et est ordinairement placé après plusieurs substantifs ou après un verbe. Ex.: *j'ai tout à craindre de leurs larmes, de leurs soupirs, de leurs plaisirs* MÊME. On peut dire : *et aussi* de leurs plaisirs. Nous ne devons pas fréquenter les impies; nous devons MÊME les éviter comme des pestes publiques. On peut dire : nous devons *aussi* les éviter, ou nous devons *de plus* les éviter.

66ᵉ LEÇON.

TOUT.

215. TOUT est *adjectif* ou *adverbe.* TOUT est *adjectif* quand il exprime la totalité des personnes ou des choses, et alors il est placé avant un substantif. Ex. : *Tous* les hommes devraient être justes. *Toute* puissance est faible, à moins que d'être unie. J'ai vu *toutes* vos sœurs.

216. TOUT est adverbe quand il signifie *tout-à-fait, entièrement,* et alors il reste invariable s'il est placé avant un adjectif qui commence par une voyelle ou un *h* muet, que cet adjectif soit masculin ou féminin. EXEMPLE :

> Vos frères sont *tout endormis, tout heureux.*
> Vos sœurs sont *tout endormies, tout heureuses.*

TOUT est encore invariable avant un adjectif masculin

QUELQUE, LEUR.   **139**

qui commence par une consonne ou par un *h* aspiré. Ex.:
ces hommes sont *tout stupéfaits, tout honteux.*

Tout, adverbe, prend néanmoins le genre et le nombre
quand il est placé avant un adjectif féminin qui commence
par une consonne ou par un *h* aspiré.

Ex.: vos cousines, en apprenant cette nouvelle, restè-
rent *toutes saisies, toutes honteuses.*

Remarque. On écrira: ces enfants sont *tous aimables,*
si l'on veut exprimer qu'ils le sont TOUS, sans exception;
et l'on écrira: ces enfants sont *tout aimables,* si l'on veut
exprimer qu'ils sont *entièrement* aimables.

67e LEÇON.

QUELQUE, LEUR.

217. QUELQUE s'écrit de trois manières: 1° *quelque,*
d'un seul mot, est article, et il sert à déterminer un ou plusieurs individus pris dans un plus grand nombre; dans ce
cas, il est placé avant un substantif avec lequel il s'accorde. Ex.: Je vous paierai dans *quelques* jours. Nous
verrons cela *quelque* jour.

218. 2° QUELQUE est adverbe et par conséquent invariable, lorsqu'entre *quelque*..... et..... *que* il se trouve un
adjectif seul. Ex.: les rois, *quelque* puissants *qu*'ils
soient, etc. *Quelque* bonnes *que* soient vos intentions.

Si entre *quelque*..... et..... *que* il y avait un substantif
et un adjectif, *quelque* s'accorderait avec le substantif. Ex.:
Quelques vains lauriers *que* promette la guerre.
                              (*Boileau.*)
Quelques superbes distinctions *qu*'obtiennent les hom-
mes, ils ont tous une même origine.   (*Bossuet.*)
Quelques grands biens *que* l'on possède.
                         (*Régnier-Desmarais.*)

219. 3° QUELQUE, suivi d'un verbe, s'écrit en deux
mots: *quel que*; la première partie *quel* est adjectif et
s'accorde en genre et en nombre avec le substantif sujet
du verbe. Ex.: *Quel que* soit votre *pouvoir. Quels que*
soient vos *desseins. Quelles que* soient vos *connaissances.*
Vos ressources *quelles qu*'elles soient.

220. LEUR, placé avant ou après le verbe ne prend jamais s. Dites: je *leur* ai parlé, nous *leur* avons dit, et non:
je *leurs* ai parlé, nous *leurs* avons dit.

68e LEÇON.

DU PRONOM.

221. Il ne faut jamais que l'emploi des pronoms soit équivoque, comme dans cette phrase : *Ce jeune homme va rejoindre son père à Paris où* IL *espère avoir une place.* On ne sait si le pronom *il* se rapporte au jeune *homme* ou au *père*.

222. La politesse veut que la personne qui parle se nomme après les autres : *Ma sœur, mon frère et* MOI, *nous partirons.* C'est aussi pour la même raison qu'on emploie *vous* au lieu de *tu.* Dans ce cas, l'adjectif reste au singulier. Ex. : *Madame, vous êtes* INDISPOSÉE.

223. QUI, pronom relatif, ne doit jamais être employé pour des noms de choses ; ne dites pas : *qui sont ces contrées ?* dites : *quelles sont,* etc.

224. Les pronoms *lui, elle, eux, elles,* placés après le verbe *être,* ne s'emploient que pour les personnes. Si l'on vous demande : *Sont-ce là vos livres ?* il faut répondre : *oui, ce* LES *sont,* et non : ce sont *eux. Est-là votre chapeau ?* oui, ce L'*est*; et non : c'est *lui.*

CE et ÊTRE.

225. Ne dites pas : *Ce sont Ernest et Jules* qui iront à la chasse; dites : *c'est Ernest et Jules,* etc. Quand *ce* et *être* se trouvent avant plusieurs substantifs singuliers ou avant les pronoms *nous* et *vous*, le verbe reste au singulier. Ex. : *C'est le fer* et l'or ; *c'est nous* qui; *c'est vous* qui; et non : *ce sont* nous, *ce sont* vous. CE veut le verbe au pluriel quand ce dernier est suivi d'un substantif pluriel, ou d'un pronom de la troisième personne pluriellé. Ex. : *Ce sont vos frères* qui sont venus. *Ce furent les Phéniciens* qui inventèrent la navigation. *Ce sont eux* qui. *Ce sont elles* qui.

69e LEÇON.

LE *représentant un substantif ou un adjectif.*

226. Le pronom *le* est invariable quand il représente un adjectif ou plusieurs mots. Si l'on demandait à une dame : Etes-vous MARIÉE? elle devrait répondre : Oui, je LE suis; et non : je LA suis, parce que le mot LE se rapporte à l'adjectif *mariée*; je suis CELA, *mariée.* Etes-vous *peureuse?* Oui, je LE suis. Etes-vous *chasseurs?* Oui, nous LE sommes; et non : nous LES sommes, parce que le mot LE se rapporte au substantif *chasseurs*, qui est employé sans article. Nous sommes CELA, chasseurs.

227. Le pronom LE est variable lorsqu'il tient la place d'un substantif. Ex. : Êtes-vous LA mariée? Oui, je LA suis, parce que le pronom LA représente le substantif *la mariée*. Êtes-vous les chasseurs du Roi? Oui, nous LES sommes; LES *chasseurs*. On dira donc : Êtes-vous *maîtresse* de cette maison! Oui, je LE suis; et : Êtes-vous *la maîtresse* de cette maison? Oui, je LA suis.

228. On emploie LE avant les adverbes *plus*, *mieux*, *moins*, quand on veut indiquer la qualité portée au plus degré, et sans aucune comparaison à d'autres objets. Ex. :

Cette actrice est LE PLUS *communément applaudie.*

(C'est-à-dire qui est presque toujours applaudie.)

Les roses sont les fleurs qui me plaisent LE PLUS.

Mais on emploie *le*, *la*, *les*, avant *plus*, *mieux*, *moins*, pour exprimer une comparaison qui a rapport à d'autres objets. Ex. :

Cette actrice est LA PLUS *sévèrement jugée.*

(C'est-à-dire jugée plus sévèrement que les autres actrices.)

70e LEÇON.

VOUS, TU, LUI, EUX, ELLE, SOI.

229. Le pronom VOUS, employé pour TU, veut le verbe au pluriel; mais l'adjectif suivant reste au singulier. Ex. : Mon fils, *vous serez* ESTIMÉ, si *vous êtes* SAGE.

230. Les pronoms *lui*, *eux*, *elle*, se disent des personnes et des choses; mais on ne doit pas les employer comme compléments indirects, surtout quand ils représentent des noms de choses; dans ce cas, on les remplace par le mot *en* et *y*. Ne dites pas, en parlant d'une table : *je m'approchai d'*ELLE, *je m'assis sur* ELLE. Dites : *je m'*EN *approchai, je m'*Y *assis*. Ne dites pas non plus : *ce chien est à craindre, ne vous fiez pas à* LUI. Dites : *ne vous y fiez pas.*

231. Le pronom SOI ne s'emploie qu'après un sujet vague et indéterminé, comme *on*, *chacun*, *quiconque*, *ce*, ou après un infinitif ou un participe présent. Ex. : ON *ne doit jamais parler de* SOI. Cependant, en parlant des choses, on dit bien : *La vertu est aimable de* SOI. *Le vice est odieux de* SOI. *Le chat ne pense que pour* SOI.

REMARQUE. Le pronom *soi* ne peut se rapporter à un pluriel; ne dites pas : *Ces choses* sont indifférentes de SOI. Dites : Ces choses sont indifférentes *d'elles-mêmes.*

71e LEÇON.

QUI, QUE, DONT.

232. Les pronoms *qui, que, dont*, doivent toujours être placés près du substantif ou du pronom auquel ils se rapportent, et que l'on appelle antécédent; dites : *Je vous envoie, par ma servante, un chien* QUI a les oreilles coupées; et non : Je vous envoie un chien par ma servante QUI a les oreilles coupées.

233. QUI, précédé d'une préposition, ne se dit jamais des choses, mais seulement des personnes; ainsi ne dites pas : *La grammaire* A QUI je m'applique; dites : *à laquelle.* Ne dites pas non plus : *l'arbre* SUR QUI *je suis monté*, dites : *sur lequel.* On dira très-bien : la personne *à qui* ou *à laquelle* je me confie.

234. REMARQUE. Il faut dire : c'est en Dieu QUE nous devons mettre notre confiance, et non pas EN QUI; c'est à vous QUE je veux parler, et non pas A QUI; c'est de cet homme QUE je vous parle, et non pas de QUI. Dans ces phrases, QUE n'est pas prenom relatif, il est conjonction.

235. QUI relatif est toujours du même genre et du même nombre que son antécédent; dites : c'est *moi qui* ai vu, c'est *toi qui* as vu, c'est *lui qui* a parlé; et non : c'est moi qui *a* vu; c'est toi qui *s'est* trompé. Dites encore : c'est nous qui *avons* parlé; et non : qui *ont* parlé; c'est vous qui *dites*; et non : qui *dit.*

72e LEÇON.

CELUI-CI, CELUI-LA, ON.

236. CELUI-CI, CELUI-LA, s'emploient de cette manière : CELUI-CI, pour représenter la personne ou l'objet dont on a parlé en dernier lieu; CELUI-LA, pour représenter la personne ou l'objet dont on a parlé en premier lieu. Ex. : *Les deux philosophes* HÉRACLITE *et* DÉMOCRITE *étaient d'un caractère bien différent : celui-ci* (DÉMOCRITE) *riait toujours; celui-là* (HÉRACLITE) *pleurait sans cesse.*

237. CECI désigne une chose proche, et CELA une chose plus éloignée. Ex. : *Je n'aime pas* CECI, *donnez-moi* CELA.

238. Le pronom ON s'emploie au commencement d'une

phrase ; dites : ON *fuit les impies* ; et non : L'ON *fuit les impies.* On emploie L'ON après les conjonctions, *et, si, ou : et l'on rit, et l'on pense, ou l'on joue ;* à moins qu'il n'y ait après ces conjonctions un mot qui commence aussi par un *l,* ce qui produirait un son désagréable. Dites : *et on le voit, si on le veut, ou on le verra ;* et non pas : *et l'on le voit, si l'on le veut, ou l'on le verra.*

Dites aussi, pour rendre la prononciation plus douce : *ce que l'on conçoit, il faut que l'on convienne ;* et non pas : *ce qu'on conçoit, il faut qu'on convienne.*

73ᵉ LEÇON.

AUTRUI, CHACUN, PERSONNE.

239. AUTRUI n'est susceptible ni de genre ni de nombre, et il ne s'emploie jamais avec les articles possessifs *son, sa, ses, leur. En* est le seul pronom qui puisse être en rapport avec lui. Ne dites pas : *On ne médit souvent d'*AUTRUI*, que parce qu'on craint de voir relever* SON *mérite* ; dites : que parce qu'on craint d'*en *voir relever* le *mérite.* Ne dites pas non plus : *En épousant les intérêts d'*AUTRUI, *nous ne devons pas épouser* SES *passions.* Dites : nous ne devons pas *en* épouser *les* passions.

240. CHACUN. Quand ce pronom se rapporte à un substantif pluriel, il prend après lui, tantôt *son, sa, ses,* et tantôt *leur, leurs.* CHACUN prend *son, sa, ses,* quand il est placé après le complément du verbe, ou qu'il n'a pas de complément. Ex. : *Il faut remettre ces livres-là* CHACUN *à* SA *place.*

CHACUN prend *leur, leurs,* quand il est placé avant le complément du verbe, et alors on le met entre deux virgules. Ex. : *remettez,* CHACUN *en* LEUR *place, les livres que vous avez lus. Ils ont apporté* CHACUN LEUR *offrande.*

241. PERSONNE est masculin quand il est employé comme pronom, et alors il ne prend pas l'article. Ex. : *je ne connais* PERSONNE *plus* HEUREUX *que lui.* Mais PERSONNE est féminin quand il est employé comme substantif : *Cette* PERSONNE *est très-*HEUREUSE.

74ᵉ LEÇON.

REMARQUE SUR L'ACCORD DU VERBE AVEC SON SUJET.

242. Le sujet d'un verbe ne doit point être exprimé deux fois quand un seul sujet suffit. Ne dites pas :

LOUIS *en ce moment prenant son diadème,*
Sur le front du vainqueur IL le posa lui-même.

Louis étant le sujet de *posa*, le pronom *il* est surabondant et vicieux.

243. Nous avons dit que le verbe s'accorde en nombre et en personne avec son sujet, comme : le *soleil* nous *envoie* sa propre lumière, et les *planètes* ne nous *envoient* qu'une lumière empruntée; que quand un verbe se rapporte à deux sujets singuliers, on le met au pluriel, comme le *naufrage* et la *mort sont* moins funestes que les plaisirs qui attaquent la vertu. Voici pourtant des exceptions.

1° On met le verbe au *singulier* quand les sujets sont séparés par la conjonction *ou*. Ex. :

La *crainte* ou l'*espérance* les *empêcha* de remuer.

2° Quand les deux sujets unis par *ou* sont de différents membres, le verbe s'accorde avec le dernier. Ex. : le *crédit* ou les ÉMOLUMENTS attachés à cette place, la lui *font* rechercher. Les *émoluments* ou le CRÉDIT attaché à cette place, la lui *fait* rechercher. 3° Si les sujets unis par *ou* sont de différentes personnes, on met le verbe au pluriel et à la personne qui a la priorité : la première l'a sur la seconde, et celle-ci l'a sur la troisième : *vous* ou votre *frère viendrez* me voir. *Joséphine* ou *moi irons* à la promenade; *vous* ou *lui parlerez*. On ferait mieux de répéter le sujet qui a la priorité. Ex. : *Vous* ou *votre frère*, VOUS *viendrez* me voir. *Joséphine* ou *moi*, NOUS *irons* à la promenade.

75° LEÇON.

244. 4° On met encore le verbe au singulier quand il y a une expression qui réunit tous les substantifs en un seul sujet, comme : *tout, rien, personne*. Ex. : *grands et petits, riches et pauvres*, PERSONNE *ne doit se soustraire à la loi. Paroles, regards*, TOUT *est charme dans vous.*

245. 5° Si les deux sujets sont unis par une des conjonctions *comme, de même que, ainsi que, autant que, non moins que, aussi bien que*, le verbe s'accorde avec le premier sujet. Ex. :

La *France*, COMME l'*Angleterre*, A *combattu pour la liberté.*

La *vertu*, NON MOINS QUE la *richesse*, REND l'*homme heureux.*

246. 6° Lorsque les substantifs sujets sont liés par NI

répété, et qu'il n'y a qu'un des deux sujets qui doive faire ou recevoir l'action exprimée par la phrase, on met le verbe au singulier. Ex. : *Ni votre tante ni la mienne ne* SERA NOMMÉE supérieure du monastère (il ne faut qu'une supérieure). Mais si deux sujets font ou reçoivent en même temps l'action, et qu'il n'y ait pas d'exclusion on met le verbe au pluriel. Ex. : *Ni l'or ni la grandeur ne nous* REN-DENT *heureux.*

247. 7° On fait aussi accorder le verbe avec le dernier substantif, quand ces substantifs ont à peu près la même signification. Ex. : *La bravoure, l'intrépidité de Turenne* ÉTONNAIT *les plus braves.* Dans ce cas, il ne faut point unir les deux sujets par la conjonction *et.*

76ᵉ LEÇON.

PLACE DU SUJET.

248. Dans les phrases interrogatives, on place le sujet après le verbe, et on l'y joint par un trait d'union. Ex. : *Partirez-vous demain? Êtes-vous sage ? Irai-je? Viendras-tu? Est-il arrivé ? Aimé-je ?*

249. L'usage ne permet pas toujours cette manière d'interroger à la première personne, parce que la prononciation en serait rude et désagréable. Ne dites pas : *Cours-je? Mens-je ? Dors-je? Sors-je ?* Prenez un autre tour, et dites : *Est-ce que je cours ? Est-ce que je mens? Est-ce que je dors? Est-ce que je sors ?*

250. Quand le verbe finit par une voyelle, on ajoute un *t* avant les pronoms *il, elle, on,* et on place ce *t* entre deux traits-d'union. Ex. : *Appelle-t-il? Viendra-t-elle ? Aime-t-on les paresseux ?*

251. Les pronoms personnels en sujet *je, tu, il,* se répètent : 1° quand il y a deux propositions de suite, dont la première est négative et la seconde affirmative, ou dont la première est affirmative et la seconde négative. Ex. : JE *le dis et* JE *ne le pense pas.* TU *ne dis rien et* TU *désires parler ;* 2° quand les propositions sont liées par toute autre conjonction que par *et, mais, ni.*

77ᵉ LEÇON.

EMPLOI DES TEMPS DE L'INDICATIF.

252. Le PRÉSENT DE L'INDICATIF sert à exprimer qu'une chose EST ou se FAIT au moment où l'on parle. Quand je dis : *je marche, nous chantons,* c'est comme si je

7

disais : *je suis actuellement marchant, nous sommes actuellement chantant.*

253. On emploie aussi le présent au lieu du *passé*, pour donner au discours plus de vivacité et de grâce ; ainsi l'auteur de la Bible en vers a pu dire :

> *Dieu* PARLE, *l'homme* NAÎT ; *après un court sommeil,*
> *Sa modeste compagne* ENCHANTE *son réveil.*

Au lieu de : *Dieu* PARLA, *l'homme* NAQUIT, *sa modeste compagne* ENCHANTA *son réveil.* Mais lorsqu'on emploie le présent pour le passé, il faut que tous les verbes qui sont en rapport au présent, soient aussi au présent. On ne pourrait pas dire : Dieu parle, l'homme *naît* ; après un court sommeil, sa modeste compagne *enchanta* son réveil.

254. L'IMPARFAIT s'emploie pour marquer une action habituelle ou souvent réitérée, en la considérant relativement à une autre action passée. Ex. :

Je QUITTAIS *ces lieux quand tu y* ARRIVAS; *j'*ÉCRIVAIS *à mon frère quand je* REÇUS *sa lettre.*

255. Mais on n'emploie pas *l'imparfait* pour exprimer une chose *vraie dans tous les temps.* Ne dites pas : *je vous ai dit que l'adjectif* S'ACCORDAIT *en genre et en nombre avec le substantif qu'il qualifie.* Dites : *que l'adjectif* S'ACCORDE ; car l'adjectif s'accorde toujours avec le substantif qu'il qualifie. Ne dites pas non plus : *je vous ai dit que l'étude* ADOUCISSAIT *les mœurs.* Dites : ADOUCIT.

78ᵉ LEÇON.

256. Le PRÉTÉRIT DÉFINI ne doit s'employer que pour exprimer un temps entièrement écoulé, et dont l'époque est déterminée ou éloignée. Ex. : *nous nous* VOUÂMES *une éternelle amitié dès que nous nous* VÎMES. *J'*ÉCRIVIS *hier, ou la semaine dernière, ou le mois passé, ou l'an passé à votre père.* Mais ne dites pas : *j'*ÉCRIVIS *ce matin, cette semaine, ce mois-ci, cette année à votre père.* Ce serait faire une faute que de dire : *je reçus* ce mois-ci une lettre de mon fils, et je lui *répondis* cette semaine ; parce que le mois et la semaine ne sont pas entièrement écoulés.

257. Le PRÉTÉRIT INDÉFINI s'emploie indifféremment pour un temps passé, soit qu'il en reste encore une partie à s'écouler, soit qu'il n'en reste plus rien. Ex. : J'AI

PARCOURU *hier ou aujourd'hui les belles promenades du Luxembourg.* J'AI ÉCRIT *le mois dernier à vos parents, et je leur* AI encore ÉCRIT *ce mois-ci.*

258. Le PLUSQUE-PARFAIT s'emploie pour une chose non-seulement passée en soi, mais encore passée à l'égard d'une autre chose qui est aussi passée. Lorsque je dis : *j'avais dîné quand vous vintes me demander,* je veux dire que l'action de mon dîner *était passée* à l'égard de votre *arrivée,* ou du temps où vous *vintes,* qui est aussi un temps passé, relativement à celui où je parle. On doit bien se garder d'employer le *plusque-parfait* pour le *prétérit défini.* Ne dites pas : *nous avions appris que vous* AVIEZ FAIT *un naufrage en arrivant au Pérou ;* dites *que vous avez fait.*

259. Le CONDITIONNEL PRÉSENT s'emploie pour exprimer une condition dans un temps présent. On ne doit pas l'employer pour le futur. Ne dites pas : *votre père a dit que vous* IRIEZ *au collége l'an prochain ;* dites : *que vous irez.*

260. Il ne faut pas non plus employer le *conditionnel présent* pour le *conditionnel passé.* Ne dites pas : *vous m'aviez promis que vous* SERIEZ VENU *me* VOIR ; dites : QUE VOUS VIENDRIEZ.

79ᵉ LEÇON.
EMPLOI DU SUBJONCTIF.

261. Quand deux verbes sont unis par la conjonction QUE, et que le premier exprime une idée de *désir,* de *doute,* de *surprise,* de *crainte,* ou une *volonté,* on met le second verbe au subjonctif. Ex. : *Je désire* QUE *vous* ÉTUDIEZ. *Je crains* QUE *tu ne* PÉRISSES. *Le roi veut* QUE *vous* ÉCUTIEZ *ses ordres. Je souhaite* QU'*il* VIENNE. *Il ne paraît pas* QUE *votre oncle* SOIT *décidé à venir.*

262. On met encore le second verbe au subjonctif, 1° après les conjonctions suivantes : *quoique, afin que, quelque... que, bien que, avant que, au cas que, encore que, jusqu'à ce que, loin que, soit que, supposé que, pourvu que, sans que, sinon que.* Ex. :

Quoique vous *travailliez* beaucoup, vous ne devenez pas riche. Ce livre est toujours sur le bureau, *afin qu'*on *puisse* le consulter. Ils se sont querellés *avant que* je *fusse venu. Bien que* vous le *souhaitiez,* je ne le puis pas.

2° Après les pronoms relatifs *qui*, *que*, *dont* et *où*, quand ils sont précédés d'un substantif ou de l'un des mos *le premier, le seul, l'unique, personne, rien, aucun, pas un.*

3° Après les verbes impersonnels *il convient, il importe, il faut, il semble*, quand ils ne sont pas précédés d'un complément indirect.

4° Après un verbe accompagné d'une négation, ou qui exprime une interrogation. Ex. :

La PLUS BELLE *vertu* QUE *l'homme* PUISSE *posséder*, c'est la bienfaisance. *Je le crois* LE PLUS RICHE *propriétaire* QUI SOIT *dans cette ville*. *Votre paresse est* LA MOINDRE *chose* DONT *votre maître se* PLAIGNE. *C'est le premier homme* QUI *ne lui* RENDE *pas justice*. *C'est le* SEUL *homme* QUI VIVE *de la sorte*. IL N'Y A RIEN *que je ne* FASSE *pour vous*. *Il n'a fait* AUCUNE *disposition qui* SOIT *valable*. *Présumez-vous* QU'IL FASSE *moins chaud demain? Il semble qu'il* SOIT *votre ami*.

80e LEÇON.

EMPLOI DES TEMPS DU SUBJONCTIF.

263. Si le premier verbe est au *présent* ou au *futur simple*, on met le second verbe au *présent* ou au *prétérit* du subjonctif.

Si le verbe au subjonctif marque une action à venir, il faut le mettre au présent. Ex. :

Je ne crois pas
Je ne croirai pas } *que vous* PARVENIEZ *à cet emploi.*

PARVENIEZ est au présent du subjonctif parce qu'il marque une action *à venir.*

Je ne crois pas
Je ne croirai pas } *que vous* L'AYEZ *trompé.*

AYEZ TROMPÉ est au *prétérit*, parce qu'il marque une action passée.

264. 1re REMARQUE. Après le *présent* et le *futur* de l'indicatif, on emploie l'*imparfait* du subjonctif au lieu du *présent*, le *plusque-parfait* au lieu du *prétérit*, lorsque le second verbe est suivi d'une expression conditionnelle. Exemple :

Je ne crois pas
Je ne croirai pas } *qu'il* PARVÎNT *à cet emploi,* SANS NOTRE PROTECTION.

PARVÎNT est à l'*imparfait*, à cause de l'expression conditionnelle, *sans votre protection.*

On met le second verbe au plusque-parfait, si l'on veut exprimer une action passée.

Je ne crois pas } *qu'il* EUT OBTENU *cette place,* SI VOUS NE
Je ne croirai pas } L'EUSSIEZ PROTÉGÉ.

EUT OBTENU est au *plusque-parfait*, et parce qu'il marque une action passée, et à cause de l'expression conditionnelle, *si vous ne l'eussiez protégé.*

265. 2ᵉ REMARQUE. Quand le premier verbe est au *futur passé,* on met le second verbe au prétérit du subjonctif. Ex. :

IL AURA FALLU *que vous* AYEZ EU *beaucoup de prudence dans cette affaire.*

81ᵉ LEÇON.

266. Si le premier verbe est à l'*imparfait*, à l'un des *prétérits*, ou à l'un des *conditionnels*, on met le second verbe à l'*imparfait* ou au *plusque-parfait*, du subjonctif.

On le met à l'IMPARFAIT, *si l'on veut exprimer une action présente ou future;* et au PLUSQUE-PARFAIT, *si l'on veut exprimer une action passée.*

Il désirait
Il désira
Il a désiré
Il eut désiré } *que vous* PARLASSIEZ *en sa faveur,*
Il avait désiré } ou
Il désirerait } *que vous* EUSSIEZ PARLÉ *en sa faveur.*
Il aurait désiré
Il eût désiré

267. REMARQUE. On met toujours le second verbe au présent du subjonctif, *quel que soit le temps du premier,* lorsque l'action ou l'état marqué par le second verbe exprime une *vérité constante*, une chose qui existe encore au moment où l'on parle :

Vous AURIEZ TROUVÉ *mon vin agréable, quoiqu'il ne* VAILLE *pas le vôtre.*

Vaille est au *présent*, parce que mon vin *vaut* encore moins que le vôtre.

*Voltaire n'*A EMPLOYÉ *aucune fiction qui ne* SOIT *l'image de la vérité.*

Soit est au *présent*, car ces fictions sont encore l'image de la vérité.

82e LEÇON.

REMARQUES SUR L'INFINITIF.

268. Les infinitifs n'ayant pas la propriété du nombre, ne peuvent communiquer la forme du pluriel aux verbes dont ils sont les sujets. Ex. : *boire, manger, dormir, c'est leur seule occupation.*

269. On peut employer deux infinitifs de suite, et alors le second est le complément du premier; mais trois infinitifs rendent le style diffus. Ne dites pas : je crois *pouvoir aller voir* mes amis. Dites : *je crois que je* POURRAI aller voir mes amis.

270. L'infinitif employé comme complément, et précédé des prépositions *sans, pour, à,* etc., veut avoir pour sujet celui de la proposition où il se trouve. Ne dites donc pas : *on ne recevra pas de lettres sans* ÊTRE *affranchies;* mais dites : *les lettres ne seront pas reçues sans être affranchies.* Ne dites pas non plus : *le jour étant trop avancé pour se* METTRE *en marche, on s'arrêta au bord du fleuve.* Ne semble-t-il pas que ce soit le jour *qui va se mettre en marche?* Ne dites pas : le pain est fait *pour manger.* Dites : le pain est fait *pour qu'on le mange,* ou *pour être mangé.*

83e LEÇON.

REMARQUES SUR LES COMPLÉMENTS.

271. Il faut donner à chaque adjectif et à chaque verbe le complément qui lui convient et que lui assigne le bon goût. On dira :

Le bonheur le plus grand, le plus digne d'envie,
Est celui d'être *utile* et *cher* à sa patrie.

On peut dire *utile* à sa patrie, *cher* à sa patrie. Mais on ne pourrait pas dire : cet homme est *utile* et *chéri* de sa patrie, car *utile* veut A, et *chéri* veut DE; dans ce cas, on prend un autre tour, et l'on dit : *cet homme* est *utile* à sa patrie et EN est chéri.

272. Pour la même raison, on dira : cette armée attaqua et prit LA VILLE, parce que le complément *la ville* convient également à *attaqua* et à *prit;* mais on ne pourrait pas dire : cette armée *attaqua* et s'empara DE LA VILLE, parce que le complément *de la ville* ne convient point à *attaqua,* qui veut un complément direct; dans ce cas, on se sert du pronom EN, et l'on dit : *il attaqua la ville et s'en empara.*

273. Quand un verbe a deux compléments, l'un direct, l'autre indirect, le bon goût veut que l'on place d'abord celui de ces deux compléments qui est le plus court. Ex. :

Malheur à celui qui ne sait pas sacrifier LES PLAISIRS *aux devoirs de l'humanité !*

Partout la pauvreté sert, A PEU DE FRAIS, *la richesse qui lui procure l'existence.*

274. Si les deux compléments sont d'égale longueur; le complément direct doit se placer le premier. Ex. :

Le vrai courage trouve toujours QUELQUES RESSOURCES *contre l'adversité.*

84e LEÇON.

275. Si le verbe a pour complément plusieurs mots unis par une des conjonctions *et, ni, ou*, les mots doivent être de la même espèce. Dites : *il aime la* PÊCHE *et la* CHASSE ; et non : *il aime à pêcher et la chasse.* De même on ne dirait pas : *il n'aime ni le* JEU *ni à* ÉTUDIER. Il faut : *il n'aime ni le jeu ni l'étude,* ou *il n'aime ni à jouer ni à étudier.*

276. Nous avons dit que les verbes intransitifs (neutres) ne peuvent avoir de complément direct. Ne dites donc pas : *ils se nuisent* L'UN L'AUTRE. Dites : *ils se nuisent* L'UN A L'AUTRE.

277. Certains verbes se refusent à avoir pour complément un nom de personne; d'autres, un nom de chose. Ne dites pas : *ces hommes étaient bien criminels, cependant on* LES *a pardonnés de leurs crimes* ; ni : *je consolerai* VOS LARMES. On ne dit pas *pardonner quelqu'un* ; donc pardonner ne peut point avoir de complément direct pour les personnes. On ne dit pas *consoler quelque chose.* Il faut : *on* LEUR *a pardonné leurs crimes* ; *je tarirai vos larmes.*

278. Après les verbes passifs, on emploie *de* ou *par.* Il faut employer DE quand le verbe exprime des actes intérieurs de l'ame auxquels le corps n'a point de part : *Un jeune homme vertueux est estimé* DE *tout le monde.*

On emploie PAR quand le verbe présente une opération de l'esprit ou une action du corps : *la poudre à canon fut inventée* PAR *le cordelier Berthold Sehwartz, vers la fin du treizième siècle ; et les bombes, par Gatten, évêque de Munster, vers le milieu du dix-septième siècle.*

85e **LEÇON**.

REMARQUES SUR L'EMPLOI DE CERTAINES PRÉPOSITIONS.

279. Les prépositions PRÈS, PROCHE, VIS-A-VIS, veulent DE après elles. Dites : il demeure *près de, proche de, vis-à-vis de* l'église; et non : *près, proche, vis-à-vis* l'église.

280. AU TRAVERS veut être suivi de la préposition DE : *au travers des* ennemis. A TRAVERS la rejette : *à travers les* ennemis.

281. PRÈS, AUPRÈS, ne doivent pas être confondus. Le premier emporte seulement une idée de proximité ; le second exprime une idée d'alentour, d'assiduité. Ex. : malheur à qui est *près* du trône, c'est-à-dire à *proximité* du trône. Ce jeune enfant est toujours *auprès* de sa mère. (Il y est assidu.)

282. PRÈS DE signifie *sur le point de :* les beaux jours sont *près de* finir. PRÊT A signifie *disposé à :* l'ignorance est toujours *prête à* s'admirer. Celui qui est *près de* mourir, n'est pas toujours *prêt à* mourir.

283. ENVERS, A L'EGARD, VIS-A-VIS. Ne dites pas : ton ami s'est montré ingrat *vis-à-vis* de moi; dites : *envers* moi. Ne dites pas non plus : il était fier *vis-à-vis* de ses inférieurs ; dites : *à l'égard* de ses inférieurs.

86e **LEÇON**.

284. ENTRE, PARMI. Ne dites pas : la vérité doit être admise *entre* les hommes ; dites : *parmi* les hommes. *Entre* se dit de deux objets : *entre* Rome et Carthage. *Parmi* se dit d'un plus grand nombre d'objets : *parmi* les hommes, *parmi* la foule.

285. Les prépositions *à, de, en,* se répètent avant chaque complément : quand jouirons-nous DE la paix, DE la tranquillité ? J'ai voyagé *en* Europe, *en* Asie et *en* Amérique.

286. Toutes les prépositions d'une syllabe se répètent quand les compléments n'offrent aucune ressemblance de signification. Ne dites pas : j'ai lu *dans* l'histoire et la géographie. Dites : j'ai lu *dans* l'histoire et *dans* la géographie. Mais dites : Turenne ne perdit pas ses premières années *dans* la mollesse et l'oisiveté, ces deux substantifs ayant à peu près la même signification.

287. Ne confondez pas AUTOUR et A L'ENTOUR. *Autour* est une préposition, et est toujours suivi d'un complément : *autour du trône*. *A l'entour* est un adverbe, et ne peut pas avoir de complément : il était sur son trône et ses fils étaient *à l'entour*.

288. DURANT, préposition qui exprime une idée de durée sans interruption, ne peut pas être employé pour PENDANT. On pourra dire à une personne qui a toujours été heureuse : vous avez été heureuse *durant* votre vie; et non : *pendant* votre vie; parce qu'on entend ici toute la durée. Mais on dira : vous avez fait une belle action *pendant* votre vie. On voit que *pendant* exprime simplement une idée de temps.

87e LEÇON.

REMARQUES SUR L'EMPLOI DE CERTAINS ADVERBES.

289. AUPARAVANT, DEDANS, DEHORS, DESSUS, DESSOUS, sont des adverbes, et comme tels, ils ne peuvent avoir de compléments. Ne dites pas : *vous êtes parti* AUPARAVANT *moi; placez le service* DESSUS *la table; mettez ces marchandises* DESSOUS *les rayons*. Dites : *vous êtes parti* AVANT *moi, placez le service* SUR *la table; mettez ces marchandises* SOUS *les rayons*.

Cependant *dessus, dessous, dedans, dehors*, précédés d'une préposition, admettent après eux le complément de la préposition qui les précède : *ôtez le service* DE *dessus la table; cet enfant passa* PAR *dessus les murs*.

290. PLUS, DAVANTAGE, ne s'emploient pas l'un pour l'autre. *Davantage* ne peut être suivi de la préposition DE, ni de la conjonction QUE. On ne dirait pas : *il a davantage de brillant* QUE *de solide;* mais : *plus* de brillant.

291. PLUS TÔT, PLUTÔT ne signifient pas la même chose. *Plus tôt* s'écrit en deux mots pour signifier *plus vite;* c'est l'opposé de *plus tard*. Si vous fussiez parti *plus tôt*, je vous aurais donné la préférence; c'est-à-dire *plus vite. Plutôt* en un seul mot marque *la préférence;* PLUTÔT souffrir que de mourir.

292. DE SUITE, TOUT DE SUITE : la première expression signifie *sans interruption, successivement :* il ne saurait dire deux mots *de suite*. Il a bu trois coups *de*

7.

suite. La seconde signifie *sur-le-champ* : venez *tout de suite*, c'est-à-dire *aussitôt.*

293. LA, OU. Ne dites pas : c'est *là où* il périt ; c'est *là où* je demeure ; dites : c'est *là qu'il* périt ; c'est *là que* je demeure.

294. TOUS DEUX, TOUS LES DEUX. La première expression signifie *l'un avec l'autre.* Ex. : Ernest et Jules dansaient *tous deux* à ce quadrille, c'est-à-dire *ensemble.* La seconde signifie *l'un et l'autre.* Ernest et Jules iront *tous les deux* à la chasse ; ils iront l'un et l'autre, mais pas ensemble.

88e LEÇON.

REMARQUES SUR L'EMPLOI DE QUELQUES CONJONCTIONS.

295. QUOIQUE, en un seul mot, signifie *bien que.* Cet homme a succombé à la maladie, *quoiqu'il* fût fort ; c'est-à-dire *bien qu'il* fût fort. QUOI QUE, en deux mots, signifie *quelque chose que* : QUOI QUE vous fassiez, vous ne réussirez pas ; c'est-à-dire *quelque chose que* vous fassiez.

296. PARCE QUE, en deux mots, signifie *à cause que, attendu que :* je le le fais, *parce que* j'y suis forcé ; c'est-à-dire *à cause que* ou *attendu que* j'y suis forcé. PAR CE QUE, en trois mots, signifie *par cela que, par la chose que. Par ce que* vous dites, je vois que vous avez raison ; c'est-à-dire *par la chose* ou *les choses* que vous dites, etc.

297. QUAND, conjonction, est toujours suivi d'un verbe et signifie *lorsque.* On est toujours heureux *quand* on fait le bien ; c'est-à-dire *lorsqu'*on fait le bien. QUANT A, préposition, signifie *à l'égard de : quant à* votre affaire, j'y penserai longtemps ; c'est-à-dire : *à l'égard* de votre affaire, etc.

298. OU, conjonction, ne prend point d'accent grave ; OU, adverbe de lieu ou pronom relatif, en prend un. On peut toujours mettre le mot *bien* après la conjonction *ou* ; on ne peut le mettre après *où* adverbe ou pronom. J'irai à Paris, *où* je vous attendrai. Ici *où* est adverbe. J'irai à Paris *ou* à Versailles. Ici *ou* est conjonction : on peut dire : *ou bien* à Versailles.

89e **LEÇON**.

DE LA PONCTUATION.

DE LA VIRGULE.

299. La ponctuation est l'art d'indiquer, par des signes reçus, le degré de liaison qui existe dans les idées ; elle soulage l'esprit et facilite la lecture, en indiquant les pauses que l'on doit faire en lisant.

300. Les signes de la ponctuation sont : la *virgule* (,) le *point-et-virgule* (;), *les deux points* (:), le *point* (.), le *point d'interrogation* (?) et le *point d'exclamation* (!).

Le maître fera sentir aux élèves, par les phrases ci-après, de quelle importance est la ponctuation, en leur démontrant que ces phrases, renfermant absolument les mêmes mots, mais différemment ponctuées, n'ont plus la même signification.

Ce prince, défenseur de Tarquin-le-Superbe, CHASSÉ de Rome, alla assiéger la ville.

Ce prince, défenseur de Tarquin-le-Superbe CHASSÉ de Rome, alla assiéger cette ville.

Dans la première phrase, la virgule placée après *Superbe* indique que c'est le prince qui fut chassé ; dans la seconde, l'absence de la virgule annonce que c'est *Tarquin*.

C'est notre affection pour le roi, qui nous a sauvés.

C'est notre affection pour le roi qui nous a sauvés.

Dans la première phrase, c'est *l'affection* qui nous a sauvés ; dans la seconde, l'absence de la virgule indique que c'est le *roi* qui nous a sauvés.

301. On emploie la virgule après les substantifs sujets ou compléments d'un même verbe, lorsqu'ils sont placés de suite ; on l'emploie aussi après plusieurs adjectifs qui se suivent. Ex. :

L'*air*, le *feu,* l'*eau*, la *terre :* voilà les quatre éléments.

Ici les substantifs sont séparés par la virgule, parce qu'ils sont sujets.

Vous verrez dans quelques jours votre *père*, votre *mère,* votre *oncle,* votre *tante,* votre *cousine.*

Ici chaque substantif est séparé par la virgule, parce qu'il est complément de *verrez.*

Le chien est *fidèle, intelligent, docile, vigilant.*

Ici on a employé la virgule après chaque adjectif.

302. On emploie la virgule après plusieurs verbes placés de suite, soit qu'ils aient le même sujet, soit que les propositions aient peu d'étendue. Ex. :

Vil atome qui *croit, doute, dispute, rampe, s'élève, tombe* et *nie* encore sa chute.

On arrive, *on* se réjouit, *on* débarque enfin.

90e LEÇON.

303. On ne met point de virgule entre deux substantifs, deux adjectifs ou deux verbes qui sont unis par une des conjonctions *et, ou, ni*. Ex. :

Le sage est ménager du *temps* ET des *paroles*.

Cet homme se vit bafoué, sifflé *et* joué.

C'est votre père *ou* le mien qui viendra.

Ce n'est *ni* vous *ni* moi qui serons de cet avis.

On emploie cependant la virgule avant les conjonctions *et, ou, ni*, quand elles sont répétées plusieurs fois dans la phrase, ou quand les propositions ont trop d'étendue pour être prononcées d'un seul trait. Ex. :

Fénélon réunissait à la fois *et* l'esprit, *et* la science, *et* la douceur *et* la vertu.

Cet homme a beaucoup de vivacité dans l'esprit, *et* beaucoup de goût.

Cet homme est maintenant à Paris, *ou* ne tardera pas à y arriver.

304. On place encore la virgule avant et après toute partie de phrase qu'on peut retrancher sans dénaturer l'idée principale, comme les mots en apostrophe, les compléments accessoires, les propositions incidentes explicatives. On l'emploie encore pour remplacer un verbe sous-entendu (1).

Va, *mon fils*, pars, cours, vole où l'honneur t'appelle.

Mon fils est placé entre deux virgules, parce que c'est un substantif en apostrophe, et qu'on peut le retrancher sans nuire au sens de la phrase.

---

(1) Pour bien ponctuer, il faut absolument connaître l'analyse logique. Voyez mon traité d'*Analyse logique raisonnée*; prix : 1 franc, chez Langlois et Leclercq, rue de La Harpe, n° 81, à Paris.

La vie, *disait Socrate*, ne doit être que la méditation de la mort.

Disait Socrate est placé entre deux virgules, parce qu'on peut retrancher ces mots sans nuire au sens de la phrase.

Cicéron, *orateur célèbre*, était éloquent.

Les mots *orateur célèbre* sont placés entre deux virgules, parce qu'on peut dire, sans nuire au sens de la phrase : *Cicéron était éloquent.*

Le ciel est dans ses yeux, et l'enfer, dans son cœur.

On met une virgule après *enfer*, à cause du verbe *est* sous-entendu : *et l'enfer* EST *dans son cœur.*

91e LEÇON.

DU POINT-ET-VIRGULE.

305. On emploie le point-et-virgule : 1° pour séparer les différentes propositions d'une phrase, quand elles ont une certaine étendue. Ex. :

> Soyez ici des lois l'interprète suprême ;
> Rendez leur ministère aussi saint que vous-même ;
> Enseignez la raison, la justice et la paix.

306. 2° Entre deux membres d'une phrase dont les parties sont déjà séparées par la virgule. Ex. :

> L'étalon que j'estime, est jeune et vigoureux ;
> Il est superbe et doux, docile et valeureux ;
> Son encolure est haute, et sa tête hardie ;
> Ses flancs sont larges, pleins ; sa croupe est arrondie ;
> Il marche fièrement, il court d'un pas léger ;
> Il insulte à la peur, il brave le danger.

On voit, dans ce passage, que les propositions après lesquelles on a placé le *point-et-virgule* ont des parties séparées par la virgule.

307. 3° Entre deux phrases dont l'une dépend de l'autre. Ex. :

Parler beaucoup et bien, c'est le talent du bel esprit ; parler beaucoup et mal, c'est le défaut du fat ; parler peu et bien, c'est le caractère du sage.

On voit que cette phrase est composée de trois principaux membres, dont le premier finit par les mots *bel esprit*, après lesquels on a placé le *point-et-virgule ;* le second finit par *le défaut du fat*, et est de même nature que le premier membre, duquel il dépend : c'est pourquoi on a employé le point-et-virgule ; le troisième se termine par *le caractère du sage ;* mais attendu que c'est la fin de la phrase, on a mis un point. On remarquera aussi que les trois membres sont subdivisés par la virgule.

308. 4° On emploie le *point-et-virgule* après des propositions que l'on oppose l'une à l'autre. Ex. :

Il voulait rire comme La Fontaine ; mais il n'avait pas la bouche faite comme lui, et il faisait la grimace. *Mais il n'avait pas la bouche faite comme lui* est une proposition opposée à la première : *Il voulait rire comme La Fontaine.*

92ᵉ LEÇON.

DES DEUX POINTS ET DES DIFFÉRENTS POINTS.

309. On place les deux points après une phrase finie, mais suivie d'une autre qui sert d'explication à la première. Ex. :

On ne doit jamais se moquer des malheureux : car, qui peut s'assurer d'être toujours heureux ?

Car, qui peut, etc., sert à expliquer la première proposition : *on ne doit jamais se moquer des malheureux.*

310. On emploie les *deux points* après une phrase à la suite de laquelle ou va rapporter les paroles de quelqu'un, ou après laquelle on va énoncer une énumération. Ex. :

Alors Narbal dit : Vous voyez, ô Télémaque, la puissance des Phéniciens.

Il faut deux points après *dit*, parce qu'on va rapporter les paroles de Narbal.

Tout me plaît dans les synonymes de l'abbé Girard : la finesse des remarques, la justesse des pensées, et le choix des exemples.

Il faut deux points après Girard, parce qu'on va énumérer ce qui plaît en lui.

311. Le POINT se place après une phrase entièremen finie. Exemple :

L'équité et la charité sont la base de toutes les vertus.

Aimez qu'on vous conseille, et non pas qu'on vous loue.

312. Le POINT D'INTERROGATION s'emploie à la fin

des phrases où l'on interroge. Exemple : D'où venez-vous?
Où va-t-il? Mais parle, de ton sort qui t'a rendu l'arbitre ?

313. Le POINT D'EXCLAMATION se place à la fin des
phrases qui expriment la *tendresse*, la *pitié*, la *crainte*, la
surprise, la *terreur*, etc. Exemple :

> Que de ressources ne procure pas l'étude !
> Ô Dieu ! confonds l'audace et l'imposture !

SUBSTANTIFS DONT LE GENRE PARAIT DOUTEUX.

Sont du genre masculin les substantifs suivants :

Abîme.
Abrégé.
Acabit.
Accessoir.
Acier.
Acrostiche.
Acte.
Adage.
Age.
Aide-de-cuisine.
Aide-de-camp.
Aigle (oiseau).
Ail (légume, au pl. aulx).
Alambic.
Albâtre.
Amadou.
Amalgame.
Ambe.
Amidon.
Anchois.
Ange (du ciel).
Angle.
Anis.
Antidote.
Antre.
Appel.
Aqueduc.
Arc.
Are.
Armistice.
Artifice.
Astérique.
Asthme.

Astre.
Attirail.
Augure.
Aune (arbre).
Auspice.
Autel.
Balustre.
Centime.
Chanvre.
Cigarre.
Crabe.
Décombres.
Dialecte.
Échange.
Échaudé.
Écho.
Éclair.
Éloge.
Émétique.
Emplâtre.
Encrier.
Enfant (petit garç.).
Épiderme.
Épi.
Épisode.
Épitaphe.
Équilibre.
Équinoxe.
Espace.
Étage.
Évangile.
Éventail.
Évier.
Exemple (de vertu).

Exorde.
Hémisphère.
Holocauste.
Hospice.
Hôtel.
Indice.
Intervalle.
Isthme.
Ivoire.
Légume.
Mânes.
Monticule.
Obélisque.
OEuvre (de génie, d'alchimiste, de musicien, de graveur).
Office (de l'église).
Ongle.
Orage.
Organe.
Ouvrage.
Parallèle (entre César et Alexandre).
Paraphe.
Période (le plus haut point où l'on puisse arriver).
Pleurs.
Poêle (drap mortuaire).
Pourpre (maladie).
Relâche (repos).

Sont du genre féminin :

Agrafe.
Aide (secours).
Aigle (t. d'armoiries).
Aire.
Alcôve.
Allure.
Amnistie.
Anagramme.
Anecdote.
Anicroche.
Anse.
Antichambre.
Argile.
Arrhes.
Artère.
Asperge.
Aune (mesure).
Avalanche.
Avant-scène.

Avarie.
Caution.
Courroie.
Décrotoire.
Dinde.
Ébène.
Écharpe.
Éclipse.
Effigie.
Ellipse.
Enclume.
Enfant (petite fille).
Épigramme.
Épithète.
Équivoque.
Espace (terme d'imprimerie).
Exemple (d'écriture).
Fibre.

Glaire (d'œuf).
Hydre.
Hypothèque.
Hémorragie.
Idole.
Immondices.
Nacre.
Œuvre (p. de l'esprit).
Office (de table).
Onglée.
Outre.
Parallèle (ligne).
Paroi.
Patère.
Poêle (ust. de cuisine).
Pourpre (étoffe).
Poutre.
Sentinelle.
Salle.

LOCUTIONS VICIEUSES.

Ne dites pas :	*Dites :*
On ne me voit pas à rien faire.	Sans rien faire.
Nous étions 10 à 12 dans cette réunion.	Nous étions 10 ou 12.
J'abîme ma robe, mon habit.	Je froisse mon habit, etc.
Venez à bonne heure.	Venez de bonne heure.
Cette femme a l'air hautaine, courageuse, méchante, etc.	Cette femme a l'air hautain, courageux, méchant, etc.
Vin d'Alicant.	Vin d'Alicante.
Allumez la lumière.	Allumez la chandelle.
De la bonne amadou.	De bon amadou.
Chat angola.	Chat angora.
Cet homme a des grandes angoises.	De grandes angoisses.
Allez aux antipotes.	Allez aux antipodes.
Une arc de triomphe.	Un arc de triomphe.
Un arguillon.	Un ardillon.
Avan-hier. *prononcez :*	Avant-ier.
Apparution.	Apparition.
L'appel est faite.	L'appel est fait.
Bailler aux corneilles.	Bayer aux corneilles.
Il est en bamboche.	Il est en débauche.
Ce vin m'a fait bien du bien.	Beaucoup de bien.
Cet homme est bileux.	Cet homme est bilieux.

Ne dites pas :	*Dites :*
Je bisque, il bisque.	Je peste, il peste ou enrage.
Une bûche de bois.	Une bûche.
Il brouillasse.	Il bruine.
Le cahotement de la voiture.	Le cahot.
Caneçon.	Caleçon.
Casterole.	Casserole.
Une voix de centaure.	Une voix de stentor.
Cette porcelaine est casuelle.	Est fragile.
De la castonnade.	De la cassonade.
La fièvre célébrale.	Fièvre cérébrale.
Des cercifis.	Des salsifis.
Chipoteur, chipoteuse.	Chipotier, chipotière.
Comme de juste.	Comme de raison.
Une affaire conséquente, une ville conséquente, un marché conséquent.	Une affaire importante, une ville considérable, un marché important ou considérable.
Chaircuitier.	Charcutier.
Colidor.	Corridor.
Contrevention.	Contravention.
Corporence.	Corpulence.
Le cou de la bouteille.	Le goulot de la bouteille.
Le vent coupe la figure.	Le vent cingle la figure.
Le couvert du pot.	Le couvercle du pot.
La couverte de mon lit.	La couverture de mon lit.
Il marche à croche-pied.	Il marche à cloche-pied.
Il ne décesse de parler.	Il ne cesse de parler.
Il demande excuse.	Il fait ses excuses.
Dépêchez-vous vite.	Dépêchez-vous.
Dépersuadez-le.	Dissuadez-le.
Disparution.	Disparition.
Donnez-moi z-en.	Donnez-m'en.
Il dort un somme.	Il fait un somme.
Il fait du mauvais sang.	Il fait de mauvais sang.
Des écailles d'œufs.	Des écales d'œufs.
Il s'est échigné.	Il s'est échiné.
Embauchoires de bottes.	Des embouchoires de bottes.
Vous m'embêtez.	Vous m'hébêtez.
En outre de cela.	Outre cela.
Il vint sur l'entrefaite.	Il vint sur les entrefaites.
Élexir.	Élixir.
Érésipèle.	Érysipèle.
Esquilancie.	Esquinancie.
Il fait une maladie grave.	Il a une maladie grave.
Falbaua.	Falbala.
Cet enfant est farce, il m'a fait des farces.	Cet enfant est farceur, il m'a joué des frasques.

Ne dites pas :	*Dites :*
Filagrane.	Filigramme.
A la bonne flanquette.	A la bonne franquette.
J'ai la fraingalle.	J'ai la faim canine.
Votre père est fortuné.	Votre père est riche.
Du gomme arabique.	De la gomme arabique.
Je gargotte de froid.	Je grelotte de froid.
Noir comme un geai.	Noir comme du jais.
C'est une géanne.	C'est une géante.
Tu l'as giflé.	Tu l'as souffleté.
Il nous gouaille.	Il nous raille.
Il est de bonne guette.	Il est de bon guet.
C'est un gourmeur de vin.	C'est un gourmet de vin.
Ce ragoût sent le graillon.	Sent le roui.
Une hémorragie de sang.	Une hémorragie.
Quelle heure qu'il est?	Quelle heure est-il ?
Dans ce moment ici, ces jours ici.	Dans ce moment-ci, ces jours-ci.
Cet enfant est impardonnable.	Cet enfant est inexcusable.
Cet enfant est pardonnable.	Cet enfant est digne de pardon.
Irruption.	Éruption.
Un jeu d'eau.	Un jet d'eau.
Il jouit d'une mauvaise santé, d'une mauvaise réputation.	On jouit d'une bonne santé, d'une bonne réputation ; mais on ne jouit pas d'une mauvaise santé. Dites : il a une mauvaise santé, une mauvaise réputation.
Lanterne magie.	Lanterne magique.
Laveuse de lessive.	Une lavandière.
Levier de cuisine.	Un évier.
Las (fatigué).　*prononcez :*	Mon frère est las, ma sœur est lasse.
Serviette à linteaux.	Serviette à liteaux.
J'ai lu sur un journal.	J'ai lu dans un journal.
Je lui en défie.	Je l'en défie.
La mairie.　*prononcez :*	La mai-rie, et non la mair-rie.
Je fus forcé malgré moi d'y aller.	Je fus forcé d'y aller.
Humeur massacrante.	Humeur insupportable.
Je l'ai perdu par mégard.	Je l'ai perdu par mégarde.
Matéreaux.	Matériaux.
C'est un mésentendu.	C'est un mal entendu.
Venez à midi précise, ou vers les midi.	Venez à midi précis, ou vers le midi.
Il arrive comme mars en carême.	Comme marée en carême. La marée arrive à propos pour le carême.
Sur les minuit, vers les minuit.	Sur le minuit, vers le minuit.

Ne dites pas :	*Dites :*
L'air minable.	L'air misérable.
Missipipi.	Mississipi.
Mousieur, messieurs. *pro. :*	Mossieu, messieu.
Observez, je vous observe que vous êtes dans l'erreur.	Je vous fais observer que, etc. ....
Une forêt ombrageuse.	Une forêt ombreuse.
Oragan.	Ouragan.
Un palfermier.	Un palfrenier.
Ma parafe.	Mon paraphe.
Il faut pardonner ses ennemis.	Il faut pardonner à ses ennemis.
Il fait cela au parfait.	En perfection.
La pantomine.	La pantomime.
J'ai fait une pariure.	J'ai fait une gageure.
Cette rue est passagère.	Est passante ou fréquentée.
Emploi pécunier.	Emploi pécuniaire.
Mon papier perce.	Mon papier boit.
Donnez-m'en un petit peu.	Un peu ou très peu.
Tant pire.	Tant pis.
Pluriel. *prononcez :*	Plurièle et non plurié (1).
Cet homme est pointilleur.	Cet homme est pointilleux.
Une personne bien portante.	Une personne qui se porte bien.
Régùiser un couteau.	Aiguiser.
Rancuneur.	Rancunier.
Rébarbaratif.	Rébarbatif.
A la rebours.	Au rebours ou à rebours.
Recouvert la vue, la santé.	Recouvré la vue, la santé.
Reculer en arrière.	Reculer.
Remouler un couteau.	Émoudre un couteau.
Remplir un but.	Atteindre un but.
Cet enfant est réprimandable.	Est repréhensible.
Où restez-vous.	Où demeurez-vous.
Revange.	Revanche.
Une secoupe.	Une soucoupe.
De la semouille.	Semoule.
Chemin sableux.	Chemin sablonneux.
Saigner au nez.	Dans tous les cas, il faut : saigner du nez.
Si j'étais que de vous.	Si j'étais vous, ou à votre place.
Une heure de temps ou d'horloge.	Une heure.
C'est tentatif.	C'est tentant.
Tête d'oreiller.	Taie d'oreiller.

(1) Voyez le *Glaneur grammatical* ou *Dictionnaire des difficultés*, chez Langlois et Leclercq, rue de la Harpe, 81, à Paris; Prix : 2 francs.

Ne dites pas :	*Dites :*
Il a perdu la tramontade.	La tramontane.
Trois-pieds.	Trépied.
Vaille qui vaille.	Vaille que vaille.
Plante venimeuse.	Plente vénéneuse.
Vessicatoire.	Vésicatoire.
Faire la volte.	Faire la vole.
Voyons-voir, regardez-voir.	Voyons, regardez.

EXERCICES SYNTAXIQUES.

*Les élèves corrigeront aussi les fautes de ponctuation.
Le maître les interrogera sur les nᵒˢ 178 à 200 (1).*

PREMIER EXERCICE. Mes enfants, suivez les bons exemples que vous ont donnés vos parents. Imitez les belles exemples d'écriture que votre maître vous a faites. Que les délices de la vertu sont ravissantes! Les petits Savoyards marchent ordinairement nu-pieds et tête nue. Henri IV fut assassiné à trois heures et demie du soir. Les demi-mesures sont funestes. Ces offres sont trop flatteuses pour que je les refuse. Le bel autel élevé sur ce monticule a été détruit par la tempête. Un grand nombre de personnes croient que le bonheur consiste dans les richesses. Cette pêche n'est pas mûre du côté du mur, elle est amère et sure. Ces hommes ont été les boute-feu de toutes les émeutes qu'il y a eu en 1831.

2ᵉ. Pourriez-vous me procurer une couple de perdrix semblables à celles que vous m'avez montrées? Il a tonné pendant deux heures et demie, et la pluie n'est tombée que pendant une demi-heure. Ces prunes sont sures, parce qu'elles ne sont pas encore mûres. Mettez-vous sur vos gardes, cette forêt n'est pas sûre. Le patriarche Noé conserva dans l'arche un couple de chaque espèce d'animaux. L'orage que nous avons essuyé en route était bien fort; les éclairs étaient multipliés et effrayants. Cet homme, dans sa

(1) Avant de faire faire ces exercices, le maître s'assurera, par de nombreuses questions, si ses élèves possèdent bien la connaissance des règles contenues dans les numéros indiqués ci-dessus; il leur fera repasser et traduire les principes de ponctuation qui se trouvent à la fin de ceux-ci. Il les préviendra qu'ils trouveront, dans les exercices syntaxiques, des fautes de participe et de verbe.

chute, a reçu plusieurs contre-coups. Ce marchand vend des tire-bouchons et des porte-mouchettes.

3e. Nous avons vu des orgues charmantes dans les églises d'Allemagne; le meilleur orgue est celui que nous avons entendu jouer à Prague. Nous avons entendu avec plaisir ces musiciens; il y avait parmi eux des basses-tailles qui ont exécuté des concertos qui leur ont attiré des bravos. Après avoir récité plusieurs Pater et plusieurs Ave, je me mis à entreprendre un ouvrage important. Nos jardins produisent de bons et d'excellents légumes. L'évangile de la passion est le plus long de tous. Ma petite sœur est une enfant bien studieuse. Cette petite fille est une fort jolie enfant. Les ténèbres de l'ignorance se sont dissipées. Je vous remercie de la couple d'oignons de tulipes que vous m'avez envoyés. Le trop de parcimonie que vous avez montré dans les diverses soirées que vous avez données, vous a beaucoup nui dans l'esprit des gens que vous y avez invités.

4e. J'ai l'épiderme de la main très épais dans cet endroit. Cette enclume est fort bien faite et très dure. Tous les peintres se servent d'appui-main. De quelle espèce sont vos porte-montres? Nous avons eu tant de chagrin de nous quitter, que nous avons versé l'un et l'autre des pleurs abondants. Nous avons vu passer une troupe de soldats armés de pied en cap. Jérusalem est à quatre cents myriamètres sud de Paris. L'usage du café vint de Constantinople à Paris, vers l'an mil six cent soixante-douze. La Chine a deux cent cinquante myriamètres de long sur deux cent quinze de large. Cet homme vous a prêté deux mille écus. Faites-moi présent d'une marcotte de vos œillets jaune serin. Si vos eaux-de-vie sont bonnes, apportez-m'en une couple de bouteilles. Les glaires d'œufs fouettées sont bonnes pour coller le vin.

5e. Ces légumes sont excellents quand ils sont bien cuits. Ernest a cassé trois pots à fleurs. Sans avoir beaucoup de corpulence, cette personne est bien proportionnée dans sa taille. Quand ces fraises seront mûres, nous les cueillerons. Nous sommes séparés l'un de l'autre par un intervalle de trois lieues et demie. Les demi-mesures ne sont pas toujours bonnes. Cette réponse est d'un bon augure. Cet homme fait continuellement des coq-à-l'âne. J'ai loué à l'église une jolie stalle pour mon fils. Ce village est à six milles de la ville. Ce corps d'armée est composé de vingt-cinq mille hommes. Mon père est mort à quatre-vingts ans, et le tien à quatre-vingt-cinq. Dix-sept porte-drapeaux furent tués dans la bataille où périrent dix-neuf mille huit cent quatre-vingt-quinze soldats. J'ai donné à mon fils deux mille cinq cents francs en mariage, et toi, tu as donné à ta fille quatre mille six cent cinquante francs.

6ᵉ. Chaque fois que je vais au bain, je suis sûr de vous y rencontrer. Cette oseille est très sure. La nacre de cette boîte à cure-dents est fort brillante. Un coup de chasse-mouches a coûté cher au dey d'Alger, en 1830. Les opéras sont des pièces de théâtre mises en musique, et accompagnées de danses : il y a des solos, des duos, des trios et des quatuors. Vous avez à vos rideaux de grandes patères de bronze qui font un charmant effet. Les coffres-forts doivent être contruits solidement, dans la crainte des voleurs. Voilà des poires d'un bon acabit; je pense que ce sont des messire-jean. Vous ne vendrez pas cette propriété deux cent quatre-vingt-dix mille francs. Bonaparte a fait plusieurs vice-rois, et leur a donné des vice-royautés. Cette troupe de brigands s'est répandue dans nos campagnes.

7ᵉ. L'apologue que nous avons entendu lire ce matin vous a-t-il plu? Le porc-épic est un animal de l'espèce des hérissons. Nous devons honorer les mânes glorieux de ce héros. Pourquoi a-t-on placé une sentinelle à votre porte? Le médecin m'a ordonné de prendre, pour mon rhume, de la réglisse anisée. Athènes présente encore de beaux décombres. La multitude de curieux que nous avons rencontrée, s'est réunie dans les lieux où se trouvaient une multitude de jeux qu'on avait établis pour y attirer la foule. Votre mère est très bonne ; c'est dommage qu'elle ait l'air si froid et si réservé. Souvent les délices que procure la fortune sont fausses et mensongères. Feu ma grand'mère disait souvent qu'on doit toujours tenir à la parole qu'on a donnée. Ma feue mère était très spirituelle.

8ᵉ. J'ai l'ouïe tellement fine, qu'on ne peut rien dire sans que je l'entende. Quand la maladie arriva à son dernier période, la lune venait de terminer sa période. Les mendiants vont nu-pieds, et les flatteurs nu-tête. Cet homme a passé sa vie dans les corps-de-garde. Une couple de bœufs sont suffisants pour traîner une charrue. De bons pistolets sont d'excellents porte-respect. D'épaisses ténèbres obscurcissaient la voûte des cieux. Les chats-huants et les loups-cerviers habitent les forêts. Cette horloge sonne les heures, les demies et les quarts. On ne voit goutte dans cette alcôve; elle est noire comme une cheminée. Cette assemblée de savants s'est réunie pour décider une grande question. Un peuple de guerriers enfante des héros. Une multitude d'hommes se sont réunis chez vous.

(Interrogez les élèves sur les n°s 201 à 250.)

9e. Ces voyageurs ont parcouru l'ancien et le (1) nouveau monde. Mon père et ma mère m'ont élevé dans la religion catholique; c'est pourquoi je veux et désire y vivre et y mourir chrétiennement, ainsi que mes frères et mes sœurs. Voilà un beau jardin; j'en admire les allées. Ce négociant vous a expédié deux cents mètres de drap, et à moi, six cent quatre-vingts mètres de cotonnade. Remettez ces paquets chacun à sa place. Chacun de vous, messieurs, me répond de cet homme. Nul homme ne doit servir deux maîtres à la fois. Les hommes, les monuments, les villes même, sont frappés par la faulx du temps. Les formules d'admiration outrée nuisent aux ouvrages, même les meilleurs. Madame, êtes-vous maîtresse de pension? Oui, je le suis. Êtes-vous la maîtresse de pension de ma cousine? Oui, je la suis.

10e. Les plaisirs du monde ne peuvent donner qu'une trompeuse et fausse félicité. Nous avons vu dans votre société des hommes instruits et des ignorants. Ceux que j'ai vus le plus frappés de la lecture des Homère, des Virgile, des Horace et des Cicéron sont des esprits du premier ordre. Mon brave et digne ami a tout fait pour moi. Ces femmes

---

(1) Les déterminatifs se répètent avant chaque substantif, et avant les adjectifs qui ne qualifient pas un seul et même substantif. Dites : j'étudie *la* langue grecque et *la* latine; *l'*histoire ancienne et *la* moderne; et non pas : j'étudie *les langues* grecque et latine. Une langue ne peut être à la fois grecque et latine. Mais dites : *Le bon et naïf La Fontaine;* car ici il ne s'agit que d'un seul La Fontaine, tout à la fois bon et naïf. Si vous disiez *le* bon et *le* naïf La Fontaine, on pourrait croire que vous parlez de deux La Fontaine, dont un *bon* et un *naïf*.

portent leur coiffure très haut; c'est ce qui les fait marcher droit. Cette maison est bien bâtie, la façade surtout en est construite avec goût. Je crains de devenir pulmonique, tant j'ai de mal à la poitrine. Quelques grands biens que vous possédiez, vous ne serez jamais riche si vos dépenses excèdent vos revenus. Quelque adroits que vous soyez tous les deux, quels que soient vos désirs de me tromper, vous ne m'en imposerez pas. Nous naquîmes tous les deux dans la même maison, et nous fûmes élevés tous deux ensemble.

11e. Quelques éloges qu'on ait décernés à la plupart des conquérants, ils ont été les ennemis du genre humain; quelque célèbres qu'ils soient, quelques victoires qu'ils aient remportées, quels que soient leurs talents militaires, quelle que soit leur volonté de faire le bien, ils ont toujours fait le mal. Vos promesses, tout agréables qu'elles soient, toutes séduisantes qu'elles paraissent, ne produiront pas l'effet sur lequel vous comptez. Vit-on jamais une femme plus infortunée que je le suis? Les Arabes, les sauvages même ne seraient pas capables d'une action aussi barbare. Ce jeune homme déclame avec une chaleur, un sentiment étonnant. Il y a des personnes qui dorment la bouche et les yeux ouverts. Nous paierons à la nature le tribut que tous les hommes paieront, chacun à son tour.

12e. Il met dans tout ce qu'il fait une grâce et un goût charmants. Vous rappelez-vous cette dame qui avait les cheveux châtain-clair, et une robe bleu-foncé? Danaüs, ayant appris de l'oracle qu'il serait tué par ses gendres, exigea de ses filles qu'elles massacrassent, chacune leur mari; toutes, en effet, poignardèrent, chacune leur époux. Cette pièce n'a pas réussi; on a trouvé que le style est trop simple, et que l'intrigue ne l'est pas assez. Mon père et ma mère, mon oncle et ma tante m'ont appris l'ancien et le nouveau Testament. Certaines gens, qui se disent dévots, sont néanmoins tellement pressés de sortir de l'église, qu'ils quittent souvent avant que le dernier évangile soit dit. Les femmes grecques et les romaines se brunissaient les yeux comme les femmes de l'orient.

13e. Parmi les peines et les afflictions de cette vie, il y en a peu dont nous ne puissions nous consoler, si nous portons nos regards vers le ciel. Aux yeux de l'envie, la réputation la mieux établie n'est qu'une erreur publique.

Nous avons passé toute la nuit à réfléchir sur notre nouvelle position; lorsque le lendemain nos enfants sont entrés dans notre appartement, ils ont été tout étonnés de nous trouver tout habillés. Quelle que soit la confiance que vous ayez dans vos forces, quelque grandes que soient vos vertus, gardez-vous de fréquenter des gens vicieux. Il y a toujours en eux quelque chose de contagieux. Quelque chose que vous m'ayez dite, je ne l'ai point entendue. Je vous ai pourtant dit quelque chose de fort amusant.

14e. Ces jeunes gens sont arrivés tout abattus, tout harassés des chaleurs qu'il a fait dans la journée. Notre père exige que nous partions aujourd'hui; ce n'est pas moi qui me ferai prier pour lui obéir. Sache donc, mon fils, que c'est toi qui es le seul élève qui m'ait donné quelque satisfaction; tu sais aussi que c'est moi qui m'intéresse le plus à ton instruction. Remettez ces paquets, chacun à sa place. Chacun de ces messieurs veut avoir raison, avant qu'ils aient donné, chacun, leur avis. Je vais vous donner une chose dont j'ai besoin. Je connais une personne qui n'est point estimée des gens sensés. Quelques trésors que nous possédions, quelque puissants que nous soyons, quelle que soit notre autorité dans le monde, nos désirs ne seront jamais satisfaits.

15e. Tout enfant gâté par ses parents sera, dans la suite, le fléau de la société et le tourment de ceux même qui lui ont donné le jour. Quelques soldats de l'armée ennemie sont venus se promener dans notre ville; nos jeunes et nos vieux officiers les ont très bien accueillis. L'amour-propre n'est pas un guide auquel nous puissions nous confier. Vous raisonnez comme un homme qui connaît tout. C'est donc vous qui avez fait ces beaux livres que notre maître nous a fait lire? C'était vous aussi, sans doute, qui vous intéressiez à mon cousin, et qui vous occupiez si généreusement de le bien placer? En traduisant cet auteur, on a omis des citations, des passages même tout entiers. Les passages que vous avez trouvés faibles, sont les mêmes passages que j'ai condamnés.

16e. Conduisez-vous de manière que nous n'ayons aucun reproche à vous faire. Je les ai condamnés à copier, chacun, leur thème cinq fois. Ces estampes sont jolies, elles m'ont coûté deux cents francs chacune. Dites-leur de se présenter, chacun à son tour, et d'apporter, chacun, leur devoir. Fut-il au monde une femme plus respectée, plus environnée d'égards que je le suis? Ne compte pas sur tes parents, mon fils, disait une veuve à son enfant; il n'y a que moi qui m'occupe de ton bonheur et qui m'attache sérieusement à ton éducation. C'est donc toi, mon fils, qui sus te faire aimer de tes maîtres, et qui remportas le prix de vertu. C'est à vous, mes amis, que je m'adresse pour savoir à qui appartient le cheval qui court à travers nos champs.

17e. Madame sera-t-elle présentée à la reine? non, je ne le serai pas. Cette maison est très spacieuse, et rien n'en approche pour l'élégance des bâtiments. Oui, mes camarades, c'est moi qui osai réclamer pour vous, qui sus faire écouter vos plaintes; mais gardez-en le secret : car si on le savait, je serais puni. Il n'y a donc que toi seul, mon véritable ami, qui t'intéresses à notre malheur, qui saches nous apprécier et qui oses tout pour des amis malheureux. Ernest et sa sœur ne se ressemblent guère. Celle-ci est toujours occupée; et celui-là toujours oisif. On rend un grand service aux enfants si on les éloigne des mauvaises compagnies. Mes amis, si on vous demande où nous sommes, ayez soin de dire que vous ne savez pas où l'on nous a conduits.

18e. Tout injurieuses, tout offensantes que sont vos paroles, je n'y fais aucune attention. Personne n'est étonné de ce qu'a fait cet enfant, pas une personne n'en est surprise. De quelques vertus que fût doué Vespasien, quelque brillantes qualités qu'il ait possédées, quels que fussent la tendresse et le respect du peuple à son égard, Titus, son fils, fut plus vertueux et plus populaire encore. C'est à lui qu'on a donné le beau surnom de *Délices du genre humain*. Il n'était occupé qu'à faire du bien. Un jour qu'il n'en avait fait à personne, il s'écria tristement le soir : *J'ai perdu ma journée.* Cet homme est tombé d'un arbre, et s'est fait une blessure dangereuse à la tête. C'est votre frère et votre sœur que j'ai rencontrés ce matin; ce sont vos enfants que j'ai conduits en pension.

19e. Ce n'est pas moi, monsieur, qui vous ai écrit cette lettre, et qui vous ai insulté. C'est toi, mon frère, qui as manqué à ton ami et qui lui as fait des reproches qu'il ne méritait pas. Est-ce nous qui vous ennuyons, et qui vous avons tourmenté? C'est vous, mes amis, que le ciel bé-

nira, car vous avez à cœur de complaire à vos parents et
de les honorèr. Puisque cet enfant a mérité une punition,
il la recevra. Ce sont les aigles romaines qui ont soumis le
monde. Fuyez les curieux : ce sont, à coup sûr, des in-
discrets. C'était nous qui étions appelés à ce nouvel emploi ; mais ce fut vous, messieurs, par vos sollicitations,
qui y fûtes nommés à notre place. C'est la justice et la
bonté de la reine qui l'ont rendu digne de la régence.

20e. Quelles qu'aient été la justice et la vertu d'Aristide,
quelque belles qualités qu'il ait possédées, on ne peut dire
que sa vie ait été respectée par la calomnie. C'est donc toi,
mon cher Ernest, qui t'es montré ingrat envers ton bien-
faiteur, et qui m'as abreuvé de dégoûts ! C'est vous, hypo-
crites, qui prêchez la vertu, et c'est vous qui la pratiquez
le moins. Vous êtes sans doute marchande ? oui, je le suis.
Vous êtes la marchande que j'ai fait demander ? oui, je la
suis. Je suis l'homme qui vous a fait le plus de bien : et
vous, vous êtes l'homme qui m'a fait le plus de mal. La
totalité des pays de l'Afrique n'a pas encore été explorée.
La multitude des canaux qui coupent la Hollande servent
à transporter les denrées.

*(Avant de faire faire les exercices suivants interrogez
les élèves sur les nos 231 à 266.)*

21e. Le repos, la tranquillité est ordinairement le partage de l'homme qui méprise les richesses. J'ai entendu
ce discours, qui est écrit sur la bonne et la mauvaise conduite, et y ai vivement applaudi. Que la condition des hommes est misérable, puisqu'ils ne savent pas s'estimer les uns
les autres ! Ce prince, qui était en guerre depuis longtemps
employa tous les moyens possibles pour terminer cette
guerre. Cet ouvrage ne ressemble pas à ceux que cet auteur a publiés. Aristipe croyait que la pauvreté vaut mieux
que l'ignorance : parce que celle-là n'est qu'une privation
des richesses, au lieu que celle-ci est une privation d'en-
tendement.

22e. On dit qu'Aristipe s'endormait quelquefois, tenant
dans la main une boule de cuivre au-dessus d'un bassin,
afin qu'en tombant dans le bassin, elle le réveillât. Il disait
qu'il n'y a que l'étude et la sagesse qui puissent éclairer
l'ame. J'aime les enfants, et je leur pardonne volontiers

leurs fautes, lorsqu'ils paraissent vouloir s'en corriger. Ce magistrat est malheureux : son rang, sa dignité, son élévation fut compromise dans cette affaire. Les douaniers sont sortis ce matin avant le lever de l'aurore, ils ont aperçu une bande de contrebandiers ; ils les ont poursuivis, et n'ont point tardé à les attraper.

23e. Le sel et le sucre se dissolvent dans l'eau et s'y résolvent. Ces hommes se revêtent du manteau de l'hypocrisie. Cet eau ne bout pas, mais elle bouillira bientôt. Vous vouliez que je conclusse avec vous un arrangement qui répugnait à ma délicatesse. Sont-ce là les livres dont vous m'avez parlé ? oui, ce les sont. Ma mère et moi, nous désirons de nous lier avec vous. J'étais au moment d'aller me coucher, lorsque vous êtes arrivé, et j'allai me promener avec vous. Je vous ai dit que la vertu n'est pas une vaine chimère. La vivacité ou la langueur des yeux est un des principaux caractères de la physionomie. J'ai pu désirer que vous vous occupassiez de cette affaire ; mais maintenant je renonce aux offres obligeantes que vous m'avez faites. Le temps, ainsi que les circonstances, me fait présager que vous manquerez à votre parole.

24e. Sont-ce là les devoirs que je vous ai donnés à faire ? oui, ce les sont. Je sais qu'il a demandé cette faveur : mais je doute qu'on la lui accorde. J'ai appris cette semaine que votre frère est mort d'une fièvre cérébrale. Est-ce vous ou votre ami qui avez rédigé cette demande ? non, c'est mon frère et moi qui l'avons faite. Il n'est pas de sacrifice que je ne fusse disposé à faire, s'il dépendait de moi de vous rendre la santé. J'ignorais que vous fussiez venu hier dans l'intention de me voir. Hérophile, philosophe grec, ainsi que Descartes, place l'ame dans le centre du cerveau. L'armée à laquelle on avait donné l'ordre de passer les Apennins, vient de recevoir celui de se transporter dans les Pyrénées. Le siége d'Azoth dura vingt-neuf ans : c'est le plus long siége dont il soit question dans l'histoire ancienne.

25e. Ce prince a monté bien jeune sur le trône de ses aïeux ; il est descendu dans la tombe avant qu'il ait eu le temps de mettre à exécution les projets qu'il avait conçus. De quoi avez-vous déjeûné ce matin ? du café au lait. Pardonnez, ma sœur, à ces pauvres enfants ; car ils sont repentants de vous avoir offensée. Quels sont ces enfants ?

C'est mon fils et ma fille. Ce sont donc eux qui sont venus
me voir hier? non, c'étaient mes deux fils aînés. Cet ouvrage est excellent, il l'emporte sur tous ceux qui ont été
composés dans ce genre. Les nations les plus raisonnables
ne sont pas assurément celles qui raisonnent le mieux sur
leurs devoirs : ce sont celles qui ont coutume de les pratiquer le mieux. Ce mal est bien alarmant, il semble qu'on
ne puisse pas y remédier. La faute la plus légère, une pensée même peut nous rendre coupables.

26ᵉ. Pythagore gravait les principes de la pudeur et de
la piété dans les ames, et voulait qu'on tînt un milieu entre
la joie excessive et la tristesse ; que l'on cultivât sa mémoire, qu'on ne dît et ne fît rien dans la colère ; qu'on ai-
mât à chanter les louanges de Dieu et des grands hommes.
La Motte disait que la jalousie est un hommage maladroit
que l'infériorité rend au mérite. D'épaisses ténèbres cou-
vraient la terre ; mille tonnerres se fesaient entendre ; il
semblait que les éléments confondus se fissent une guerre
effroyable et que toute la nature se replongeât dans le
chaos. La calomnie s'établit sans peine ; le temps en dé-
couvre la fausseté. Il était nécessaire, dit-elle, qu'il vain-
quît ou qu'il mourût. Si l'on dit que le soleil paraît tourner
autour de la terre, c'est une fausse apparence : c'est nous,
au contraire, qui tournons autour de lui.

27ᵉ. C'est un travail constant, une application soutenue
qui, seule, peut aplanir les difficultés de la langue française. J'ai préparé d'avance ma sœur à cette nouvelle, afin
qu'elle ne soit pas surprise lorsqu'elle l'apprendra. J'ai été
informé, par la carte que vous aviez laissée chez mon portier,
de la peine que vous avez prise de passer chez moi. J'ai
défendu qu'on vînt me troubler pendant que je travaille-
rais. On voit beaucoup de personnes aimer la vie et n'en
pas jouir. Nous devons chérir les bons maîtres et leur obéir.
Cet officier est propre au métier de la guerre et en est content. Il semble qu'on apprenne d'un maître en écoutant ses
leçons, et qu'on s'instruise par soi-même en fesant des
recherches.

28ᵉ. Une foule de curieux étaient arrêtés devant ma
porte. Vous êtes le meilleur enfant qu'il soit possible de
trouver. Votre ami et moi, nous suivons la même carrière.
Croyez-vous que je m'avançasse aussi loin, si je n'étais certain de réussir? Votre ami est encore loin de recouvrer la

santé. Il me tardait que vous fussiez arrivé, pour que je vous fisse part d'un projet que j'ai conçu. L'homme, comme tous les animaux, a la même origine. Ces propriétés sont attenantes aux miennes, et en sont dépendantes. Il est difficile de comprendre comment ces enfants étaient dociles à leurs devoirs, et en étaient contents, puisqu'ils sont nés avec de mauvaises dispositions, et qu'ils sont enclins à la dissipation. Il engagea les révoltés à rester tranquilles, leur assurant qu'ils n'avaient rien à craindre.

29e. Dès la première fois que j'ai vu ce jeune homme, son aménité, sa douceur m'a charmé. J'ai à vous faire part d'une bonne nouvelle ; mais, pour l'apprendre, il faudrait que vous vinssiez me voir comme vous me l'aviez promis ce mois-ci, et que vous restassiez quelques jours chez moi. Votre père et votre mère m'ont écrit que vous êtes à Paris ; je suis bien aise de vous y voir. Votre ame a-t-elle perdu ce courage, cette énergie qui l'animait autrefois ? Au lieu de chercher à réparer, par l'étude, le temps que votre négligence vous a fait perdre, vous continuez à aller de mal en pis. Il semble que pour battre il faille redoubler les coups, et que pour frapper il suffise d'en donner un. Les personnes qui n'ont peur de rien, sont les seules qui fassent honneur à notre espèce. Je doute que les vins de Falerne aient été plus renommés que ceux de Champagne et de Bourgogne.

30e. Tout affreuses, tout horribles, toutes révoltantes que furent les cruautés de Tibère, elles n'égalèrent pas celles de Néron. Quelque cachés que soient vos crimes, quels que soient les soins et les peines que vous vous donniez pour les faire disparaître, ils ne peuvent échapper à l'œil de la justice éternelle. L'homme sage implore la Providence et en attend tout son bonheur. Cet élève a mal parlé à son maître et lui a désobéi. Ernest est chéri de ses parents et leur est agréable. Je ne doutais pas que vous ne vinssiez à bout de cette entreprise ; seulement j'aurais désiré que vous y missiez un peu plus de zèle. J'ai passé ce matin chez mon notaire, je l'ai trouvé à son étude, et il m'a remis les pièces que tu lui demandais hier.

31e. Un soir du mois dernier, j'allai me promener aux Tuileries, j'y rencontrai un homme qui me pria de tenir son fils sur les fonts de baptême. L'étude de la langue grecque et celle de la langue latine présentent à peu près les mêmes difficultés. Si ce ne sont point eux qui ont causé ce dégât, ne serait-ce pas ces méchants enfants? Vous êtes le seul ami en qui j'ai de la confiance. Vous êtes si bon, qu'il n'y a personne qui ne voulût vous ressembler. Faut-il qu'il feigne de vous connaître et qu'il vous voie maltraité! Cet enfant est bien le plus insupportable que j'aie connu de ma vie. C'est à ses sœurs hospitalières que nous devons notre santé. Vous pouviez repousser la force par la force; car, après tout, les lois permettent de s'opposer à la violence et de la repousser, quelles que soient les personnes qui nous attaquent.

32e. Epicure nous a appris que le bonheur de l'homme est dans la jouissance, et que la jouissance consiste dans la vertu. Je me rappelle, madame, vous avoir entendu raconter cet événement qui a eu des suites si funestes. Je suis charmé de la vue de votre maison, et me plais à voir les beaux sites qui l'environnent; il me semble que rien n'est plus propre à inspirer la muse pastorale. J'avais à supporter tout le poids du travail : il fallait que j'allasse et que je vinsse pour vaquer aux soins du ménage. Quelque grandes victoires qu'ait remportées Bonaparte, quelques lauriers qu'il ait cueillis, quelque brillants qu'aient été ses succès, quelques nations qu'il ait soumises, il n'a pu éviter de mourir prisonnier sur un aride rocher. Toute fière, tout altière qu'était, avec les grands, Elisabeth d'Angleterre, elle était tout autre avec les simples particuliers. Tout spirituels, tout parfaits que sont les sages, ils ont encore bien des défauts.

33e. La plus grande injure que l'on puisse faire à un honnête homme, c'est de se défier de sa probité. Il n'est point de dispute qui ne doive se terminer par une réplique de part et d'autre. Sa droiture, son honnêteté le fait rechercher de tout le monde. La force du corps, comme celle de l'esprit, disparaît dans les maladies graves. Faites-lui cette opération bien vite, de peur qu'il ne meure. Le commerce auquel vous vous appliquez, et la profession à laquelle vous vous dévouez sont honorables. C'est toi, Ernest, qui te trompes et qui t'amuses à de vaines recherches. Ce sera vous, mes enfants, qui vous assiérez sur ce banc de gazon et qui y jouerez. Votre sœur est tout émue, elle est toute honteuse de sa conduite. Quelle que puisse être la faute qu'il ait faite, on la lui pardonnera.

34º. J'ai négligé mes devoirs cette semaine, mais je les soignai très bien la semaine dernière. Ton ami m'écrivit la semaine passée, et je lui ai répondu cette semaine; je doute que tu aies raison de le faire venir à Paris. Nous tremblons que ton père n'ait tort dans cette affaire, et qu'il ne croie avoir raison. Doutes-tu que ton avocat n'écrive mieux que moi, et qu'il ne comprenne pas aussi bien ton affaire que je la comprends? Il était nécessaire que je fisse ces emplettes et que je retournasse sur-le-champ à la maison. Ma fille est portée à la lecture et en est avide. Nous sommes tous amis de l'étude et nous y sommes accoutumés. Il fallait que la sottise ou la méchanceté le perdît. Ces enfants sont sortis, de peur qu'on ne les enfermât.

35ᵉ. Sensibles aux charmes de l'éloquence, les anciens ne pouvaient se persuader que la rhétorique fût une invention humaine; ils la regardaient comme le plus riche présent qu'ils eussent pu recevoir des Dieux. Telles sont l'inconstance et la faiblesse des hommes : ils se promettent tout d'eux-mêmes, et ils ne résistent à rien. La quantité de perdrix que nous avons aperçues était si grande, que nous en avons tué sept d'un coup de fusil. Vous ne sauriez vous faire une idée de la foule d'attentions qu'il a eues pour moi. La grâce, la bonté préside à toutes ses actions. Il a fallu que vous vous fussiez donné beaucoup de peine pour avoir terminé cet ouvrage en si peu de temps. Boileau a dit que ce que l'on conçoit bien s'énonce clairement.

36ᵉ. Si l'on était dans ce pays, et qu'on y fût bien établi, on réussirait. Craindriez-vous que cet homme vînt nous troubler ici et qu'il vous attaquât? Ce qui me plaît le plus en elle, c'est cette douceur, cette modestie qui vous charme. Nierez-vous maintenant que je sois plus sage que vous? Croyez aux mystères sublimes de notre sainte religion, et parlez-en avec une sainte vénération. Puisqu'il faut que ce travail soit terminé avant trois jours, peut-être vaudrait-il mieux que vous le commençassiez d'avance. Il n'y a que moi qui soit le maître ici. Penses-tu qu'il n'y a que toi qui te sois trompé? J'ignorais que vous fussiez sorti; mais je n'ignore pas que vous ayez passé votre temps à ne rien faire. Un bon roi, comme un bon père de famille, semble né pour le bonheur du genre humain : amis, parents, sujets, courtisans, tout le monde les adore l'un et l'autre.

37°. Etes-vous encore ce studieux et docile élève qui ne songeait qu'à contenter ses maîtres? Je regrette que vous ne vous soyez pas trouvé à cette soirée. Ce ne sont pas là les faveurs que vous aviez promis de me faire obtenir. Nous ne nous sommes trouvés que deux qui ayons été du même avis dans cette affaire; en ce cas, vous êtes les deux personnes qui m'avaient donné le meilleur conseil. Il ne s'en est guère fallu que le ministre ne m'ait renvoyé sans me donner mes passe-ports. Il est à craindre que la paresse de cet enfant ne le conduise un jour à sa perte. Ces deux caisses avaient été expédiées assez tôt pour qu'elles arrivassent à l'époque désignée. O mon cher Hippias, c'est moi seul, moi, impitoyable, qui t'ai donné la mort! moi qui t'ai appris à la mépriser! O cher enfant que j'ai nourri! et qui m'as coûté tant de soins!

(Avant de faire faire les exercices suivants, interrogez les élèves sur les n°ˢ 267 à 287.)

38°. Ces jeunes enfants sont ordinairement amateurs du changement et y sont portés. Ce mur paraît menacer ruine; il est près de s'écrouler, si l'on ne prend les moyens nécessaires pour lui donner plus de solidité. Ernest et sa mère se sont promenés tous deux au Luxembourg, en se donnant le bras. C'est ici que nous nous sommes vus pour la première fois. Avant d'avoir lu ce livre, je ne m'étais pas fait une juste idée de l'astronomie; maintenant je crois la connaître. Chaque fois que je veux parler à cet homme, je suis tout à coup intimidé par son air rébarbatif. Vous avez plus de fortune que moi. Promenez-vous autour du parc. Il était assis sur son trône et ses fils à l'entour. C'est chez vous que j'ai reçu l'accueil le plus cordial.

39°. Quand Métellus reçut la permission de revenir à Rome, on vit sa raison près de l'abandonner. Restez autour de nous et ne nous quittez pas. Ne partez pas avant votre ami, puisque vous voulez passer au travers de la forêt. Qu'avez-vous donc, mon enfant, vous paraissez prêt à pleurer? Ces deux plates-bandes forment deux losanges qui, placées vis-à-vis l'une de l'autre, produisent un charmant effet. Quoique notre siècle soit généralement observateur, il y a néanmoins des choses sur lesquelles il n'a pas encore porté ses observations. Mes enfants, mettez-vous tout de suite au travail, et songez donc que nous

8.

avons déjà travaillé trois heures de suite. Par son courage et son énergie, il a triomphé de tous les obstacles.

40⁰. Nous devons plaindre les imbéciles plutôt que nous en moquer. C'est de cette maison que partent les voitures de l'administration. C'est ici que Voltaire s'explique sans détour; il veut que, sans aucune exception, l'on puisse peindre chaque métaphore. Il faut d'abord pardonner à ses ennemis, en second lieu faire du bien autant qu'il est possible. Vous êtes dans l'âge où il faut s'appliquer à l'étude et réfléchir. Penser avec liberté, sentir avec délicatesse, agir avec courage, c'est le partage de l'homme vraiment vertueux. Taillez cet espalier et donnez-y la forme qui vous paraîtra le plus convenable. Messieurs, il en est quelques-uns parmi vous qui sont inexcusables.

41⁰. Votre père m'a assuré que vous viendrez plus tôt que je ne le pensais. Quoi qu'on en dise, le mérite sert toujours à quelque chose. Je ne suis point sorti aujourd'hui, parce que j'ai eu beaucoup d'affaires. Nous étions dans le parc lorsque des voleurs rôdaient à l'entour. Si vous partez, venez me voir auparavant. Oui, monsieur, j'espère aller vous voir avant de partir. J'ai, près de ma cuisine, une office spacieuse où sont renfermées toutes mes provisions de table. Nous sommes arrivés à l'endroit où l'histoire est le plus intéressante. Cette rose est tout aussi belle que si l'on venait de la cueillir. Il faut donc que l'on convienne que vous êtes arrivé avant moi dans ce pays. C'est à Marseille que je vais, et c'est à Lyon que je dois fixer mon domicile.

42⁰. Je crois que vous demeurez maintenant près des Tuileries. Regardez comme il y a de la poussière autour de ces meubles. J'ai entendu, au travers de la porte, toute la conversation que vous avez eue avec mon père. J'ai longtemps poursuivi ce lièvre à travers les champs. Nous avons assisté à la séance royale de l'ouverture des chambres, nous étions tout yeux et tout oreilles. Voulez vous me tailler la plume avec laquelle je dois faire ma dictée? Tel est le motif pour lequel je suis venu. Quoi que vous en disiez, cet enfant est fort instruit. Un soldat doit toujours être prêt à obéir aux ordres de ses chefs, à l'égard desquels il doit être respectueux. Rome, près de succomber, se soutint, durant ses malheurs, par la sagesse du sénat.

RÉCAPITULATION SUR LES EXERCICES SYNTAXIQUES.

PREMIER EXERCICE. On sait que les astres ont leurs périodes réglées; la lune, dit-on, fait sa période en vingt-neuf jours et demi. Bourdaloue était un foudre d'éloquence et Condé un foudre de guerre. La politesse exige que nous prêtions la plus grande attention à ce qu'on nous dit. Cette liqueur est destinée pour être servie après celle qui a été apportée ce matin. Il faut que les enfants obéissent tout de suite. Une grande naissance annonce le mérite et le fait plus tôt remarquer. Il y a des livres qu'il faut lire tout de suite, sans quoi ils ennuient : ce sont les ouvrages de circonstances. Plutôt souffrir que mourir. Avant Louis XIV, la France, presque sans vaisseaux, tenait en vain aux deux mers. Les délicats sont malheureux; rien ne saurait les satisfaire.

2ᵉ. Autour des mauvais rois voltigent les cruels soupçons, les vaines alarmes. C'est dans la solitude que l'homme de génie est ce qu'il doit être; c'est là qu'il rassemble toutes les forces de son ame. La fille du roi, laquelle était venue se baigner au bord du Nil, aperçut une petite natte de joncs qui renfermait un jeune enfant. Je ne vous donnerai point de conseils qui puissent vous attrister. J'ai vu le mari de votre sœur, lequel doit occuper un des plus importants emplois dans cette administration. Je suis allé voir ma sœur, je l'ai trouvée toute malade, tout affligée, tout inconsolable de la perte de son époux. Ernest, quelles que soient les compagnies que tu fréquentes, quelque brillants discours qu'on y tienne, quelque spirituels que soient ces discours, pense toujours que l'homme est sujet à l'erreur.

3ₑ. Ces sottes gens sont parvenus au dernier période du bonheur. Gardez-vous bien d'avancer quelque chose qui ne puisse être prouvé. L'astronomie est une des sciences qui fait le plus d'honneur à l'esprit humain. Turenne et Montécuculli s'opposaient l'un à l'autre la patience, la ruse et l'activité. L'histoire de Charles XII, roi de Suède, est toute remplie de faits merveilleux; elle a été tout embellie par l'auteur. Les Racine, les Boileau, les Voltaire, furent de grands poètes; ils s'estimaient les uns les autres. Cicéron a des morceaux sublimes; ils sont d'une élévation, d'une force soutenue. Son aménité, sa douceur nous charme. La pièce qui est la moins sifflée, n'est pas toujours la meilleure. Il faut faire placer ici des abat-jour. Ces remèdes sont des contre-poison. On voit peu de cerfs-volants dans la plaine. nous nous perdons les uns les autres.

4ᵉ. César et Pompée avaient, chacun, leur mérite ; mais c'était des mérites différents. On offense un brave homme alors qu'on l'abuse. Le vainqueur et le vaincu se sont retirés, chacun dans sa ville. Les grands et vastes projets, joints à la prompte et sage exécution, font le grand et sublime ministère. Il n'est donc que toi, dans ce pays, qui t'intéresse à mon sort, et qui t'occupes de mon bonheur. Ce n'est pas tant la pompe et la majesté qui font les rois, que la grande et suprême vertu. Ce sont les peuples qui perpétuent de siècle en siècle la mémoire des bons princes. Seraient-ce là les mêmes hommes que nous avons vus ramper autrefois ? Ce qui paraît le plus louable aux yeux de Dieu, c'est la vertu malheureuse.

> ...... Il n'est point d'ame livrée au vice
> Où l'on ne trouve encore des traces de justice.

5ᵉ. Bien parler des absents, ne railler personne, ne dire rien contre la vérité, sont trois choses extrêmement rares. Les Romains n'ont vaincu les Grecs que par les Grecs mêmes. La sagesse, la vertu même doit avoir des bornes. La multiplicité de grammaires donne souvent lieu à des cacophonies. La science humaine, quelle quelle soit, n'est rien en comparaison de celle de Dieu ; car celle-ci est toute sainte, tout aimable, tout impénétrable, toute sage. Quels que soient vos sentiments pour mon frère, quelqu'innocents qu'ils vous paraissent, je ne puis les approuver. Les hommes médisants n'épargnent pas même leurs amis. Ceux qui se plaignent de la fortune n'ont souvent à se plaindre que d'eux-mêmes.

> Et ne voyiez-vous pas, dans mes emportements,
> Que mon cœur démentait ma bouche à tous moments ?

6ᵉ. Pourquoi niiez-vous cette vérité dans la dernière lettre que vous m'écrivîtes ? Donnez-moi la version que vous avez faite ce matin, et je vous rendrai les exercices français que vous m'avez donnés à corriger. Il est une remarque qu'ont pu faire bien des gens ; pour moi qui l'ai faite, j'en ai reconnu la vérité : c'est que la journée est pluvieuse, ou doit le devenir, quand les hirondelles volent bas dès le matin. Quelle honte pour ceux qui, lorsqu'ils sont établis pour régler les passions de la multitude, deviennent eux-mêmes les vils jouets de leurs propres passions ! Les grands se plaisent souvent dans l'excès, et les petits aiment la modération : ceux-là ont le goût de dominer et de commander; et ceux-ci sentent du plaisir à les servir et à leur obéir. Molière n'a pas prétendu se moquer de la science; il n'en a joué que l'abus et l'affectation. Ces élèves, après avoir répété, chacun, leur fable, se sont retirés, chacun dans sa chambre.

7e. Respectons toujours la vérité à laquelle nous devons les plus grands égards. Les mathématiques sont très nécessaires, j'y donnerai tous mes soins. Cet ouvrage, dont vous avez entendu la lecture, ne me semble pas déparer les ouvrages précédents du même auteur. Rendre l'accès du trône facile aux sujets, c'est en augmenter l'éclat et la majesté. Tous les gens habiles sont toujours recherchés. Madame a l'air trop indulgent pour être crainte. Mentor disait que les enfants appartiennent moins à leurs parents qu'à la république. Avant que Cyrus vît le jour, Dieu le choisit pour gouverner. La Fontaine était persuadé, comme il le dit, que l'apologue est un art divin.

> Néron, devant sa mère, a permis, le premier,
> Qu'on portât les faisceaux couronnés de laurier.

8e. La compassion se trouve chez les malheureux plutôt que chez les gens habitués et avides de toutes les délices de la vie. Les Romains encourageaient les soldats valeureux, et leur donnaient des récompenses. Votre ami a sollicité une permission, mais il a quitté la pension avant qu'on la lui ait accordée. Mes enfants, sont-ce là vos livres? oui, ce les sont. Un philosophe disait que servir les humains, c'est la première vertu après la piété. Léonidas était mort pour son pays, avant que Socrate eût fait un devoir d'aimer sa patrie. Combien d'hommes seraient morts plus saintement, s'ils eussent pensé que le trépas fût venu les atteindre si tôt ! Je ne savais pas que vous eussiez fait une étude si approfondie des mathématiques. Pensez-vous qu'il vînt vous voir et qu'il vous parlât, s'il savait la réception qui l'attend ?

9e. Penser avec liberté, sentir avec délicatesse, agir

avec courage, c'est le partage de l'homme vraiment vertueux. Il n'y a que vous et moi, mon ami, qui ayons fait des ouvrages dans la seule vue d'aplanir les difficultés de cette science. Que la loi soit bonne ou mauvaise, on doit y obéir pour ne pas tomber dans le pire des états, l'anarchie. Caton écrivait au sénat qu'il avait soumis plus de places en Espagne qu'il n'avait été de jours à parcourir ce pays. Ce guerrier n'ose lever les yeux, il court renfermer dans sa tente le chagrin et la honte dont il est accablé. La tradition n'a jamais permis que la sainte doctrine puisse être altérée. L'esprit des méchants, comme leur caractère me déplaît. Le mérite des hommes, aussi bien que les fruits, a sa saison. Que devient le pécheur lorsque son ame paraît en face du juge suprême? Cet homme court à travers les champs.

10e. Ce conseil s'assemble une fois par mois; il s'occupe activement et règle avec sagesse les intérêts communaux. Quelque belles contrées que vous ayez parcourues, quelque riches que soient les pays que vous avez visités, quelles que soient leurs productions, je doute que vous en ayez vu un aussi riche que celui-ci. Il est dangereux de dire au peuple que les lois ne sont pas justes. Cette nation de fanatiques a fait périr cruellement tous les étrangers qui se trouvaient chez elle. Une multitude d'hommes se sont réunis ici pour parler d'une affaire importante. Vous êtes le seul élève qui m'ayez donné de la satisfaction. Nous étions hier au soir en promenade, les mêmes élèves qui avaient manqué à leur professeur à la dernière promenade.

Aussitôt qu'un sujet s'est rendu trop puissant,
Encor qu'il soit sans crime, il n'est pas innocent.

11e. Il n'y a plus de temps à perdre, messieurs, mettons-nous à table; nous avons de bonne soupe, de bon vin, de bon bouilli, de bonnes côtelettes et d'excellents légumes. C'est toi, mon fils, qui sus te faire aimer, qui t'expliquas avec grâce et qui captivas tous les cœurs. La vanité humaine ne peut souffrir l'égalité parmi les hommes. La religion nous apprend à être affables envers nos inférieurs. Le Nil entretenait le commerce dans l'Egypte. Les passions nous travaillent pendant tout le cours de la vie. J'ai fait de brillantes affaires cette année; mais j'en fis encore de bien plus importantes les années précédentes. Les lois de Lycurgue ordonnaient que les enfants couchassent nus sur la terre ; elles exigeaient qu'ils fussent tous élevés en commun, et que les fils des premiers magistrats fussent soumis à cet ordre ; ces lois prescrivaient aussi que les filles fussent mariées sans dot.

> Cet animal, tapi dans son obscurité,
> Jouit, l'hiver, des biens conquis pendant l'été.

12e. La vertu sur le trône est dans son plus beau lustre. La nature de l'amour-propre est de n'aimer que soi, de ne considérer que soi. Nous avons une idée du bonheur et nous ne pouvons y arriver. La charité souffre tout pour ce qu'elle aime, et s'en accommode. La perte ou le salut des particuliers se borne à leur personne. Mon arc, mes javelots, mon char, tout m'importune. Le commun des hommes va de la colère à l'injure. Une nuée de traits obscurcirent l'air et couvrirent tous les combattants. On y conserve écrits le souvenir et l'offense. Votre feue mère et feu ma tente avaient autant de prudence que d'esprit. Les plaisirs déréglés sont des amusements qui ne laissent qu'un long et funeste repentir. Les crève-cœur sont des chagrins qui crèvent le cœur. Avez-vous vu le mur que j'ai fait faire ? Il est près de tomber. Où est mon fils ? il faut que je le voie avant qu'il meure. Ce qui soutient le plus la santé, c'est la tempérance. Ces martyrs marchaient tous deux au trépas, en se donnant la main. J'ai appris que vous étudierez les langues anciennes et modernes.

EXERCICES SUR LA PONCTUATION.

De la virgule. (*Voy.* les nos 287 à 292.)

PREMIER EXERCICE. Accoutumez-vous, ô Télémaque, à n'attendre des plus grands hommes que ce que l'humanité est capable de faire. La jeunesse, sans expérience, se livre à une critique présomptueuse, qui la dégoûte de tous les modèles qu'elle a besoin de suivre, et qui la jette dans une indocilité incurable. Non-seulement vous devez aimer, respecter, imiter votre père, quoiqu'il ne soit point parfait ; mais encore vous devez avoir une haute estime pour Idoménée, malgré tout ce que j'ai repris en lui. Il est naturellement sincère, droit, équitable, libéral, bienfesant ; sa valeur est parfaite, il déteste la fraude quand il la connaît, et il suit librement la véritable pente de son cœur. Henri **IV** avait, avant de monter sur le trône, peu d'amis, peu de places importantes, peu d'argent et une petite armée; mais son courage, son activité, sa politique, suppléaient à tout ce qui lui manquait.

2ᵉ. Au premier coup qu'on lui porte, l'idole se renverse, se brise et est foulée aux pieds. Le mépris, la haine, la crainte, le ressentiment, la défiance, en un mot, toutes les passions se réunissent contre une autorité si odieuse. Le roi, qui, dans sa vaine prospérité, ne trouve pas un seul homme assez hardi pour lui dire la vérité, ne trouvera, dans son malheur, aucun homme qui daigne ni l'excuser, ni le défendre contre ses ennemis. Charles **V** fut le premier qui, depuis Charlemagne, aima les gens de lettres, les favorisa, les protégea et leur accorda des titres honorables. Les hommes qui sont créés pour connaître et aimer Dieu, doivent s'appliquer à fuir le vice et à pratiquer la vertu. La science, qui est le prix du travail, ne laisse jamais l'homme sans consolation. Celui-ci était étendu, percé de diverses blessures; et, dans son extrême faiblesse, il entrevoyait près de lui les portes sombres des enfers.

De la virgule et du point-et-virgule.

Je touche, mon cher fils, au bout de ma carrière;
Tes innocentes mains vont fermer ma paupière;
Mais soutenu du tien, mon nom ne mourra plus.

3ᵉ. Platon et Cicéron, chez les anciens; Clarck et Leibnitz, chez les modernes, ont prouvé métaphysiquement et presque géométriquement l'existence du Souverain-Être : les plus grands génies ont cru à ce dogme consolateur. Plaute, qui a fait rire les Romains, pour les corriger; Phèdre, qui a fait parler les animaux d'une manière si utile aux hommes; Horace, qui a si bien peint la raison des couleurs de la poésie, et tant d'autres auteurs, ont leurs rivaux en France, et peut-être leurs vainqueurs. La satisfaction qu'on tire de la vengeance, ne dure qu'un moment; mais celle qu'on tire de la clémence est éternelle.

4ᵉ. La bonté et la fermeté sont les deux qualités qui constituent le véritable instituteur. La puissance de la bonté se fait surtout sentir à cet âge tendre, qui éprouve un si grand besoin de la rencontrer chez ceux auxquels il est soumis; elle tempère l'agitation de l'enfance; elle fixe sa mobilité, par le charme qu'elle répand autour d'elle; elle adoucit la grossièreté; elle encourage la timidité; elle console le malheur; elle relève ceux qui sont abattus, elle se fait surtout sentir à ceux dont la situation est la moins favorable; elle a mille attraits pour appeler à elle les jeunes enfants; elle a mille aliments pour leurs nécessités diverses; elle seule enseigne la vraie mesure de l'indulgence. Vous devez vous le dire d'avance : une grande, une immense provision de bonté est nécessaire à celui qui se voue aux nobles et pénibles fonctions d'instituteur.

De la virgule, du point-et-virgule et des deux-points.

5e. Il y a trois sortes d'ignorance : ne rien savoir, savoir mal ce qu'on sait, et savoir autre chose que ce qu'on doit savoir. Il y a deux grands traits qui peignent le caractère : le zèle à rendre service, qui prouve la générosité; le silence sur les services rendus, qui annonce la grandeur d'ame. L'exercice, la sobriété, le travail, voilà trois médecins qui ne se trompent pas. Il ne faut jamais mépriser ceux qui sont moins riches que nous; car qui vous a dit que la fortune ne vous délaissera pas un jour ? Pythagore a dit : mon ami est un autre moi-même; et Plaute : le bien qu'on fait à d'honnêtes gens n'est jamais perdu. Télémaque répondit à Adoam, avec un étonnement mêlé de joie : je vous ai vu, je vous reconnais; mais je ne puis me rappeler si c'est en Égypte ou à Tyr. Alors Adoam s'écria : vous êtes Télémaque que Narbal prit en amitié, lorsque nous revînmes d'Egypte.

.... Punissez les forfaits ;
Mais ne trahissez pas vos propres intérêts.
A qui peut se venger trop souvent il en coûte.

6e. Il faut céder à l'usage et à l'autorité : ce sont deux devoirs que l'on ne peut récuser. Un écrivain estimable a dit : un digne instituteur serait le plus vertueux des hommes. Former l'enfance de l'homme, développer en elle le don de l'humanité, telle est la tâche de l'instituteur. L'homme est un : son intelligence, son cœur, ses organes, forment un tout étroitement lié. L'instruction élémentaire lui donne en quelque sorte de nouveaux orgames; mais il faut que la plante entière croisse, se déploie, porte ses fruits : c'est à vous de la cultiver, de la soutenir, de la féconder. Si le travail est le gardien des mœurs, les mœurs à leur tour ne protègent pas moins le travail : l'éducation seule peut garantir ou de la pauvreté, ou du vice.

De la virgule, du point-et-virgule, des deux-points et des différents points.

7°. La plupart des écrivains, dit Beauzée, multiplient trop l'usage du point, et tombent par là dans l'inconvénient de trop diviser les membres de la période; et quelquefois ils courent les risques d'être mal compris. Veux-tu devenir homme de bien, fréquente les bons, évite les méchants, et ne demeure jamais oisif. Cléopâtre allant à Tarse, où Antoine l'avait mandée, fit ce voyage sur un vaisseau brillant d'or et orné des plus belles peintures. Les voiles étaient de pourpre, les cordages d'or et de soie. Cléopâtre était habillée comme on représente Vénus. Ses femmes représentaient les nymphes et les grâces. Milton, voyageant en Italie dans sa jeunesse, vit représenter à Milan une comédie intitulée : *Adam, ou le Péché originel.* Le sujet de cette pièce était la chute de l'homme. Les acteurs étaient Dieu le Père, le diable, les anges, Adam, Ève, le serpent, la mort et les sept péchés capitaux.

Je le ferai bientôt. — Mais quand donc? — Dès demain. —Eh! mon ami, la mort peut te prendre en chemin.

8°. Pensez-vous qu'Ulysse, le grand Ulysse votre père, qui est le modèle des rois de la Grèce, n'ait pas aussi ses faiblesses et ses défauts? Si Minerve ne l'eût conduit pas à pas, combien de fois aurait-il succombé dans les périls et dans les embarras où la fortune s'est jouée de lui! Combien de fois Minerve l'a-t-elle retenu ou redressé pour le conduire toujours à la gloire par le chemin de la vertu! N'attendez pas même, quand vous le verrez régner avec tant de gloire à Ithaque, de le trouver sans imperfection; vous lui en verrez sans doute. La Grèce, l'Asie, et toutes les îles des mers, l'ont admiré malgré ses défauts : mille qualités merveilleuses les font oublier. Vous serez trop heureux de pouvoir l'admirer aussi, et de l'étudier sans cesse comme votre modèle.

Où suis-je? à mes regards un humble cimetière
Offre de l'homme éteint la demeure dernière.
Un cimetière aux champs! quel tableau! quel trésor!

RÉCAPITULATION SUR LA PONCTUATION.

J'ai à reconnaître la noblesse de ce titre d'instituteur primaire, que la frivole opinion du monde ne saurait apprécier, que ne décorent pas les avantages extérieurs; mais qui a droit à être honoré par les bons esprits et les gens de bien. Oui, ce titre est honorable, il est noble, quand il est porté d'une manière conforme aux devoirs qu'il impose. L'instituteur primaire est un véritable *officier public*; les lois de l'État ont reconnu elles-mêmes l'importance, la nécessité de cette fonction; elles l'ont fondée, réglée, protégée; elles en ont fait l'objet d'une juste sollicitude. L'instituteur primaire reçoit de l'autorité publique le caractère dont il est investi : tantôt appelé, choisi, nommé par cette autorité, il prend rang dans la commune comme directeur d'un établissement municipal; tantôt reconnu, du moins par l'autorité, pour ouvrir une école en son nom privé, il se range dans la classe de ces dépositaires qui se présentent à la confiance générale avec les garanties qu'un tel aveu doit exprimer. Ses relations sont avec le public, ses services ont pour objet un intérêt commun : mandataire collectif, il reçoit le dépôt remis dans ses mains par un grand nombre de familles. Lui-même, il exerce une autorité réelle, légitime, dans l'enceinte de son établissement : il y est revêtu d'une sorte de magistrature, dont l'influence s'étend au dehors. Cette magistrature est celle de la famille : délégué des parents, il les représente, il exerce en leur nom la puissance paternelle. La dignité des fonctions d'instituteur est donc comme un reflet, une émanation de cette haute dignité confiée aux pères de famille par la Providence, par la nature et par les lois. Le ministère de l'instituteur, quoique purement civil, s'associe lui-même au ministère religieux, le seconde; car l'instruction sert la religion; elle sert la morale qui est la fille de la religion; l'instituteur primaire prépare l'enfance à l'éducation religieuse, l'école est comme le portique du temple. Quel témoignage plus certain un instituteur pourrait-il recevoir de l'estime générale, que celui qu'il trouve dans la confiance qui lui est accordée? Car la confiance, on le sait, ne peut s'attacher à la personne, qu'en se fondant sur l'estime. On dépose dans leurs mains les objets des affections les plus tendres et les plus vives; on les associe à tout ce que la sollicitude d'un père ou d'une mère peut avoir de plus chers intérêts; on s'en remet à lui pour conserver et préparer le bonheur et l'avenir des familles; on lui accorde un pouvoir presque sans bornes, on se repose sur lui, sans autre garantie que celle de son caractère et de sa conduite. Voici un avantage de la position d'un instituteur : c'est qu'elle lui offre une occasion constante de se perfectionner lui-même; elle lui en fournit les motifs; elle lui en prête les moyens. Elle l'appelle en effet à exercer ses facultés de la manière la plus active et la plus continue. Il aura à étudier sans cesse; il aura des sujets d'observation aussi intéressants que nombreux; il s'instruira en enseignant; il devra s'appliquer à connaître les bonnes méthodes, afin de ne pas rester routinier; il deviendra meilleur en cherchant à diriger ses élèves, à les rendre bons; il acquerra de nouvelles forces par son application persévérante et courageuse à remplir ses pénibles devoirs.

L'instituteur a besoin de posséder un fonds de connaissances positives, réelles; de connaissances qui roulent sur les faits : il en aura besoin pour s'y appuyer dans les applications, et c'est vers ce but d'ailleurs qu'il devra constamment diriger ses efforts.

Mais ce n'est point assez encore de posséder les connaissances, il faut de plus avoir le talent de les transmettre. Le talent d'enseigner suppose l'instruction, mais il manque souvent aux hommes les plus instruits. Le talent d'enseigner n'est pas seulement celui d'exposer facilement, il suppose aussi l'art de présenter les choses sous leur aspect naturel, l'habileté à les disposer de la manière la plus conforme aux dispositions et aux besoins des élèves; il suppose l'intelligence des bonnes méthodes et l'habitude de les appliquer; il suppose l'art de se mettre à la portée de ceux dont on veut se faire comprendre, d'employer les formes les plus propres à faire pénétrer la lumière dans leurs esprits; il suppose à la fois et la netteté dans les idées, et la clarté dans le langage : moins les élèves sont avancés, plus il faut descendre à eux en leur facilitant l'étude.

L'instituteur primaire a besoin de beaucoup de discernenement pour apprécier les nombreuses difficultés de sa position, et pour en triompher; il a besoin de pénétration pour découvrir les dispositions des enfants, les obstacles qui les arrêtent, les impressions qu'ils reçoivent, pour suivre les mouvements fugitifs de leur intelligence; il a besoin d'un grand esprit de conduite pour conserver son indépendance, pour se guider dans ses relations, pour régler toutes ses démarches, pour ne jamais se compromettre avec les parents ou les élèves.

Les jours du véritable instituteur sont pleins de charmes: une activité tranquille et bien ordonnée, mais infatigable, met en valeur tous ses instants; les enfants accourent avec joie auprès de lui; il est au milieu d'eux comme un père; le désir de lui être agréable, la crainte de lui déplaire, sont pour eux le plus puissant mobile. Il voit se développer rapidement sous ses yeux les facultés de l'intelligence, et les qualités du cœur. Il recueille sans cesse en même temps qu'il sème. Son école est comme un monde en petit, un monde où pénètrent les lumières de la raison, la chaleur des sentiments vertueux, où règnent l'ordre, la sagesse et la bonté : dans les intervalles de liberté qui lui restent, il continue sa propre éducation, il réfléchit sur la marche qu'il a suivie, il prépare les améliorations, il éprouve ce contentement intérieur, ce premier bien de l'homme, qui est la récompense d'une vie consacrée à l'accomplissement des devoirs : il se voit entouré de l'approbation des gens de bien. Un sage instituteur, en s'adressant à ses collègues, dans une de ces conférences que nous désirons vivement voir s'établir entre les instituteurs de chaque canton, disait : L'importance de nos fonctions, et par conséquent l'appréciation de notre position sociale, dépend en grande partie de la manière dont nous remplissons nos devoirs, de l'aptitude que nous y apportons, du dévouement qui nous anime, des peines qui environnent nos efforts.

Sous tous les rapports, soyons nous-mêmes nos premiers surveillants, nos juges les plus sévères. Nous sommes d'âges différents. Il n'est aucun âge où l'homme ne puisse plus apprendre, plus faire de progrès. Fesons encore des progrès. Soyons de notre siècle, puisque c'est pour notre siècle que nous formons nos jeunes concitoyens. Remplissons nos devoirs de manière à donner en même temps des leçons et des exemples. La plus haute dignité qui se puisse obtenir dans ce monde, est la dignité morale. C'est elle que chacun se confère à soi-même. En possession de ce trésor, distingués par un caractère auguste, la considération du monde ne nous manquera pas plus que sa reconnaissance.

Phrase où se trouvent réunis tous les signes de la ponctuation.

On proclame à haute voix le nom du jeune Victor B***; un jeune homme se lève à l'extrémité supérieure de la salle; tous les yeux se portent sur lui; il descend; on s'empresse de se déranger pour lui ouvrir un passage, mais on a le temps de s'interroger. « Quel est-il? Quel âge a-t-il?.... Quel air modeste! Quelle figure aimable! Que sa mère doit être heureuse! La voilà. — Où donc? — Là...., cette dame qui s'essuie les yeux.... : » et mille autres propos que le jeune homme recueille en allant recevoir la couronne.

EXERCICES SUR LES HOMONYMES (1).

Les *homonymes* sont des mots qui ont le même son, mais dont la signification et l'orthographe sont différentes.

1. *Abaisse*-toi devant l'*abbesse* de ce couvent qui pétrit elle-même de l'*abaisse* pour faire la pâtisserie aux pauvres malades. Je ne veux pas qu'il *aille* où l'on mange de l'*ail*. Ma sœur est *allée* au soleil au lieu de rester à l'ombre d'une *allée*, et sa figure est *hâlée*. Vois-tu ce pauvre *hère* qui *erre* autour d'un *aire* où l'on respire un mauvais *air*? Tu connais l'*ère* chrétienne. Ce cordonnier a perdu *haleine* en cherchant son *alène*. Il fut condamné à l'*amende* pour avoir pris des *amandes*. Ce marchand vend des *ancres* pour les vaisseaux, et non de l'*encre* pour écrire. Cet *âne* appartient à ma sœur *Anne*. Une maison de jeu est un *antre* horrible, et celui qui y *entre* s'y trouve placé *entre* l'infamie et la mort.

2. Les habitants de la ville d'*Anvers* sont charitables *envers* les pauvres. C'est un poète du département de l'*Aude* qui a composé cette *ode*. Des jeunes gens de la ville de *Bâle* partirent pour la guerre comme pour un *bal*; l'un

---

(1) Avant de faire faire la dictée sur les homonymes, le maître aura soin d'expliquer aux élèves notre leçon sur la *dérivation des mots* (pages 150 et suivantes).

d'eux fut tué par une *balle* qu'il reçut à la tête. Tu *balaies* la salle avec mon *balai*, pour qu'on y danse un *ballet*. Au Palais-Royal, les restaurateurs vous servent du vin sans *eau*, mais la viande avec ses *os*.

3. L'*Avent* commence quatre semaines *avant* Noël. Vous lui avez loué ces *beaux* biens et le notaire en a passé les *baux*. Quoique né sous d'heureux *auspices*, il ira mourir à l'*hospice*. Avoue qu'il fait *chaud* auprès de ce four à *chaux*. Cet enfant de *chœur* a très bon *cœur*. Tu as trouvé cette *chaîne* d'or près d'un *chêne* de cette forêt. Cet enfant est *censé* avoir tenu ce discours *sensé*. Près de la ville de *Sens* se trouve une *cense* (métairie) qui paie un *cens*. Le *cadre* de ce tableau ne *cadre* pas avec le portrait.

4. Ce *sellier* a d'excellent vin dans son *cellier*. Le *cygne* (oiseau) est *signe* de la candeur. Je *crois* que le supplice de la *croix* a racheté le genre humain. Par sa lettre en *date* du 5 courant, il m'annonçait qu'il m'envoyait des *dattes*. Je *crains*, disait Damoclès à Denys, que le glaive suspendu à un *crin* de cheval ne tombe sur ma tête. Le blanchisseur a laissé tomber de la *colle* sur mon *col*. Ce *clerc* de notaire ne boit souvent que de l'eau *claire*. Notre espoir est *déçu*, cet homme a le *dessus*. Fais répéter aux *échos* d'alentour que chacun doit payer son *écot*.

5. C'est en me promenant dans ce *champ* que j'ai entendu le *chant* de l'alouette. Ce *saint* ermite est *ceint* d'un cordon. Il porte une croix sur son *sein*. Il est *sain* d'esprit et de corps. Je lui ai prêté *cinq* francs, il m'a donné son billet sous *seing*-privé. Nous nous sommes promenés en *canot* dans ces *canaux*. Nous avons chassé le *faisan* en *faisant* notre tournée. C'est un *fait* que votre père a succombé sous le *faix* des années. Cet avare est bien *fin*, car il *feint* d'être réduit à mourir de *faim* pour parvenir à ses *fins*.

6. Cet homme est *faux*. Il *faut* que le faucheur batte sa *faux*. Ma sœur *file* ce beau *fil* pour son *fils*. Cet homme né à *Foix* a nié ses dettes plus d'une *fois*, il a reçu des coups de *fouet* pour sa mauvaise *foi*, et depuis il a mal au *foie*. Il a fait fondre cet *étain* avant que le fourneau fût *éteint* ; puis il a filé de l'*étaim*. Mon *dessein* est de faire suivre le cours de *dessin* à mes enfants. Il *fond* du plomb au *fond* de ce magasin. On cultive un *fonds* de terre. On tient un enfant sur les *fonts* baptismaux. Les *appas* de

l'oisiveté sont toujours un *appât* dangereux pour la jeunesse.

7. C'est en *vain* qu'il but du *vin* le *vingt* de ce mois. Ces écoliers qui travaillent à l'*envi* ont *envie* de se surpasser. Votre frère habite la ville de *Gray*, où il fabrique des pots de *grès* à son *gré*. Cet enfant joue de la *lyre* sans savoir *lire* la musique. Je *lis* dans mon *lit* en respirant l'odeur des *lis*. Ma *mère* et moi nous avons visité la *mer* au Havre où nous logions chez le *maire*. Le *Mans* est une ville où l'ont *ment* comme ailleurs; je *m'en* doute.

8. *Après* la fête, il fallut faire les *apprêts* de mon départ. Votre père, à qui j'ai donné deux cents francs d'*arrhes*, pour quatre-vingts *ares* de bois qu'il m'a vendus, aime les *arts* libéraux. *Bah!* la chose est incroyable; Pierre a vendu le *bât* de son âne pour acheter des souliers et des *bas*. Un *camp* sous les ordres d'un général qui ressemble au *kan* des Tartares, a été formé près de la ville de *Caen*. *Quand* irons-nous le visiter? *Quant* aux frais du voyage, je m'en charge. Votre mère *s'est* trompée en vous assurant qu'il y avait *sept* grappes de raisin sur ce *ceps* de vigne; il paraît qu'elle ne *sait* pas compter.

9. L'avare est aussi *content* en *comptant* ses écus d'or, que le vieux soldat l'est en *contant* l'histoire de ses campagnes. Cet élégant qui porte un corset *lacé* comme celui d'une femme, s'est *lassé* à courir; et pour se *délasser* de sa fatigue il s'est fait *délacer*. Je *pense* que tu iras *panser* la *plaie* de ce malheureux qui se *plaît* à te voir. Tu te *repens* de ta faute, puisque tu *répands* des larmes; *repends* le tableau que tu as *dépendu*. Cet homme n'était pas très *gai* quand il passa le *gué* de la rivière, car il était poursuivi par le *guet*. Les hommes attaqués de la *goutte* ne *goûtent* pas une *goutte* de liqueur sans s'en repentir. En temps de *guerre* on ne respecte *guère* les propriétés. Une personne trop *grasse* manque de *grâce* dans ses mouvements.

10. Cet homme, se voyant mourir par suite d'une blessure qu'il a reçue d'une *laie* en chassant le sanglier, a fait son testament; il a laissé un *legs* de dix mille francs pour *les* pauvres. Il était très *laid*, il ne buvait que du *lait*. On a vu à Francfort sur le *Mein*, *maints* Français malheureux qui se pressaient la *main*. Te rappelles-tu qu'en étudiant au collège de *Meaux*, tu y tombas malade et que tu fus ac-

cablé de *maux*. Tu parlais si bas qu'on n'entendait plus tes *mots*. Dans le pays des *Maures*, le chien ne *mord* pas quand il aboie; le cheval y prend quelquefois le *mors* aux dents; là, comme chez nous, la cruelle *mort* n'épargne personne. Elle traite de *Turc à More* les grands comme les petits, c'est-à-dire qu'elle les traite comme le Turc traitait autrefois l'habitant de *la Morée*.

11. Un habitant de la ville de *Pau*, couvert d'une *peau* d'ours, s'est noyé dans le *Pô* (fleuve d'Italie) en allant y puiser de l'eau avec un *pot* de grès. Il *peint* dans ce tableau un enfant mangeant un morceau de *pain* à l'ombre d'un *pin*. On a trouvé dans ce jardin, près d'un *mur*, des *mûres* et des abricots *mûrs*. Après la lecture il *pose* le livre et fait une *pause*. Je *plains* cet homme qui reste dans les appartements de *plain*-pied, et qui sont toujours *pleins* d'une foule de visiteurs importuns. Ce marchand a des *poids* pour peser sa *poix*; il vend aussi des *pois* verts et des *pois* secs.

12. Cet arbrisseau *pousse* jusqu'à 3 pieds 6 *pouces*. Je *puis* vous assurer qu'il y a dans la ville du *Puy* un *puits* très creux. Il avait du courage et de bons *reins* pour traverser le *Rhin* à la nage. La *reine* savait tenir les *rênes* de l'Etat. Elle fit présent d'un beau *renne* à un magistrat du parlement de *Rennes*. Cette cuisinière est *sale*; elle *sale* trop ses ragoûts et ne balaie jamais notre *salle*. Cet homme de *sens*, *sent* que sa position est *sans* remède et qu'il perd tout son *sang*. Paris, sur la *Seine*, est dans une position *saine*. Ses habitants vont souvent voir la *cène* du jeudi-saint. Cette tragédie offre de belles *scènes*.

13. A notre *abord*, je m'écrie que je l'*abhorre*. Cet homme quoiqu'*adhérant* à tes principes, n'est pas ton *adhérent*. Il écrivit à M. Lamoignon, *présidant* le parlement, et *président* du conseil du roi. Tu as trouvé une *agate* que tu as donnée à ta sœur *Agathe*. Il faudra *aiguayer* ce linge et nous *égayer* ensuite. Je *pense* à ce malheureux dont on *panse* la plaie. Cet homme a une *haine* contre toi, parce qu'en nageant avec lui dans la rivière d'*Aisne*, tu fus cause qu'il se blessa à l'*aine*.

> *Exauce* ma prière, ô mon Dieu, je t'implore.
> *Exhausse* le petit, il ne voit rien encore.

PROGRAMME DE QUESTIONS

SUR

L'ART D'ENSEIGNER LA GRAMMAIRE FRANÇAISE.

PREMIÈRE PARTIE.

(Le numéro de la question correspond au numéro du précepte qui fait la réponse.)

INTRODUCTION. — 1re LEÇON.

Pour parler comme pour écrire, qu'emploie-t-on ?
1. Combien y a-t-il de sortes de lettres ?
2. Qu'est-ce que les voyelles ?
3. Qu'est-ce que les consonnes ?
4. Combien y a-t-il de sortes d'E ?

2e LEÇON.

5. Quelle est la prononciation de l'Y ?
6. Combien y a-t-il d'espèces de H ?
7. Doit-on dire dé zharicots, dé zhannetons ?

3e LEÇON.

8. Combien y a-t-il de sortes de voyelles ?
— Qu'est-ce que les voyelles longues ?
9. Qu'est-ce que les voyelles brèves ?
10. A quoi servent les accents qui surmontent quelquefois les voyelles ?
11. Combien y a-t-il de sortes d'accents ?
— A quoi sert l'accent aigu ?
12. A quoi sert l'accent grave ?
13. A quoi sert l'accent circonflexe ?
14. Qu'est-ce qu'une syllabe ?
15. Combien y a-t-il d'espèces de mots ?

4e LEÇON. — DU SUBSTANTIF.

16. Qu'est-ce que le substantif ?
— Que veut dire le mot substantif (*V.* la note, p. 27) ?

5e Leçon.

17. Combien y a-t-il de sortes de substantifs?
18. Qu'est-ce que le substantif commun?
19. Qu'est-ce que le substantif propre?
20. Comment s'écrit la première lettre des substantifs propres?

6e Leçon.

21. Combien y a-t-il de genres dans les substantifs?
22. Comment reconnaît-on qu'un substantif est du genre masculin?
23. Comment reconnaît-on qu'un substantif est du genre féminin?

7e Leçon.

24. Combien y a-t-il de nombres dans les substantifs?
25. Quand un substantif est-il au nombre singulier?
26. Quand un substantif est-il au nombre pluriel?
27. Comment forme-t-on le pluriel dans les substantifs?
— Quels sont les mots qui annoncent le singulier?
— Quels sont ceux qui annoncent le pluriel?
   (*Voy.* la remarque du n° 27.)

8e Leçon.

28. Comment forme-t-on le pluriel dans les substantifs terminés par *s, z, x.*
29. Comment forme-t-on le pluriel dans les substantifs terminés par *eau, au, eu?*
30. Quelle remarque avez-vous à faire sur les substantifs terminés par *ou,* comme *caillou, fou?*
31. Comment forme-t-on le pluriel dans les substantifs terminés par *al, ail?*

9e Leçon. —DE L'ARTICLE.

32. Qu'est-ce que l'article?
33. Quels sont les articles simples?
34. Quels sont les articles composés?
35. Quels sont les articles démonstratifs?
36. Quels sont les articles possessifs?
37. Quels sont les articles numériques?
— Quels sont les articles indéfinis?

10e Leçon.

38. Quand emploie-t-on *du* au lieu de *de le?*

39. Quand supprime-t-on e dans *le* et *a* dans *la?*
40. Quand emploie-t-on *mon, ton, son,* au lieu de *ma, ta, sa?*
41. Quand faut-il ajouter un *t* à l'article *ce?*

11e LEÇON. — DE L'ADJECTIF.

42. Qu'est-ce que l'adjectif?
— Comment le reconnaît-on?

12e LEÇON.

43. Comment s'accorde l'adjectif?
44. Comment reconnaît-on le substantif auquel l'adjectif se rapporte?

13e LEÇON.

45. Les adjectifs prennent-ils les deux genres?
46. Comment forme-t-on le féminin dans les adjectifs?
47. Les adjectifs de tout genre, comme *affable,* changent-ils au féminin?

14e LEÇON.

48. Comment forme-t-on le féminin dans les adjectifs terminés par *el, eil, ul, ol, as, es, os, on, ien, ot,* et?
49. Comment forme-t-on le féminin dans les adjectifs *concret, complet, discret, prêt, inquiet, replet?*
50. Quelle remarque avez-vous à faire sur *bel, nouvel, fol, mol?*

15e LEÇON.

51. Comment forme-t-on le féminin dans les adjectifs terminés par *f,* comme *veuf, bref, vif?*
52. Comment forme-t-on le féminin dans les adjectifs terminés par *c,* comme *public, sec?*
53. Quelle remarque avez-vous à faire sur les adjectifs terminés par *s* ou *x* au masculin?
54. Comment forme-t-on le féminin dans les adjectifs terminés par *ier,* comme *fier?*
55. Comment font au féminin : *malin, bénin, long, tiers, frais, favori, pourri, serviteur, géant, coi, gentil?*

16e LEÇON.

56. Comment forme-t-on le féminin dans les adjectifs terminés au singulier par *teur* ou par *eur,* comme *flatteur, trompeur?*
— Quelles sont les exceptions?

57. Comment font au féminin : *pécheur* (qui fait des pé-chés), *enchanteur, défendeur, vendeur?*

58. Comment font au féminin certains substantifs employés comme adjectifs, tels que *soldat, artisan, borgne, censeur,* etc.

59. Comment font au féminin les adjectifs *agresseur, im-posteur, fat, châtain,* etc.

17ᵉ Leçon.

60. Comment forme-t-on le pluriel dans les adjectifs?

61. Quelle remarque avez-vous à faire sur les adjectifs ter-minés au masculin singulier par *s* ou par *x*, comme *gros, heureux?*

62. Comment forme-t-on le pluriel dans les adjectifs ter-minés par *eau,* comme *beau?*

63. Comment forme-t-on le pluriel dans les adjectifs ter-minés par *al,* comme *libéral?*

64. Tous les adjectifs terminés par *al,* forment-ils leur pluriel par le changement de *al* en *aux?*

65. Comment s'accorde l'adjectif qui qualifie deux sub-stantifs singuliers?

66. Comment s'accorde l'adjectif qui qualifie deux sub-stantifs de différents genres?

67. Comment s'accorde l'adjectif qui qualifie deux sub-stantifs féminins?

18ᵉ Leçon.

68. Combien distingue-t-on de degrés de signification dans les adjectifs?

— Qu'est-ce que l'adjectif au positif?

— Qu'est-ce que le comparatif d'égalité?

— Qu'est-ce que le comparatif de supériorité?

— Qu'est-ce que le comparatif d'infériorité?

— Qu'est-ce que le superlatif?

— Comment forme-t-on le superlatif absolu?

— Comment forme-t-on le superlatif relatif?

69. Comment emploie-t-on *meilleur, moindre, pire?*

19ᵉ Leçon. — DU PRONOM.

70. Qu'est-ce que le pronom?

71. Comment se divisent les pronoms?

20ᵉ Leçon.

72. Qu'est-ce que le pronom personnel?

73. Combien y a-t-il de personnes?
74. Quels sont les pronoms de la première personne.
— Quels sont ceux de la seconde?
— Quels sont ceux de la troisième?

21ᵉ Leçon.

75. Quand *le, la, les*, sont-ils articles ou pronoms?
76. *En* et *y* ne sont-ils pas quelquefois pronoms personnels.
77. Comment emploie-t-on les pronoms personnels et les pronoms *qui, que, dont, où, celui, celle, ceux*, etc.?

21ᵉ bis Leçon.

78. Qu'est-ce que le pronom démonstratif?
79. Comment emploie-t-on *celui-ci, celle-ci, celui-là, celle-là*?
80. Qu'est-ce que le pronom possessif?
81. Quelle remarque avez-vous à faire sur *notre? votre?*

22ᵉ Leçon.

82. Qu'est-ce que le pronom relatif?
— Comment s'accorde le pronom relatif?
— Qu'appelle-t-on antécédent?
— De quel genre sont les pronoms *qui, que, dont, où?*
83. Qu'est-ce que le pronom interrogatif?
84. Quelle remarque avez-vous à faire sur les pronoms *lequel, laquel, duquel, auquel?*
85. Quels sont les pronoms indéfinis?

23ᵉ Leçon. — DU VERBE.

86. Qu'est-ce que le verbe?
87. Comment reconnaît-on qu'un mot est verbe?

24ᵉ Leçon.

88. Qu'est-ce que le sujet du verbe?
89. Comment reconnaît-on le sujet d'un verbe?
90. Quels sont les mots qui peuvent servir de sujet au verbe?
91. Comment s'accorde le verbe?
92. Quelles personnes sont indiquées par *je, nous, tu, vous, il, elle*, et tout substantif placé devant un verbe?

25ᵉ Leçon.

93. Combien y a-t-il de temps principaux dans les verbes?
— Qu'indique le *présent*?
— Qu'indique le *passé*?
— Qu'indique le *futur*?
94. Comment divise-t-on les temps des verbes?
— Qu'est-ce qu'un temps simple?
— Qu'est-ce qu'un temps composé?
95. N'y a-t-il pas encore des temps primitifs et des temps dérivés?
— Qu'est-ce qu'un temps primitif?
— Qu'est-ce qu'un temps dérivé?

26ₑ Leçon.

96. Combien y a-t-il de modes dans les verbes?
— A quoi sert le mode infinitif?
— A quoi sert l'indicatif?
— A quoi sert le conditionnel?
— A quoi sert l'impératif?
97. Qu'est-ce que conjuguer un verbe?
98. Combien y a-t-il de conjugaisons?
99. Qu'appelle-t-on verbe irrégulier?

27ₑ Leçon.

100. Combien y a-t-il de sortes de compléments?
101. Qu'est-ce que le complément direct?
102. Qu'est-ce que le complément indirect?

28ᵉ Leçon.

103. Combien y a-t-il de sortes de verbes?
104. Qu'est-ce que le verbe d'état?
105. Qu'est-ce que le verbe d'action?

29ₑ Leçon.

106. Les verbes d'action ne se divisent-ils pas?
107. Qu'est-ce que le verbe transitif?
108. Qu'est-ce que le verbe intransitif.

30ₑ Leçon.

109. Un verbe transitif peut-il être employé sans complément?
110. Le même verbe ne peut-il pas être transitif ou intransitif?

31e Leçon.

111. Certains verbes intransitifs ne peuvent-ils pas passer au sens transitif?

112. Tout verbe transitif ne peut-il pas se rendre par la voie passive?

113. Le verbe intransitif peut-il se tourner par la voie passive?

32e Leçon.

114. Qu'appelle-t-on verbes réfléchis?

— Les verbes réfléchis ne sont-ils pas des verbes d'action?

115. Comment se conjuguent les verbes dits réfléchis.

33e Leçon.

116. Qu'appelle-t-on verbe impersonnel?

117. Comment se conjuguent les verbes transitifs?

118. Comment se conjuguent les verbes intransitifs?

119. Le même verbe intransitif ne peut-il pas se conjuguer avec *avoir* ou avec *être*?

34e Leçon.

120. Quelles remarques avez-vous à faire sur les trois personnes singulières du présent de l'indicatif?

121. N'avons-nous pas des verbes de la seconde conjugaison qui ont, au présent de l'indicatif, la même finale que celle des verbes de la première conjugaison?

122. Comment se termine la troisième personne singulière du présent de l'indicatif des verbes terminés par DRE à l'infinitif, comme *vendre*?

123. Comment se terminent les trois personnes singulières du présent de l'indicatif des verbes *valoir*, *vouloir* et *pouvoir*.

124. Quelles remarques avez-vous à faire sur la terminaison du pluriel du présent de l'indicatif?

125. Quelles sont les exceptions?

126. Quelles remarques avez-vous à faire sur l'imparfait de l'indicatif?

127. Quelles remarques avez-vous à faire sur les verbes qui ont un *i* ou un *y* au participe présent?

128. Quelles remarques avez-vous à faire sur le prétérit défini?

129. Quelles remarques avez-vous à faire sur le futur?

130. Quelques verbes de la seconde conjugaison ne prennent-ils pas aussi un *e* muet au futur ?

131. Quelles remarques avez-vous à faire sur l'impératif ?

132. Quelles remarques avez-vous à faire sur le présent du subjonctif ?

133. Quelles remarques avez-vous à faire sur l'imparfait du subjonctif ?

35e Leçon.

134. Qu'appelle-t-on racine ou radical d'un verbe ?

— Donnez le radical du verbe *marcher*, du verbe *craindre*, etc.

135. Quelles remarques avez-vous à faire sur les verbes terminés à l'infinitif par *ger*, comme *abréger* ?

136. Quelle remarque avez-vous à faire sur les verbes terminés à l'infinitif par *cer*, comme *effacer* ?

137. Quelle remarque avez-vous à faire sur les verbes terminés au participe présent par *yant*, comme *croyant* ?

138. Quelle remarque avez-vous à faire sur les verbes terminés au participe présent par *iant*, comme *pliant* ?

36e Leçon.

139. Quelles remarques avez-vous à faire sur les verbes terminés à l'infinitif par *eler*, comme *appeler*, et par *eter*, comme *cacheter* ?

140. Qu'a décidé l'Académie grammaticale sur les verbes en *eler* et en *eter* ?

141. Comment doit s'écrire tout verbe qui a un *e* muet ou un *é* fermé dans le radical ?

142. Comment doit s'écrire tout verbe qui a une double consonne dans son radical ?

143. Quelle remarque avez-vous à faire sur les verbes terminés par *ouer*, comme *vouer*, et par *uer*, comme *suer* ?

144. Quelle remarque avez-vous à faire sur les verbes terminés par *éer*, comme *créer* ?

145. Quels sont les verbes qui prennent deux *rr* au futur et au conditionnel ?

37e Leçon.

146. Quelle remarque avez-vous à faire sur le verbe *bénir* ?

147. Quelle remarque avez-vous à faire sur le verbe *haïr* ?

9.

148. Quelle remarque avez-vous à faire sur le verbe *fleurir ?*

38e Leçon.

Comment se conjugue le verbe *aller ?*

Comment se conjuguent les verbes *offrir, avoir, ouvrir, souffrir, découvrir, Vêtir ? répartir,* sont-ils irréguliers ?

Comment se conjuguent *ressortir, saillir, acquérir, courir, cueillir ?*

39e Leçon.

Comment se conjuguent les verbes *défaillir, gésir, guérir, déchoir, bruire, braire, frire, paître, traire ?*

40e Leçon.

Comment se conjuguent les verbes *asseoir, surseoir, échoir, mouvoir, pouvoir, prévaloir, savoir, valoir, vouloir ?*

41e Leçon.

149. Qu'est-ce que la préposition ?

— Quelles sont les prépositions les plus usitées ?

42e Leçon.

150. Qu'est-ce que l'adverbe ?

— Quels sont les adverbes les plus usités ?

— Comment se forment généralement les adverbes.

151. Certains adjectifs ne s'emploient-ils pas comme adverbes ?

43e Leçon.

152. Qu'est-ce que la conjonction ?

— Quelles sont les conjonctions les plus usitées ?

153. Qu'appelle-t-on expression conjonctive ?

154. Comment distingue-t-on la conjonction *que* du *que* relatif ?

44e Leçon.

155. Qu'est-ce que l'interjection ?

— Quelles sont les principales interjections ?

SECONDE PARTIE.

45e Leçon. — DU PARTICIPE.

156. Qu'est-ce que le participe ?

157. Combien y a-t-il de sortes de participes ?

158. Qu'est-ce que le participe présent ?

159. Ne peut-on pas confondre le participe présent avec l'adjectif verbal?

46ᵉ Leçon.

160. Quelle remarque avez-vous à faire sur le participe présent?

161. Comment reconnaissez-vous le participe présent?

— N'avez-vous pas encore un autre moyen de le reconnaître?

47ᵉ Leçon.

162. Comment s'accorde le participe passé joint au verbe *être?*

— Si le sujet du verbe se trouvait placé après le participe, le participe s'accorderait-il encore avec ce sujet?

48ᵉ Leçon.

163. Comment s'accorde le participe passé joint au verbe *avoir?*

— Quand le participe joint au verbe *avoir* varie-t-il?

— Comment écrivez-vous le participe *chanté* dans : Les femmes qui ont *chanté?* Pourquoi écrivez-vous le participe invariable?

— Comment écrivez-vous le participe dans : Les femmes qui ont *chanté* une ariette? Pourquoi écririez-vous le participe invariable?

164. Comment écririez-vous le même participe dans : L'ariette que tes sœurs ont chantée?

(*Pareilles questions sur la même règle*).

— Comment s'accorde le participe suivi du sujet du verbe? (Rép., page 72, note.)

— Comment s'accorde le participe suivi d'un adjectif? (Rép., page 72, note.)

49ᵉ Leçon.

165. Comment écririez-vous le participe *entendu* dans : La femme que j'ai *entendue* chanter? Pourquoi écrivez-vous le participe au féminin singulier?

166. Que remarquez-vous sur les participes suivis d'un infinitif sans préposition?

166. Comment écririez-vous le même participe dans cette phrase : La femme que j'ai *vu gronder* par son mari? Pourquoi écrivez-vous le participe invariable?

(*Mêmes questions sur la même règle*.)

50ᵉ Leçon.

167. Quelles remarques avez-vous à faire sur les participes des verbes *devoir, pouvoir* et *vouloir?*

168. Quelle remarque avez-vous à faire sur le participe *fait* suivi d'un infinitif?

51ᵉ Leçon.

169. Quelle remarque avez-vous à faire sur le participe des verbes dits réfléchis?

170. Comment s'accorde le participe des verbes réfléchis?

171. Quelle remarque avez-vous à faire sur les participes de certains verbes réfléchis, qui viennent des verbes intransitifs se *plaire,* se *parler,* se *succéder,* etc.? Comment écririez-vous le participe de ces verbes?

— Comment écririez-vous le participe *accordé* dans cette phrase : Tes amis s'étaient *accordé* une préférence marquée? Pourquoi écrivez-vous le participe invariable?

— Comment écririez-vous le même participe dans cette phrase : Tes amis s'étaient *accordés* sur cette difficulté? Pourquoi écrivez-vous le participe au masculin pluriel?

(Pareilles questions sur les mêmes règles.)

52ᵉ Leçon.

172. Comment s'accorde le participe précédé du mot *le,* employé pour *ceci, cela?*

— Comment écririez-vous le participe *assuré* dans cette phrase : Ces dames ne sont pas aussi instruites qu'on nous l'avait *assuré?* Pourquoi écrivez-vous le participe invariable?

173. Comment s'accorde le participe placé entre deux *que?*

— N'y a-t-il pas des exceptions?

— Comment écririez-vous le participe dans cette phrase : Les secours que vous avez *cru* qu'il obtiendrait? Pourquoi écrivez-vous le participe invariable?

— Comment écririez-vous le participe dans cette phrase: Tes amis que j'avais *persuadés* que tu étais parti? Pourquoi faites-vous varier le participe?

(Pareilles questions sur ces deux règles.)

53e Leçon.

174. Comment s'accorde le participe passé précédé du mot *en*, signifiant *de cela?*

175. Quelle remarque avez-vous à faire sur le participe passé précédé du mot *en?*

— Comment écririez-vous le participe dans cette phrase : Vous m'avez servi plus de crême que je n'*en* ai mangé? Pourquoi écrivez-vous le participe invariable?

— Comment écririez-vous le participe dans cette phrase : J'ai parfaitement connu ce ministre, voici les faveurs que j'*en* ai obtenues?

176. Quelles remarques avez-vous à faire sur le participe précédé des mots LE PEU DE?

— Comment écririez-vous le participe *montré* dans cette phrase : Le peu de fermeté qu'a *montrée* cette personne l'a sauvée? Pourquoi écrivez-vous *montrée* au féminin singulier?

— Comment écririez-vous le même participe dans cette phrase : Le peu de bonne conduite que ce jeune homme a *montré*, l'a fait chasser de chez moi? Pourquoi le participe *montré* est-il invariable?

— Comment écririez-vous le participe précédé de *le peu de*, et suivi d'un substantif pluriel?

54e Leçon.

177. Dit-on les *ors*, les *charités*, les *santés*, etc. ?

178. Les substantifs tirés des langues étrangères, comme : les *pater*, les *ave*, les *quiproquo*, prennent-ils la marque du pluriel?

179. N'avons-nous pas de substantifs qui ne s'emploient pas au singulier?

180. De quel genre sont les substantifs : *aide*, *aigle*, *amour*, *orgue*, *délice*, *couple*, *enfant*, *exemple?*

— De quel genre est le mot *gens?*

181. Un nom propre prend-il la marque du pluriel?

55e Leçon.

182. Comment s'écrivent les substantifs composés formés de deux substantifs unis par un trait-d'union ?

183. Comment s'écrivent les substantifs composés formés de deux substantifs unis par une préposition ?

184. Comment s'écrivent les substantifs composés formés d'un substantif et d'un adjectif?

185. Comment s'écrivent les substantifs composés formés d'un substantif et d'un verbe, ou d'une préposition ou d'un adverbe ?
186. Quelles remarques avez-vous à faire sur certains substantifs composés?

56ᵉ Leçon.

187. Quelles remarques avez-vous à faire sur la dérivation des mots?

57ᵉ Leçon.

188. Comment s'écrivent les substantifs terminés en *eur*, masculins ou féminins?
— N'y a-t-il pas des exceptions?
189. Quelles remarques avez-vous à faire sur les substantifs féminins terminés en *té*, comme *vérité* ?
— N'y a-t-il pas des substantifs masculins qui se terminent par deux *ée*, comme *apogée* ?
190. Quelles remarques avez-vous à faire sur les substantifs masculins terminés par *ir*, comme *élixir* ?
— N'y a-t-il pas des exceptions?

58ᵉ Leçon.

191. N'y a-t-il pas des substantifs terminés en *oir*, et d'autres par *oire* ?

59ᵉ Leçon.

192. Quelles remarques avez-vous à faire sur les substantifs terminés par *tion, sion, xion, cion* ?

60ᵉ Leçon.

193. Qu'est-ce que le substantif collectif?
194. Comment se divisent les substantifs collectifs?
195. Comment s'accordent l'adjectif, le pronom et le verbe, quand le collectif est général ?
196. Comment s'accordent l'adjectif, le pronom et le verbe, quand le collectif est partitif?

61ᵉ Leçon.

197. Comment s'accorde le substantif placé après une préposition ?
198. Comment s'accorde le substantif placé après une proposition lorsque vous y joignez une idée de nombre ?

62ᵉ Leçon.

199. Quand faut-il répéter l'article?

200. Quand faut-il supprimer l'article ?

201. Quand faut-il employer ou supprimer l'article selon le sens de la proposition ?

202. Quelle remarque avez-vous à faire *le plus, le mieux, le moins.*

63ₑ Leçon.

203. Quand remplace-t-on les articles possessifs *mon, ma, mes, son, sa, ses, leur* par les articles *le, la, les* ?

204. Peut-on dire : je vois que ma jambe *s'enfle* ?

205. Quelles remarques avez-vous à faire sur les mots *chaque* et *chacun* ?

206. Quelles remarques avez-vous à faire sur les mots *nul,* et *aucun ?*

64ᵉ Leçon.

207. Quelles remarques avez-vous à faire sur *son, sa, ses, leur,* employés pour des noms de choses ?

— Quand remplace-t-on *son, sa, ses, leur,* par les articles *le, la, les,* et le pronom *en* ?

208. Ne peut-on pas dire : Paris est superbe, j'admire la grandeur *de ses* boulevards ?

65ᵉ Leçon.

209. Quelles remarques avez-vous à faire sur les mots *nu, demi, feu, sûr, mûr,* et *dû* ?

210. Quelles remarques avez-vous à faire sur le mot *cent* ?

211. Quelles remarques avez-vous à faire sur le mot *vingt* ?

212. Quelles remarques avez-vous à faire sur le mot *mille* ?

213. Quelles remarques avez-vous à faire sur le mot *même* ?

214. Quand *même* est-il adverbe ?

66ᵉ Leçon.

215. Quelle remarque avez-vous à faire sur le mot *tout* ?

216. Quand *tout* est-il adverbe ?

— Quand *tout* adverbe prend-il le genre et le nombre ?

— Quelle différence faites-vous entre : ces enfants sont *tous* aimables ; et : ces enfants sont *tout* aimables ?

67ᵉ Leçon.

217. Quelles remarques avez-vous à faire sur le mot *quelque* ?

218. Quand *quelque* est-il adverbe ?

— Comment s'écrit *quelque* dans cette phrase : *Quelques* grands biens que l'on possède ?

219. Comment s'écrit *quelque* suivi d'un verbe?
220. Quelle remarque avez-vous à faire sur le mot *leur*?

68ᵉ Leçon.

221. Que faut-il éviter en employant les pronoms?
222. Qu'exige la politesse en employant le pronom?
223. *Qui* pronom relatif peut-il être employé pour de noms de choses?
224. Quelle remarque avez-vous à faire sur les pronom *lui, eux, elle*, placés devant le verbe *être*?
225. Peut-on dire : *ce sont* Ernest et Jules qui iront à l chasse?
— Peut-on dire : *C'est* vos amis qui sont arrivés?

69ᵉ Leçon.

226. Comment devrait répondre une dame à qui l'on di rait : Madame, êtes-vous *mariée*?
227. Comment devrait-elle répondre si on lui disait : Ma dame, êtes-vous *la mariée*?
228. Quelles remarques avez-vous à faire sur le mot *l* placé avant *plus, mieux, moins*?

70ᵉ Leçon.

229. Quelles remarques avez-vous à faire sur le pronon *vous*, employé comme *tu*?
230. Quelles remarques avez-vous à faire sur les pronoms *lui eux, elle*, employés comme compléments indirects
231. Quelles remarques avez-vous à faire sur le pronom *soi*
—— Le pronom *soi* peut-il se rapporter à un pluriel?

71ᵉ Leçon.

232. Où doivent se placer, dans une phrase, les pronom *qui, que, dont*?
233. *Qui* précédé d'une préposition, se dit-il des choses
234. Peut-on dire : *C'est en Dieu en qui nous* devon mettre notre confiance?
235. Peut-on dire : C'est nous qui *ont parlé*, c'est vou qui *s'amuse*?

72ᵉ Leçon.

236. Comment emploie-t-on les pronoms *celui-ci, celui-là*
237. Comment emploie-t-on les pronoms *ceci, cela*?
238. Peut-on employer le pronom *on* au commencemen d'une phrase?
—— Quand peut-on employer *l'on*?
—— Peut-on dire il faut *qu'on* convienne de ses torts?

73e Leçon.

239. Quelles remarques avez-vous à faire sur *autrui ?*

240. Quand chacun prend-il *son, sa, ses* après lui ?

— Quand prend-il *leur, leurs ?*

241. Quelles remarques avez-vous à faire sur le mot *personne ?*

74e Leçon.

242. Le sujet d'un verbe peut-il se répéter deux fois, quand un seul sujet suffit ?

243. Comment s'accorde le verbe qui a deux sujets singuliers ?

— Comment s'accorde le verbe quand deux sujets de la troisième personne sont séparés par la conjonction *ou ?*

— Comment s'accorde le verbe quand les deux sujets unis par *ou* sont de différentes personnes ?

75e Leçon.

244. Comment s'accorde le verbe quand il y a un des mots *tout, rien, personne* placé avant lui ?

245. Comment s'accorde le verbe qui a deux sujets unis par une des conjonctions *comme, de même que, ainsi que, autant que,* etc ?

246. Comment s'accorde le verbe quand les sujets sont liés par *ni* répété ?

247. Comment s'accorde le verbe dont les sujets sont synonymes ?

76e Leçon.

248. Où place-t-on le sujet du verbe dans les phrases interrogatives ?

249. L'usage permet-il toujours cette manière d'interroger ?

250. Qu'ajoute-t-on au verbe, avant *il, elle, on,* quand ce verbe finit avec une voyelle ?

251. Quand répète-t-on les pronoms personnels sujets ?

77e Leçon.

252. A quoi sert le présent de l'indicatif ?

253. Ne peut-on pas employer le présent au lieu du passé ?

254. Comment emploie-t-on l'imparfait de l'indicatif ?

255. Pourrait-on dire : Je vous ai dit que l'étude *adoucissait les mœurs ?*

78ᵉ Leçon.

256. Comment emploie-t-on le prétérit défini?
257. Comment emploie-t-on le prétérit indéfini?
258. Comment emploie-t-on le plusque-parfait?
259. Comment emploie-t-on le conditionnel présent?
260. Peut-on employer le conditionnel présent pour le conditionnel passé?

79ᵉ Leçon.

261. Quand doit-on mettre le second verbe d'une phrase au subjonctif?
262. Quelques conjonctions ne régissent-elles pas le subjonctif?
— Quand doit-on encore employer le subjonctif?

80ᵉ Leçon,

263. Si le premier verbe est au présent ou au futur de l'indicatif, à quel temps doit-on mettre le second verbe?
— Quand faut-il mettre le second verbe au présent du subjonctif?
— Quand faut-il le mettre au prétérit?
264. Après le présent ou le futur de l'indicatif, ne pourrait-on pas employer l'imparfait ou le plusque-parfait du subjonctif?
265. A quel temps du subjonctif faut-il mettre le second verbe, quand le premier verbe est au futur passé?

81ᵉ Leçon.

266. A quel temps doit-on mettre le second verbe, quand le premier est à l'imparfait, à l'un des prétérits, ou à l'un des conditionnels?
267. A quel temps doit-on mettre le second verbe, quand l'action ou l'état marqué par le premier verbe exprime une *vérité constante*, une chose qui existe encore au moment où l'on parle?

82ᵉ Leçon.

268. Plusieurs infinitifs de suite, employés comme sujets, peuvent-ils communiquer au verbe la forme du pluriel?
269. Peut-on employer plusieurs infinitifs de suite?
270. Peut-on dire: Le pain est fait pour manger?

83ᵉ Leçon.

271. Peut-on donner indifféremment tel ou tel complément à un adjectif?

272. Peut-on donner indifféremment tel ou tel complément à un verbe?

273. Quel complément doit-on énoncer le premier, quand un verbe en a deux, l'un direct et l'autre indirect?

274. Si les denx compléments sont d'égale longueur, lequel doit-on placer le premier?

84e Leçon.

275. Comment doivent être les compléments, quand un verbe en a plusieurs unis par une des conjonctions *et, ni, ou?*

— Doit-on dire : Il aime le jeu et à étudier?

276. Peut-on dire : Ils se nuisent l'un l'autre?

277. Peut-on dire : Ces hommes sont bien criminels, cependant nous les pardonnons?

— Peut-on dire : *Je consolerai vos larmes?*

278. Quand faut-il employer *de* ou *par* après les verbes passifs (d'état)?

85e Leçon.

279. Peut-on dire : Il demeure *vis-à-vis* le Louvre?

280. Peut-on dire : Il court *au travers* les champs?

281. Quelle différence faites-vous entre *près* et *auprès?*

282. Quelle différence faites-vous entre *près de* et *prêt à?*

283. Peut-on dire : Cet homme demeure *vis-à-vis* l'église; il est fier *vis-à-vis* ses inférieurs?

86e Leçon.

284. Peut-on dire : La vérité doit être admise *entre* les hommes?

285. Peut-on dire : Magasin de vin, huile, eau-de-vie et liqueurs?

286. Peut-on dire : J'ai lu *dans* l'histoire et la géographie?

287. Quelle différence faites-vous entre *autour* et *à l'entour?*

288. Quelle différence faites-vous entre *durant* et *pendant?*

87e Leçon.

289. Quelles remarques avez-vous à faire sur *auparavant, dedans, dehors, dessus, dessous?*

— Ne peut-on pas dire : Otez le service de *dessus* la table?

290. Peut-on dire : Cet homme a *davantage* de fortune que d'esprit?

291. Quand faut-il écrire *plutôt* ou *plus tôt?*

292. Quand faut-il écrire *de suite* ou *tout de suite?*
293. Peut-on dire : C'est *là où* il périt ?
294. Quelle différence faites-vous entre *tous deux* et *tous les deux?*

88ᵉ LEÇON.

295. Quand faut-il écrire *quoique* en un mot ou en deux mots ?
296. Quand faut-il écrire *parce que* en deux mots ou en trois mots ?
297. Quand faut-il écrire *quand* par un *d* ou par un *t?*
298. Quand *ou* est-il conjonction ou adverbe ?

89ᵉ LEÇON.

299. Qu'est-ce que la ponctuation ?
300. Quels sont les signes de la ponctuation ?
301. Quand emploie-t-on la virgule ?
302. N'emploie-t-on pas la virgule entre plusieurs verbes placés de suite ?

90ᵉ LEÇON.

303. Emploie-t-on la virgule entre deux substantifs, deux adjectifs ou deux verbes unis par une des conjonctions *et, ni, ou?*
304. N'emploie-t-on pas la virgule après toute partie de phrase qu'on peut retrancher sans dénaturer l'idée principale ?

91ᵉ LEÇON.

305. Comment emploie-t-on le point-et-virgule ?
306. Comment emploie-t-on encore le point-et-virgule ?
307. N'emploie-t-on pas le point-et-virgule entre deux phrases dont l'une dépend de l'autre ?
308. N'emploie-t-on pas encore le point-et-virgule après des propositions que l'on oppose l'une à l'autre ?

92ᵉ LEÇON.

309. Comment emploie-t-on les deux-points ?
310. Comment emploie-t-on encore les deux-points ?
311. A quoi sert le point ?
312. A quoi sert le point d'interrogation ?
313. A quoi sert le point d'exclamation ?

FIN.

TABLE ALPHABÉTIQUE DES MATIÈRES.

FIN DE LA TABLE.

IMPRIMERIE D'HIPPOLYTE TILLIARD, RUE S.-HYACINTHE-S.-MICHEL, 30.

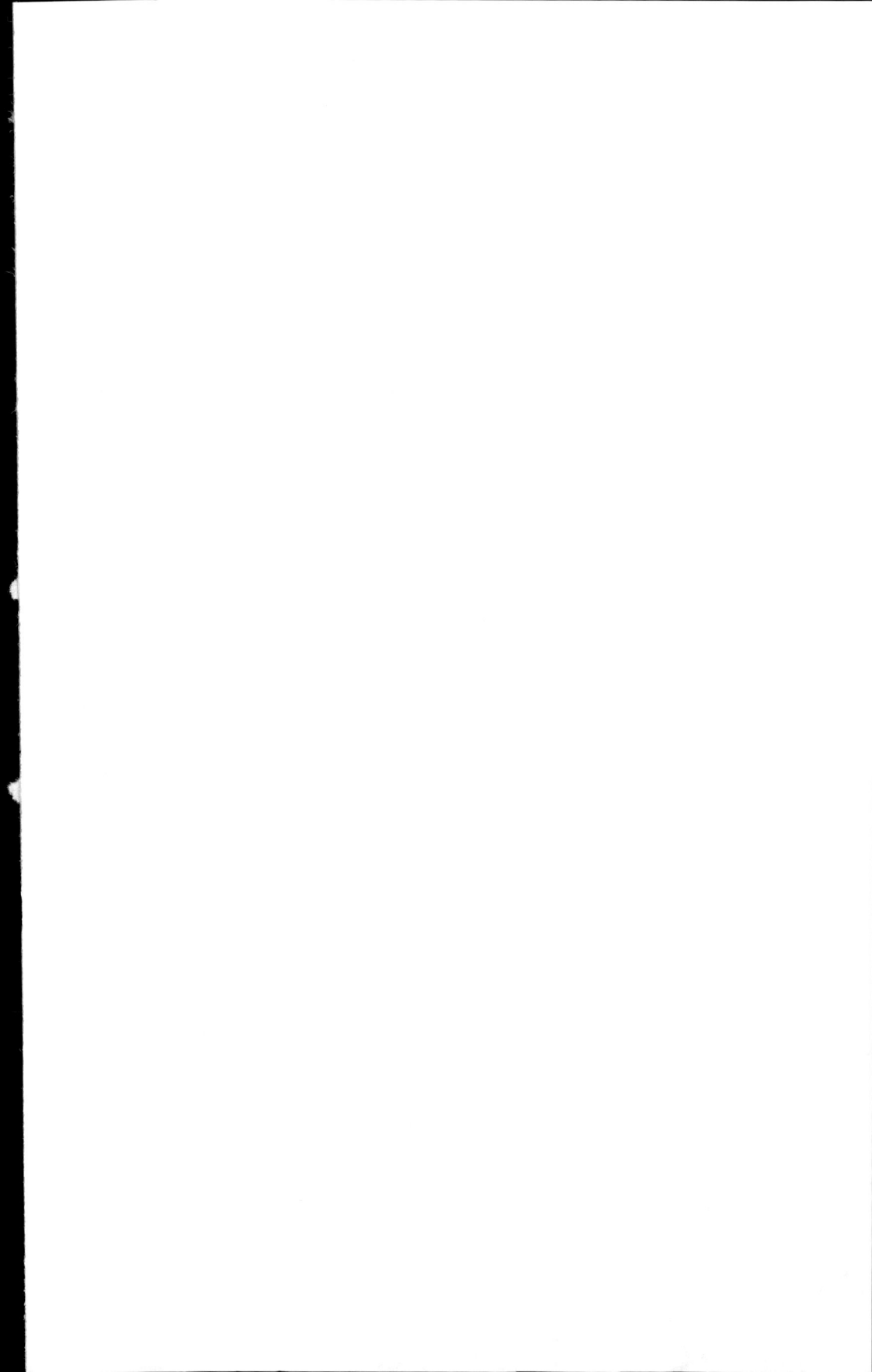

www.ingramcontent.com/pod-product-compliance
Lightning Source LLC
Chambersburg PA
CBHW062222270326
41930CB00009B/1833